영상, 역사를 비추다

한국현대사 영상자료해제집 I

대한뉴스 해제집 1

영상, 역사를 비추다
한국현대사 영상자료해제집 I

대한뉴스 해재집 1

초판 1쇄 발행   2017년 5월 31일

엮은이 ㅣ 허 은
펴낸이 ㅣ 윤 관 백
펴낸곳 ㅣ 도서출판 선인

등 록 ㅣ 제5-77호(1998.11.4)
주 소 ㅣ 서울시 마포구 마포대로 4다길 4 곳마루 B/D 1층
전 화 ㅣ 02)718-6252/6257
팩 스 ㅣ 02)718-6253
E-mail ㅣ sunin72@chol.com

정가 51,000원

ISBN   979-11-6068-094-2   94910
ISBN   979-11-6068-093-5   (세트)

"이 저서는 2011년 정부(교육과학기술부)의 재원으로 한국학중앙연구원의
지원을 받아 수행된 연구임(AKS-2011-EAB-3101)"

영상, 역사를 비추다

한국현대사 영상자료해제집 I

대한뉴스 해제집 1

허 은 편

도서
출판 선인

▌해제집을 펴내면서

한국현대사 영상자료해제집은 고려대 한국사연구소 역사영상융합연구팀이 2011년부터 3년에 걸쳐 진행한 '한국 근현대 영상자료 수집 및 DB구축' 프로젝트의 결과물 중 하나이다. 6년 전 30여 명으로 구성된 역사영상융합연구팀은 세 가지 목표를 가지고 토대연구를 추진했다.

첫째, 한국 근현대사 관련 기록 영상자료를 최대한 망라하는 영상물 데이터베이스(DB) 구축을 목표로 삼았다. 사업을 시작할 때까지 이는 국내의 어떤 기관도 수행하지 못한 일이었다. 프로젝트가 완수되면 국내외 한국 근현대사 관련 기록 영상자료의 정보가 최초로 종합·정리되고, 특히 해외에 산재된 상당분량의 영상물이 새롭게 발굴·정리될 것이라 기대했다.

둘째, 역사학, 언론정보, 영화문화를 전공한 연구자들이 결합하여 체계적인 해제를 수행하고 주요 영상을 선별하여 해제집을 발간하는 것을 과제로 삼았다. 역사연구와 영상연구가 결합된 해제가 수행되어야 향후 역사학 분야뿐만 아니라 각 분과학문 연구에도 유용하게 활용될 수 있는 깊이 있는 DB를 구축할 수 있다고 보았기 때문이다.

셋째, 훼손이나 소멸될 가능성이 높은 자료를 우선 수집하고, 수집된 자료를 체계적으로 보존하며 동시에 그 활용을 극대화 하는 방안을 강구하고자 했다. 사적으로 수집된 영상자료는 논외로 하더라도 공공기관에서 수집한 해외소재 영상물조차 '공공재'로서 접근성이나 활용도가 크게 떨어지는 경우가 많았다. 당연한 언급이지만, 연구자와 대중이 영상자료를 수월하게 활용할 수 있을 때 영상을 활용한 새로운 역사쓰기의 가능성이 크게 확장될 수 있다.

이상의 세 가지 목표를 가지고 진행한 연구는 한국학중앙연구원, 한국영상자료원 등과 협조하에 부족하나마 가시적인 성과를 이룰 수 있었다. 해외수집영상물의 안정적인 보존은 한국영상자료원이 맡아주었고, 영상자료의 접근성과 활용도를 극대화하기 위해 누리집(고려대학교 한국사연구소 '한국근현대 영상아카이브' http://kfilm.khistory.org)을 구축하여 수집한 기록영상물을 쉽게 접근하고 활용할 수 있도록 했다. 학문 융합적인 접근을 통해 체계적인 해제를 수행한다는 목표는 단계별 카탈로깅 진행과 한국 현대사 영상자료 해제집의 발간을 통하여, 일단락을 맺은 셈이다.

9권의 해제집은 크게 뉴스영화와 문화영화 해제로 구성되어 있다. 이 영상물들을 해제하는데 집중한 이유는 사료적 가치가 높음에도 불구하고, 역사학을 포함한 인문학 분야는 말할 것도 없고 한국영화사 연구 분야에서도 큰 주목을 받지 못했기 때문이다. 해제 범위는 8·15해방 이후부터 박정희 정권시기까지 대한민국 현대사와 관련된 영상자료로 한정했고, 다양한 역사적 사실들을 다루기 위해 연구팀이 소장하지 않은 영상자료에서도 선별하여 해제를 진행했다. 해외수집영상에 일제 강점기 영상도 일부 있으나, 해제집의 주안점은 한국현대사에 대한 이해를 높이는데 두었다. 움직이는 영상을 활자로 옮기는 작업은 영상미디어史를 쓰기 위한 불가결한 과정이지만, 활자화된 영상 정보가 다양한 해석의 가능성을 차단하지 않을까 우려된다. 이러한 우려를 최소화하기 위해 '한국근현대 영상아카이브' 누리집에서 가능한 한 많은 영상물을 시청할 수 있도록 했으니 함께 활용해 주기를 바란다.

토대연구의 완료가 예상보다 3년을 더 경과한 셈이니 늦어도 많이 늦었다고 할 수 있다. 역사-영상 연구의 기반을 마련한다는 원대한 목표를 갖고 진행한 토대연구는 일사천리로 진행될 수 없었다. 역사학 분야에서 영상 연구가 일천하여 두 번의 국제학술회의와 연구서 발간을 통하여 문제의식을 공유하고, 영상 독해력도 갖추어 가야했다. 여기에 홈페이지 구축과 해제집 발간까지 병행한 6년은 프로젝트팀에게는 짧기만 한 기간이었다.

영상 자료의 수집과 해제 과정은 많은 인내와 높은 집중력을 지속적으로 요구하는 작업이다. 하나의 영상을 사료로 만드는 과정은 영상과 관련된 문헌정보, 영상 속 시각·청각 정보 등을 종합적으로 정리할 때 가능하다. 연구의 정량적 평가에 시달리는 요즘, 지리하고 힘들뿐만 아니라 생색내기도 어려운 토대구축 연구를 같이 해준 전임연구원·공동연구원 선생님들과 녹취, 번역, 해제 집필 등 다양한 방식으로 참여한 모든 분들께 진심으로 감사를 드린다. 특히 각각 문화영화, 미국지역 수집영상물, 유럽지역 수집영상물의 최종 책임 편집을 맡아 정리하고, 각 해제집의 소개글을 작성해 주신 박선영, 양정심, 박희태 세 분께 다시 한번 감사드린다.

기초해제에서부터 최종 교정까지 대학원생들이 많은 수고를 해 주었다. 대학원 박사, 석사 지도학생들의 헌신적인 참여가 없었다면 이러한 규모의 토대연구는 엄두도 내지 못했을 것이다. 충분한 장학금을 주며 연구에 전념할 수 있는 여건을 마련해 줄 수 없는 현실에서 연구 프로젝트는 계륵과도 같은 존재이다. 특히 영상자료는 문헌사료가 중심인 역사학에서 연구외적 작업이 되기 십상이라 우려가 컸는데, 참여 대학원생들은 인내와 성실로 여러 난관을 끝까지 함께 극복해 주었다. 이주호, 금보운, 서홍석 세 명의 박사과정 학생들은 마지막까지 마무리 작업을 하느라 수고가 더 컸다.

이외에도 다 열거할 수 없을 정도로 많은 분들의 도움이 있었다. 영상자료 수집에서 조준형 팀장님을 비롯한 한국영상자료원의 도움이 컸으며, 연구 진행과 자료수집 그리고 해제에 공동연구원분들이 많은 힘을 실어주셨다. 일본 및 중국 현지에서 자료조사와 수집을 맡아 주었던 도쿄대의 정지혜, 남의영 연구원, 푸단대 순커즈 교수에게 감사드린다. 또한 사업기간 지원을 아끼지 않았으며, 해제집 발간도 인내심을 갖고 기다려 준 한국학중앙연구원에 감사의 뜻을 전하지 않을 수 없다. 끝으로 한국근현대 영상자료 해제집 발간을 흔쾌히 맡아주신 선인출판 윤관백 사장님과 편집교열에 수고해 주신 편집부 여러분께 감사드린다.

많은 분들의 헌신적인 참여와 도움으로 해제집을 발간할 수 있었지만, 새로운 시도에 따른 내용적 오류나 분석방법의 미숙함이 많이 눈에 띄리라 본다. 여러분들로부터 질정을 받으며 향후 지속적으로 수정, 보완해 나가도록 하겠다.

한국인뿐만 아니라 수많은 외국인들이 격동적으로 전개된 한국현대사를 영상으로 담았고, 그 결과 방대한 분량의 영상자료들이 전 세계 각국에 흩어져 한국현대사를 우리 앞에 펼쳐 보이고 있다. 이 해제집은 그중 일부를 다루었을 뿐이다. 여기서 거의 다루지 못한 북한과 구 공산진영 국가들에 흩어져 있는 영상들은 여러 연구자와 관계기관에 의해 수집·정리되고 있다. 남북한 각각의 역사가 아닌 20세기 한반도사 또는 한민족사를 위한 영상DB 구축이 머지않아 이루어지기를 고대한다.

21세기 초입에 우리는 개항, 식민지배, 분단과 전쟁, 산업화와 민주화 등 좌절과 희망의 20세기를 차분히 재성찰하며 냉전분단시대가 남긴 질곡과 유제를 극복·청산할 방향을 모색해야 한다. 한국현대사 영상자료 해제집이 20세기 냉전분단시대를 넘어서는 역사, 그리고 활자 미디어를 넘어서는 새로운 역사쓰기를 모색하는 이들에게 디딤돌이 된다면 이는 연구팀원 모두에게 큰 기쁨일 것이다.

2017년 5월
연구팀원을 대표하여
허은 씀

차 례

대한뉴스

대한뉴스 해제 소개

〈대한뉴스〉는 1953년부터 1994년까지 정부가 제작하여 보급하였던 대표적인 뉴스영화이다. TV나 라디오가 대중화되기 이전인 1960년대 중반까지 극장에서 상영되었던 뉴스영화는 대중들이 국내외 정세를 접할 수 있는 매우 중요한 통로였다. 그중에서도 정부가 제작한 〈대한뉴스〉는 대중들의 현실인식 형성에 상당한 영향을 끼쳤다.

〈대한뉴스KC〉는 대한뉴스를 제작하기 위해 촬영된 영상 중 필요한 부분을 편집해 쓰고 남은 부분들이다("KC"는 "Keeping Cut"의 약자이며, 현재 한국정책방송원 e영상역사관에서 "미공개 대한뉴스"로 제공되고 있다). 〈대한뉴스〉에서 상영되었던 것과 중복되는 부분도 일부 있으며, 당시의 중요도에 따라 편집 과정에서 탈락된 것도 있고, 때로는 정책과 맞지 않아 편집에서 제외된 것들도 있다. 역사적인 관점에서 보자면 사료적 가치가 높은 자료이지만 편집에서 제외된 영상들이기 때문에 푸티지(footage) 형태이며 대부분 내레이션이 없다. 〈대한뉴스KC〉는 1961년 분량부터 보존되어 있다.

〈대한뉴스〉와 〈대한뉴스KC〉는 이미 한국정책방송원 e영상역사관(www.ehistory.go.kr)에서 온라인을 통한 영상서비스로 제공되고 있으며, 본 연구팀은 기존 자료의 미비점을 보완하고, 역사 연구의 학문적 자료화를 목적으로 데이터베이스(DB)를 구축하였다. 고려대학교 역사영상융합연구팀은 e영상역사관이 제공하는 영상 가운데 1950~1970년대에 제작된 분량을 카탈로깅 및 해제 대상으로 하였다. 해당 시기 〈대한뉴스〉는 1,250편, 〈대한뉴스KC〉는 935편이 남아 있는데, 각 에피소드 별로 카탈로깅을 진행하여 〈대한뉴스〉 8,202건, 〈대한뉴스KC〉 7,420건에 대한 1·2차 카탈로깅이 이루어졌다. 그 가운데 〈대한뉴스〉 308편, 〈대한뉴스KC〉 46편에 대한 해제를 이 책에 수록하였다.

15,000여 건의 방대한 에피소드 중에서 해제가 필요한 뉴스를 선별해야 했으므로 두 차례에 걸친 선별 작업이 이루어졌다. 〈대한뉴스〉 및 〈대한뉴스KC〉는 정부가 제작 주체이므로 정책홍보 성격을 갖고 있고 특정 사건에 집중되는 경향이 있기 때문에, 이러

한 특성에 따라 역사적으로 중요한 사건 위주로 해제 대상을 1차 선정한 이후, 주제별 분류를 통해 2차 선정을 진행하였다. 먼저 주요 사건을 중심으로 전체 영상의 10%에 해당되는 영상을 선별했고, 선별된 1,500여 개의 에피소드 중 중복되는 내용을 정리하고 영상과 사건별로 각각 중요도를 파악한 후 해제 대상을 선정하였다. 〈대한뉴스〉와 〈대한뉴스KC〉가 겹치는 경우에는 〈대한뉴스〉를 우선으로 선정하였다. 선정된 영상에 대해서는 각 영상에 대한 설명과 더불어 해당 사건 혹은 사안에 대한 구체적인 역사와 배경, 영상 제작과 보도에 숨은 의도, 영상의 특성 등을 분석하는 해제를 진행하였다.

〈대한뉴스〉는 온라인에서 상영되는 첫 번째 호수인 22호 '경복궁 청소'부터 1268호 '박정희 대통령 시해사건 공판'에 이르기까지, 〈대한뉴스KC〉는 339호 '갱생보호주간'부터 1268호 '제10대 최규하 대통령 당선'까지 해제가 이루어졌다. 정치, 경제, 사회, 문화, 의료, 군, 미국, 한일관계, 종교 등 역사적 사건과 주제가 맞물리는 영상을 중심으로 해제가 진행되었지만, 영상 자체를 통해서 역사적 맥락을 유추할 수 있는 측면도 드러내고자 하였다.

〈대한뉴스KC〉는 상영되지 않은 영상들이기 때문에 〈대한뉴스〉가 기록하고자 한 역사 기록에서 누락된 의미를 찾을 수 있는 측면들에 보다 주목하고자 했다. 예를 들어 1975년 2월 제작된 〈대한뉴스KC〉 1021호 '지학순 주교' 영상은 출감되는 긴급조치 위반자들의 모습을 다소 긴 4분 13초 동안 담고 있다. 지학순 천주교 원주교구장의 출감 장면이 담겨져 있는데, 이를 취재하기 위해 몰려든 많은 기자들과 인파를 볼 수 있다. 그러나 유신정권 아래에서 이 부분은 상영되지 않았다.

〈대한뉴스〉와 〈대한뉴스KC〉가 역사사료로 가지는 1차적 가치는 당시의 시대상을 영상으로 보여준다는 시각자료로서의 역할이다. 또한 촬영주체가 정부이기에 당시 정부가 국민에게 무엇을 어떻게 보여주고자 하였는지, 혹은 무엇을 왜 보여주지 않고자 하였는지를 추적함으로써 각 시기별 정치·사회적 사건을 입체적으로 파악할 수 있게 해준다. 이러한 역사적 사료로서의 가치를 발견하고 부각시키기 위해서 단계별 카탈로깅 작업을 시행한 뒤 해제작업을 진행하였다. 해제 작업은 영상 내용과 관련한 당시의 역사적·정치적·사회적 맥락과 이를 뉴스영화로 제작한 맥락을 파악할 수 있도록 종합적인 정보를 담는데 중점을 두었다.

경복궁 청소 (1953년 6월 23일)

제작정보

출처	:	대한뉴스 22호
제작사	:	공보처
제작국가	:	대한민국

영상정보

제공언어	:	한국어
컬러	:	흑백
제작국가	:	유

영상요약

1953년 7월 20일 남녀 학교 학생들에 의해 진행된 경복궁의 잡초제거와 청소활동을 소개하고 있다.

내레이션

동란으로 말미암아 품위를 잃었던 우리의 수도 서울. 파괴의 장소가 생생하고 잡초가 무성한 서울. 이제 휴전의 성립을 계기로 하여 속속 환도하는 주민반들의 손에 의해서 파괴의 장소가 메워지고, 잡초가 제거되어 나날이 그 면모를 새롭게 하고 있는 이때, 지난 7월 20일에는 남녀 학교 학생들의 손에 의해서 역사적인 우리나라 고궁의 잡초제거와 청소작업이 진행되었습니다.

화면묘사

00:00 "경복궁청소" 자막 (시그널 음악)
00:04 경복궁에서 여름교복을 입은 채 땅을 고르고 있는 남학생들
00:12 일렬로 늘어서 잡초제거를 하고 있는 남학생들
00:16 잡초제거를 하고 있는 교복 입은 여학생들의 다양한 모습
00:42 쌓여있는 잡초더미와 그 뒤로 보이는 학생들의 모습

연구해제

본 영상은 1953년 6월 23일부터 진행되었던 경복궁 청소행사를 촬영한 영상으로, 1953년 6·25전쟁 막바지 시기의 경복궁의 모습을 담고 있다.

경복궁은 조선시대의 법궁으로, 임진왜란으로 인해 소실되어 이용되지 않다가, 구한말 흥선대원군에 의해 재건되어 조선왕실의 권위를 보여주는 상징적인 공간으로 자리매김 되었다. 그렇지만, 1895년 명성황후가 경복궁 건청전에서 시해 당한 뒤(을미사변), 고종이 러시아 공사관으로 거처를 옮기고(아관파천) 이후 경운궁(현 덕수궁)으로 이어하면서 경복궁은 빈 궁궐로 남아 방치되었다.

1910년 한일병합 이후 일제는 폐허가 된 경복궁을 공원화한다는 명목으로, 4,000여 칸의 전각을 방매하였고, 1915년에는 경복궁에서 조선물산공진회를 개최했으며, 동궁전과 자경전 같은 주요 전각을 철거한 자리에 르네상스 양식의 석조건물을 지어 미술관으로 이용했다. 아울러 일제는 1916년 경복궁의 정문인 광화문을 철거하고, 그 자리에 조선

총독부 청사를 건립하였으며, 동궁전 자리에 세웠던 미술관을 '조선총독부박물관'으로 활용했다. 이처럼 경복궁은 일제에 의해 식민통치의 상징적 공간으로 변모해 갔다.

해방이 되어도 경복궁의 처지는 나아지지 않았다. 미군정기 미군들은 경복궁 경내에 간이병사를 세웠다. 미군정이 구 조선총독부 건물을 사용하면서, 건물 주변에 미군 숙소를 세웠던 것이다. 아울러 궁궐 내에 지프차와 트럭이 다니는 길을 만들어 수시로 출입하여 궁궐의 전각들을 훼손했으며, 구조선총독부박물관에 소장되어 있던 유물들을 약탈했다. 6·25전쟁이 시작된 뒤에는 만춘전, 천춘전과 같은 전각들이 공습을 받아 소실되었다. 전쟁이 끝난 이후에도 경복궁에 대한 본격적인 보수는 이루어지지 않았다. 근정전과 경회루에서 간소한 행사나 연회가 개최되었을 뿐 사실상 방치되어 있었다.

이 영상에서 보여주고 있는 경복궁 청소행사는, 1953년 6월 23일부터 서울시가 개최한 환경청소행사의 일환으로 실행된 것이다. 당시는 부산 임시 수도로 내려가 있던 정부 각 부처가 서울로 환도하는 것이 결정되었던 시기였기 때문에, 중앙청이 위치해 있었던 경복궁 경내를 정리할 필요가 있었던 것으로 보인다. 방학 중인 서울 시내 중·고등학생들을 교대로 동원하여 경복궁 안의 잡초를 뽑고 허물어진 도량을 다시 쌓아 올렸는데, 영상에서는 잡초를 제거하는 모습이 중점적으로 비춰졌다. 이 부분은 전쟁 동안 파괴 된 채 방치되어 있었던 문화재를 민간의 힘을 빌어 관리할 수밖에 없었던 당대의 열악한 문화재 관리현황을 생생하게 보여준다.

▍ 참고문헌

「교사의 명도를 요구」, 『경향신문』, 1953년 7월 27일.
「옛 주인을 맞이하는 작금의 서울」, 『동아일보』, 1953년 7월 17일.
김대호, 「일제강점 이후 경복궁의 훼철과 활용」, 『서울학연구』 29, 2007.
박성진·우동선, 「일제강점기 경복궁 전각의 훼철과 이건」, 『대한 건축학과 논문집 : 계획계』 23-5, 2007.

해당호 전체 정보

22-01 제헌절 5주년 경축
상영시간 ∣ 00분 54초
영상요약 ∣ 7월 17일 중앙청 광장에서 열린 제헌절 5주년 기념식의 광경을 보여주고 있다. 각계의 내외빈이 초청된 가운데 취주악대의 연주, 김병로 대법원장의 경축사, 경기여중합창단의 제헌절노래 합창, 서상환 법무부장관의 만세삼창의 순서로 기념식이 진행되었다.

22-02 체포된 적색 오렬
상영시간 ∣ 00분 39초
영상요약 ∣ 북의 밀정 2명을 체포하여 기자회견을 여는 모습이다. 내외신기자들이 모여 있으며, 정부관계자들이 밀정을 둘러싸고 기자들의 질문에 답하고 있다.

22-03 지방장관 회의
상영시간 ∣ 01분 03초
영상요약 ∣ 7월 31일의 지방장관 및 경찰국장 회의를 촬영한 영상이다. 이승만 대통령과 백두진 국무총리의 훈시와 진헌식 내무부장관의 지시전달 등이 이어졌다.

22-04 대통령부처께서 구호물자 하사
상영시간 ∣ 01분 28초
영상요약 ∣ 이승만 대통령과 프란체스카 여사의 구호물자 하사 활동을 보도하는 영상이다. 이승만 대통령은 대한경식정구연맹 대표에게 정구용품 6기를 하사했다. 프란체스카 영부인은 19개 여자 중학교에 재봉기계 1대씩과 빈민들에게 구호물자를 나눠주었다.

22-05 미국가는 곰
상영시간 ∣ 00분 55초
영상요약 ∣ 국군에게 사로잡혀 이승만 대통령에게 증정되었다가, 다시 미국에 선물로 운

송되는 새끼 반달곰 두 마리를 보여주고 있다.

22-06 훈장받는 고 "조" 대위 미망인
상영시간 ㅣ 00분 18초

영상요약 ㅣ 고 조홍구 대위가 세운 공적을 기념해 7월 2일 이승만 대통령이 조 대위의 미
망인에게 을지무공훈장을 수여했다.

22-07 경복궁 청소
상영시간 ㅣ 00분 45초

영상요약 ㅣ 1953년 7월 20일 남녀 학교 학생들에 의해 진행된 경복궁의 잡초제거와 청소
활동을 소개하고 있다.

22-08 스포츠 소식
상영시간 ㅣ 01분 23초

영상요약 ㅣ 1953년 7월 21일에 개최된 전국 남녀중고등학교 육상대회의 영상이다. 활기찬
응원전이 벌어지는 가운데, 창던지기, 단거리 육상, 세단뛰기 등의 경기가 펼
쳐졌다.

22-09 마라톤 세계재패 17주년 기념
상영시간 ㅣ 01분 24초

영상요약 ㅣ 손기정 선수의 베를린 올림픽 마라톤 금메달 획득 17주년을 기념하여, 1953년
8월 9일 대구에서 열린 마라톤대회의 영상이다. 마라톤 경기와 이를 구경하기
위해 나온 사람들, 그리고 손기정, 남승룡, 서윤복 세 선수에 대한 월계관과
꽃다발 수여식 장면이 들어있다.

활발해지는 한국원조 (1953년 9월 10일)

제작정보

출   처 : 대한뉴스 26호
제 작 사 : 공보처
제 작 국 가 : 대한민국

영상정보

제 공 언 어 : 한국어
컬   러 : 흑백
사 운 드 : 유

영상요약

2억 달러의 미국 대한원조로 구매한 양곡을 실은 화물선이 부산항에 도착한 것을 기념하여 열린 인도식 영상. 이승만 대통령을 비롯하여 백두진 국무총리, 한미합동경제위원회 우드 박사, 브릭스 주한 미 대사 등이 참석하여 축사를 남겼고, 한국무용 공연도 이어졌다.

내레이션

미국의 샌프란시스코를 출발하여 태평양의 파도를 박차고 부산에 도착한 8000톤의 양곡. 이것은 미국의 대한 2억 달라 원조비로 구매한 것입니다. 이제 이것을 맞이하여 29일 오후 3시 부산 부두에서는 대통령 각하를 비롯하여 한미 양측 요인 다수가 참석한 가운데 그 인도식이 성대하게 거행되었습니다. 한미합동경제위원회 미측 대표 우드 박사가 (…) 희생을 바친 한국국민에 대한 미국의 원조는 앞으로 더욱 계속될 것이라고 진술하자, 우리 한국국민을 대표한 백 국무총리의 미국의 한국에 대한 끊임없는 우의에 감사한다는 요지의 답사가 있었고, 주한 미국 대사 브릭스 대표는 *** *** 한미 양국의 우의는 더욱 두터워질 것이라는 진행사를 진술했습니다. 그리고 이날 특히 미국 상원의원 놀랜드 씨도 이 식장에 참석하여 미국의 대외원조 특히 한국에 대한 원조계획에 대해서 연설을 기했습니다. 끝으로 우리 대통령 각하께서는 이것을 계기로 해서 세계평화를 위한 한미 양국의 유대는 더욱 강화될 것이며 한국국민은 일층 분발하여 재건과 부흥을 위하여 노력할 것이라는 요지의 말씀을 하셨습니다. 이어서 향토색이 풍부한 무용으로 2억 달라 원조의 ***을 맞이하는 인도식은 화기가 애애한 가운데 끝났습니다.

화면묘사

00:00 자막 "활발해지는 한국원조" (시그널 음악)
00:05 항구에 정박해 있는 큰 화물선 ("NEW ROCHELLE VICTORY"라고 쓰여져 있음)
00:09 쌓여있는 양곡 포대
00:15 자동차에서 나와 여러 미국인들과 인사를 나누는 이승만 대통령
00:25 미국인 참석자들의 모습
00:29 태극기와 성조기를 들고 "UNITED STATE" 글자가 보이는 현수막 앞에 서 있는 군인들
00:32 인도식이 진행되는 현장과 이승만 대통령을 비롯해 참석한 수많은 사람들의 모습
00:39 성조기가 걸린 단상에서 연설하는 미국인 (우드 박사로 추정)
00:46 단상 앞에 앉아있는 관계자들의 여러 모습

00:52 단상에서 연설하는 한국인 (백두진 국무총리로 추정)

00:59 앉아있는 관중들

01:03 단상에서 연설하는 미국인 (주미 대사 브릭스로 추정)

01:09 정박해 있는 화물선과 군중

01:13 단상에서 연설하는 미국인 (놀랜드 상원의원으로 추정)

01:21 기립박수를 받으며 단상으로 나가 연설하는 이승만 대통령

01:39 한복 입은 어린이들의 무용공연

01:53 이승만 대통령과 미국인 관계자들이 지켜보는 가운데 열리는 공연모습

02:03 참석자들과 악수를 나누는 이승만 대통령

02:10 "NEW ROCHELLE"라고 쓰인 글씨 일부가 보이는 화물선과 그 위에 달려있는 만국기

▌ 연구해제

이 영상은 1953년 8월 29일 부산 제1부두에서 진행된 미국의 원조물자 도입 축하식을 담고 있다. 미국에서 이날 부산에 도착한 '뉴 로첼 빅토리(New Rochelle Victory)'호에는 2억 달러 어치의 양곡 8000톤이 실려 있었다. 부두에서 성대하게 진행된 축하식 영상에서는 이승만 대통령을 비롯하여 백두진 국무총리, 손원일 국방장관, 갈홍기 공보처장 등 한국 측 대표와 노랜드 미국상원의원, 브릭스 주한미대사, 한미합동경제위원회 미측 대표 우드 등 약 1000명의 인사들이 참석하고 있는 것을 확인할 수 있다. 축하식은 이승만 대통령을 비롯하여 한미 양측 대표들의 연설과 아동들의 축하공연 등으로 진행되었다.

미국의 대한원조는 1948년 12월 10일 '한미 간 경제원조협정'(이하 한미원조협정) 체결을 통해 공식적으로 시작되었다. 해방 이후 미군정을 통해 미국의 원조가 도입되어 오긴 했으나 이는 긴급구호원조의 성격에 그쳤다. 한미원조협정을 통한 미국의 원조는 미국의 원조기구인 경제협조처(ECA: Economic Cooperation Administration)가 주관하며 그 성격은 한국의 내부적 붕괴를 방지하기 위한 경제적 안정을 도모하는 것이었다. 그러나 미국 의회에서 대한원조승인이 지연되면서 물자도입이 지체되었고, 1950년 6월 25일 전쟁이 발발하자 이내 중단되었다. 즉 ECA가 주관하여 도입하기로 계획되었던 원조

는 약 1년여 동안만 시행되었던 것이다.

전쟁이 발발하자 미국은 대한원조의 주체를 유엔으로 이관하였다. 이에 따라 1951년에는 유엔군 사령관 측과 한국정부 간의 새로운 원조안 수립을 위한 협상이 시작되었다. 협상주체는 유엔이었지만 유엔 내 미국의 영향력을 고려했을 때 실질적으로는 미국의 결정권하에 있었다고 할 수 있다. 이 협상은 외환문제와 유엔군 대여금 문제를 두고 난항을 겪었지만 1952년 5월 24일 '대한민국과 통일사령부간의 경제조정에 관한 협정'(이하 경제조정협정)의 체결로 귀결되었다. 경제조정협정의 주 내용은 합동경제위원회(CEB: Combined Economic Board)의 설치와 유엔군 대여금 상환에 대한 합의라고 할 수 있다. 합동경제위원회는 유엔군 총사령관 대표 1인과 대한민국 정부 대표 1인으로 구성되는 합의체인데, 한국의 외환보유 문제 및 원조물자 사용처 등을 합의하는 기구였다.

1953년 전쟁이 소강상태에 빠지고 휴전회담이 진행되면서 전후 복구문제가 현안으로 대두하였다. 이에 한미 양국은 변화된 상황에 따른 새로운 원조협정을 체결할 필요를 공감하였다. 미국은 한국에 필요한 원조규모를 파악하기 위해 유럽부흥계획의 경험을 가진 헨리 J. 타스카(Henry J. Tasca)를 대표로 하는 미 경제사절단을 파견하였다. 타스카 사절단은 군사적인 성격이 강한 재건계획을 목표로 세우고 이에 따른 원조계획을 갖고 있었는데, 이들의 보고서는 국무부 및 국가안전보장회의(NSC: National Security Council)의 회의를 거쳐 원조계획안의 기반으로 참고 되었다. 이에 따라 대한원조의 방향은 1953년 7월 23일 미대통령 아이젠하워의 승인을 받으며 확정되었다. 아이젠하워는 한국군을 20개 사단으로 증강시키는 것을 목표로 하며, 1)대통령이 휴정협정 체결로 발생하는 육군부 예산의 절약분을 상호방위지원을 위해 사용하는 권한을 가질 수 있도록 의회에 요구할 것, 2)휴전협정이 맺어질 경우 대한민국에 즉각 식량을 배분할 것 등의 내용을 첨가했다.

1950년대 초 미국의 대한경제정책은 한국 안보의 중요성을 고려하여 한국 군대의 증강과 유지를 위한 정치·경제적인 안정확보를 우선적인 과제로 삼았다. 이 같은 경향은 6·25전쟁을 계기로 더욱 강조되었으며, 영상에서 제시된 8000톤의 양곡 역시 1953년 7월 27일 휴전협정이 체결 이후 미국의 원조정책의 성격을 반영하고 있는 것이다.

▌ 참고문헌

「이억불원조 첫 선물」, 『동아일보』, 1953년 8월 29일.
「원조선 빅토리호 입항」, 『경향신문』, 1953년 8월 31일.
「미 원조에 심심한 사의」, 『동아일보』, 1953년 8월 31일.
이현진, 『미국의 대한경제원조정책 1948~1960』, 혜안, 2009.

해당호 전체 정보

26-01 내한한 한미재건단
상영시간 | 01분 59초
영상요약 | 1953년 8월 20일 내한한 13명의 한미재단 일행 영상. 경무대 방문, 이승만대통
령과 함께한 고궁 시찰, 그리고 여의도 비행장의 귀국 환송회 등의 모습

26-02 한미합동경제위원 "우드"박사 내한
상영시간 | 00분 40초
영상요약 | 1953년 8월 21일 한미합동경제위원회의 수석대표인 우드(Wood)씨의 여의도
공항 내한 영상. 정부 각 부처 장관을 비롯해 주한미국대사 등 수많은 이들이
비행장에 나와 우드씨를 맞이하며 내한을 환영하고 있다.

26-03 "빅토리농구단" 내한
상영시간 | 01분 43초
영상요약 | 대한농구협회의 초청으로 내한한 미국 빅토리 농구팀의 내한 영상. 전차에서
내리는 빅토리 농구단의 모습과, 휴식시간의 선교, 육군 농구팀과의 경기 모
습 등

26-04 한국을 방문한 "노-랜드"씨
상영시간 | 00분 35초
영상요약 | 1953년 8월 30일 내한한 미국 상원의원 놀랜드의 여의도 공항 입국 환영식 영
상. 백두진 국무총리, 손원일 국방부장관, 조정환 외무부차관, 브릭스 주한미
대사 등이 직접 공항에 마중 나왔고, 군악단의 연주에 맞춰 국민의례를 한 후
함께 걸어 나온다.

26-05 활발해지는 한국원조
상영시간 | 02분 13초
영상요약 | 2억 달러의 미국 대한원조로 구매한 양곡을 실은 화물선이 부산항에 도착한

것을 기념하여 열린 인도식 영상. 이승만 대통령을 비롯하여 백두진 국무총리, 한미합동경제위원회 우드 박사, 브릭스 주한 미 대사 등이 참석하여 축사를 남겼고, 한국무용 공연도 이어졌다.

26-06 수도사단42용사 대통령 례방

상영시간 ㅣ 01분 24초

영상요약 ㅣ 1953년 9월 3일 수도사단 42명의 군인들이 경무대의 이승만 대통령을 예방하는 영상. 이들 42명의 군인들은 이승만 대통령에게 인사를 하고 대통령의 담화를 청취했다. 이후 차와 과자, 담배를 받아 들고 마당에 앉아 이를 즐겼다.

26-07 "딘"장군 귀환

상영시간 ㅣ 01분 47초

영상요약 ㅣ 1953년 9월 4일 휴전협정에 따른 포로교환 과정에서 이뤄진 딘 장군의 귀환 영상. 귀환 직후부터 딘 장군을 환영하는 갖가지 행사 개최의 모습 등

학도의 손으로 돌아온 서울대학 (1953년 10월 7일)

제작정보

출   처 : 대한뉴스 27호
제 작 사 : 공보처
제작국가 : 대한민국

영상정보

제공언어 : 한국어
컬   러 : 흑백
사 운 드 : 유

영상요약

6·25전쟁 동안 미 제8군 사령부로 쓰인 서울대학 교사를 한국정부에 반환하는 인도식 영상. 1953년 9월 15일 서울대 문리대 교정에서 거행되었다. 미 제8군 사령관 테일러 장군이 서울대학교 총장 최규남씨에게 직접 열쇠를 건네주며 서울대 건물의 완전 반환이 이루어졌다. 서울대 문리대 전경과 대열을 맞추어 교내를 행진하는 미군의 모습도 담겨 있다.

내레이션

가열한 전쟁이 계속되어 온 과거 2년이 넘는 동안 미 제8군에서 사용하여오던 서울대학 교사를 우리 한국정부에 반환하는 인도식이 9월 15일 오후 3시 문리대학 교정에서 거행되었습니다. 이날 8군사령관 테일러 장군은 이 건물의 완전 반환을 표시하는 한 개의 열쇠를 서울대학 총장 최규남 씨에게 수여하면서 다년간 교사 사용에 대한 사의를 표명했습니다. 이리하여 공산오랑캐를 무찌르는 정의의 십자군 미 제8군 사령부로서의 역할을 다한 이 건물은 이제 진리를 탐구하는 이 나라 젊은 학도들의 배움의 전당으로 옛 모습을 다시 찾게 되었습니다.

화면묘사

00:00   미군이 열을 지어 서 있는 배경으로 자막 "학도의 손으로 돌아온 서울대학" (시그널 음악)

00:05   미 제8군 테일러 장군이 학위가운을 걸친 최규남 총장에게 열쇠를 건네주는 장면

00:15   열쇠 클로즈 업

00:17   대열을 맞춰 서 있는 미군

00:21   최규남 총장의 연설 장면

00:26   서울대 문리대 건물의 모습

00:30   행진하는 미군

00:39   경례자세를 취하고 있는 테일러 장군과 최규남 총장
00:41   행진하는 미군의 뒷모습과 문리대 건물

▌ 연구해제

해방 이후 서울을 비롯한 수도권 일대에는 전국의 50여 개 대학 중 30여 개의 대학이 집중되어 있었는데, 6·25전쟁의 발발로 극심한 인적 물적 피해를 입고 수업을 지속하는데 어려움을 겪게 되었다. 이들은 1951년 1·4후퇴를 기점으로 남하하였는데, 전쟁으로 인해 물적 기반과 교육적 자원이 극히 부족한 상황에서 임시수도 부산에 모여 1951년부터 전시 연합대학을 조직하여 운영하였고, 이후 정국이 안정됨에 따라 1952년 5월 31일부터는 연합대학을 해체하고 각 대학들이 개별적으로 피난학교를 운영하기 시작하였다. 한편 운영을 멈춘 서울 시내의 각 급 학교건물들은 서울에 주둔한 미군부대들이 이용하였는데, 서울 동숭동에 있었던 서울대학교의 건물은 미8군 사령부 건물로 사용되었다.

1953년 7월 27일 정전협정이 체결된 후 8월 2일에는 정부 환도와 함께 미군이 사용하고 있는 학교 건물을 복구한 뒤 철수한다는 합의가 이루어졌다. 이에 따라 미8군 사령부 역시 서울대학교 건물에서 철수하여 서울 용산구에 있는 구일본군 연대본부 건물로 이동할 것을 결정하고, 9월 15일 명도식을 열었다.

본 영상에서는 바로 동숭동의 서울대 문리대 건물에서 개최된 명도식 현장의 이모저모를 보여준다. 대한뉴스의 제목은 '학도의 손으로 돌아온 서울대학'으로 붙여졌지만, 실제 내용에서는 미8군 소속 군인들이 행사에 참여한 모습이 중심적으로 다루어지며, 학생들의 모습은 보이지 않는다. 대신 최규남 총장의 모습만이 보일 뿐이다. 이 영상은 정전 이후 임시수도 부산으로 옮겨졌던 각 기관들이 서울로 돌아오는 과정의 일부를 보여주고 있다는 점에서 의의가 있지만, 동시에 1953년 9월 당시까지 서울 곳곳에 남아 있었던 미군들의 모습도 보여주고 있어 당시 시대상을 짐작할 수 있게 한다.

▌ 참고문헌

「서울대학건물반환 미팔군사령부이전」, 『동아일보』, 1953년 8월 1일.

「합동수강도 허락 각 급 학교 서울 복귀조치」,『동아일보』, 1953년 8월 3일.
박선영 · 김희용,「한국전쟁기 대학상황의 이해 ; 부산지역을 중심으로」,『한국학논집』
　　37, 2008.

해당호 전체 정보

27-01 철의 장막을 탈출한 포랜드 통역관

상영시간 | 00분 32초

영상요약 | 1953년 9월 9일 중립국 감시위원단의 통역관으로 일하다가 망명한 한 폴란드 인의 기자회견 영상

27-02 육군 대학 제4기 졸업식

상영시간 | 01분 27초

영상요약 | 1953년 9월 5일 대구 육군대학 제4기 졸업식 영상. 제복을 갖춰 입은 졸업생들 이 한 명씩 단상에 올라 졸업장을 받고, 고위급 인사들과 악수를 나눴다. 이날 참석한 손 국방장관은 이승만 대통령의 유시를 대독하였고, 이종찬 장군도 격 려의 연설을 했다.

27-03 귀국한 양 주미대사

상영시간 | 00분 20초

영상요약 | 1953년 9월 24일 양유찬 주미 한국대사가 비행기에서 내리며 귀국하는 영상. 양유찬 대사는 한복 입은 소녀에게 꽃다발을 전해 받고, 마중 나온 많은 이들 과 악수를 나눴다.

27-04 리대통령 후생주택 시찰

상영시간 | 01분 13초

영상요약 | 운크라(UNKRA) 원조로 사회부가 서울시 안암동에 짓고 있는 후생주택 건설 현장에 이승만 대통령이 방문한 영상. 사회부 장관과 우드(Wood) 박사 등 많 은 인원이 함께 동행했다. 이승만 대통령은 설명을 들으며 건설현장을 둘러 보았고, 벽돌 만드는 기계에도 관심을 보였다.

27-05 영예의 "헤렌" 제독

상영시간 | 00분 27초

영상요약 | 1953년 9월 23일 이승만 대통령이 유엔군 사령부 민사부장 헨런 미해군 소장
에게 한국의 최고훈장인 금성태극훈장을 수여하는 영상

27-06 학도의 손으로 돌아온 서울대학

상영시간 | 00분 48초

영상요약 | 6 · 25전쟁 동안 미 제8군 사령부로 쓰인 서울대학 교사를 한국정부에 반환하
는 인도식 영상. 1953년 9월 15일 서울대 문리대 교정에서 거행되었다. 미 제8
군 사령관 테일러 장군이 서울대학교 총장 최규남 씨에게 직접 열쇠를 건네주
며 서울대 건물의 완전 반환이 이뤄졌다. 서울대 문리대 전경과 대열을 맞추
어 교내를 행진하는 미군의 모습도 담겨있다.

27-07 스윗스로 유학가는 천재 소년음악가

상영시간 | 01분 04초

영상요약 | 음악 천재소년이라 불리던 바이올리니스트 이희춘 군과 피아니스트 한동일
군이 스웨덴으로 유학 가기 직전에 가진 고별연주회 영상. 연주회가 개최된
배재중학교 강당에는 사람들이 가득 들어찬 가운데, 두 천재 소년의 이중주가
펼쳐졌다.

27-08 세미 리 다이빙 모범경기

상영시간 | 01분 29초

영상요약 | 1953년 9월 18일 서울운동장 수영장에서 개최된 다이빙 세계선수권 보유자인
세미 리 선수의 초청 경기대회 영상. 이승만 대통령 부부도 직접 나와 세미
리 선수와 악수를 나누며 그를 응원했다. 세미 리 선수의 다양한 다이빙 시범
이 보여졌고, 수많은 관중은 박수를 치며 경기를 관람했다.

27-09 정부 대 국회 친선운동경기

상영시간 | 01분 40초

영상요약 | 1953년 9월 26일에 열린 정부 대 국회의 친선운동경기 영상. 정부와 국회 양측
출입기자단의 축구경기, 국무위원과 국회의원의 배구경기 등.

제네바로 출발하는 변 장관 일행 (1954년 5월 31일)

제작정보
출   처 : 대한뉴스 39호
제 작 사 : 공보처
제 작 국 가 : 대한민국

영상정보
제 공 언 어 : 한국어
컬   러 : 흑백
사 운 드 : 유

영상요약

1954년 제네바회담에 참석하기 위해 여의도공항을 통해 떠나는 변영태 외무부장관 일행에 대한 환송 영상.

▌ 내레이션

4월 19일 오후 5시, 세계평화의 운명을 결정짓는 제네바 회의에 참석하기 위하여 변 외무부장관을 수석대표로 하는 우리 대표단 일행은 전민족이 절규하는 북진통일의 최종적인 결정여부의 중대한 임무를 **에 지니고 전 국민이 **와 건투를 비는 가운데 여의도 공항을 출발하여 **에 올랐습니다.

▌ 화면묘사

00:00 변 장관과 그를 환송하는 인사들을 배경으로 자막 "제네바로 출발하는 변 장관 일행" (시그널 음악)
00:08 걸어 나오는 변 장관 일행
00:10 소녀에게 꽃다발을 받는 변 장관
00:15 일행들과 함께 기념촬영을 하는 변 장관
00:18 환송 나온 다양한 시민들
00:20 환송 나온 이들과 인사한 이후 비행기에 오르는 변 장관

▌ 연구해제

이 영상은 1954년 당시 외무부장관이던 변영태 장관 일행이 6·25전쟁 이후 한반도 문제와 인도차이나 문제를 해결하기 위해 미국·영국·프랑스·소련·중국 등 강대국들이 모이는 '제네바 정치회담(이하 회담)'에 참석하기 위해 출발하는 모습을 담고 있다.

이 회담은 1953년 7월에 맺어진 정전협정 조항 4조 6항을 근거로 개최되었다. 이 조항은 "한반도로부터 외국군의 철수와 한국 문제의 평화적 해결을 위한 고위 정치회담을 휴전조약이 효력을 발생한 뒤 3개월 내에 개최할 것을 권고 한다"고 규정하고 있었다.

그런데 회담이 실제로 개최되기까지는 우여곡절이 적지 않았다. 1953년 10월 16일부터 판문점에서 열린 예비회담은 참여국 선정문제를 둘러싼 공산군 측과 유엔군 측의 갈등으로 성과 없이 끝났다. 결국 1954년 1월 25일부터 2월 19일까지 베를린에서 열린 미국·영국·프랑스·소련 4개국 외상회담에서 회담 개최가 결정되었다.

1954년 4월 26일부터 시작되어 6월 15일까지 개최된 회담의 주요 의제는 한반도 통일을 위한 선거의 범위 및 국제 감독, 외국군 철수, 유엔의 권위 문제 등이었다. 회담 초기 한국은 유엔 감시 아래 북한만의 자유선거를 실시하자고 주장했다. 게다가 선거전에 중공군의 철수가 완료되어야 한다는 조건까지 달았다. 이에 대해 북한은 '외국군 동시 철수 및 남북한 동시선거'를 주장했다. 차이가 컸다.

그리고 6·25전쟁 참전국 내부에서도 점차 입장차이가 커지자 미국은 회담 종결을 서둘렀다. 미국은 변영태 외무부장관과의 협의를 통해 유엔 감시 아래 남북한이 토착인구 비례에 따라 자유 총선거를 실시한다는 내용이 포함된 14개 항목의 통일방안을 발표함으로써 회담은 50여 일간의 논쟁에도 불구하고 아무런 합의도 이루지 못한 채 막을 내렸다. 이 기간 동안 한반도의 통일과 관련, 나올 수 있는 모든 방안이 거론되었다. 평화체제의 실마리도 담겨 있고 경제협력의 필요성도 거론되었으며 중립화 방안을 포함한 상상할 수 있는 모든 종류의 통일방안이 논의되었다.

회담은 정전협정 이후 한반도의 통일문제를 논의한 처음이자 마지막 다자회담이었으며, 한국이 주권국가로 참여한 첫 번째 국제회의였다. 또한 국제정치사에서도 의미 있는 회담이었다. 회담은 세계적인 강대국이었던 영국의 은퇴무대로 이후 세계는 미소 양극체제로 넘어갔다. 동시에 신생국가이면서 국가로 인정받지 못하고 있었던 중국이 국제 외교무대에 처음으로 데뷔했던 회담이기도 했다.

사실 회담은 전후 강대국 정치의 산물이기 때문에 당사자였던 한국은 참여할 생각조차 없었다. 북진통일을 주장하고 있던 이승만 정부에게 협상은 전혀 고려대상이 아니었다. 회담 개최 8일 전까지도 회담을 거부하던 한국은 결국 미국과의 협의과정에서 한국군 증강에 대한 미국의 원조약속과 회담 운영에 관한 몇 가지 언질을 받고 참여하기로 했다.

회담에 대한 이승만 정부의 부정적 입장을 보여주듯이 제네바 회담에 대한 대한뉴스는 '제39-02호 제네바로 출발하는 변장관 일행'과 '제43-03호 변국무총리 취임' 영상에서 변영태 외무부장관의 출국과 귀국 모습을 짧은 영상으로 소개하고 있을 뿐이다. 그리고 내레이션에서도 회담에 대해서는 "세계평화"와 "북진통일"과 관련된 것처럼 묘사하고 있을 뿐 구체적인 설명은 포함되어 있지 않다.

▌ 참고문헌

김연철, 「1954년 제네바 회담과 동북아 냉전질서」, 『아세아연구』 54-1, 2011.

라종일, 「제네바 정치회담 : 회담의 정치 1954.4.25/6.15」, 『시민정치학보』 1, 1996.

홍용표, 「1954년 제네바회의와 한국전쟁의 정치적 종결 모색」, 『한국정치외교사논총』
        28-1, 2003.

황인수, 「한국전 이후 쟁점과 제네바 협정」, 『시민정치학보』 3, 2000.

39-01 경무대 소식

상영시간 ㅣ 00분 47초

영상요약 ㅣ 1954년 4월 7일 이 대통령이 미 제315 공수사단 관계자에게 그 공적에 대한
표창장을 수여하는 영상과 프란체스카 여사가 4월 3일 약품 수십 상자를 최
보건부장관을 통해 기증하는 영상.

39-02 제네바로 출발하는 변 장관 일행

상영시간 ㅣ 00분 33초

영상요약 ㅣ 1954년 제네바회담에 참석하기 위해 여의도공항을 통해 떠나는 변영태 외무
부장관 일행에 대한 환송 영상.

39-03 평화선을 침범한 중공 어선

상영시간 ㅣ 00분 34초

영상요약 ㅣ 두 척의 어선을 통해 평화선을 넘어 남하한 중공인들이 부산으로 인도된 영
상. 이들에 대한 각종 검역이 이루어졌다.

39-04 연합참모회의

상영시간 ㅣ 00분 43초

영상요약 ㅣ 1954년 4월 21일에 연합참모본부에서 개최된 제3차 연합참모회의의 영상. 이
형근 의장을 비롯해 육해공군 각 참모총장이 참석했다.

39-05 해군 사관학교 졸업식

상영시간 ㅣ 01분 39초

영상요약 ㅣ 이 대통령이 1954년 4월 15일 진해 해군사관학교 제8기생의 졸업식과 4월 12
일 창설 5주년을 맞이한 해병대 기념식을 각각 참석하여 이를 축하하고 분열
식을 사열하는 영상.

39-06   학도 호국단 제5주년 기념식

상영시간 ㅣ 01분 21초

영상요약 ㅣ 1954년 4월 22일 제5회 전국학도호국단 창설기념식의 개최 영상. 4만여 명의
         남녀학생이 참가한 가운데 중앙학도호국단 단장인 이선근 문교부장관 및 내
         외 관계자의 축사와 시가행진 등이 진행됐다.

39-07   구주교 내방

상영시간 ㅣ 00분 31초

영상요약 ㅣ 6 · 25전쟁 당시 납북되었다가 풀려난 구주교가 제2대 주한교황사절로 임명되
         어 1954년 4월 22일 입국하는 영상. 수많은 환영 인파가 여의도공항에 나와 구
         주교를 맞이했다.

39-08   미국으로 떠나는 어린이 음악단

상영시간 ㅣ 00분 36초

영상요약 ㅣ 한미재단에서 전개하는 미국의 대한원조기금 모집운동에 참가하기 위해 1954
         년 4월 8일 미국으로 떠나는 어린이 음악단의 출국 영상.

39-09   상이군인 합동 결혼식

상영시간 ㅣ 00분 36초

영상요약 ㅣ 1954년 4월 24일 손 국방부장관의 주례로 개최된 제9차 상이군인 합동결혼식
         영상.

미군철수는 시기상조다 (1954년 9월 22일)

제작정보

출   처 : 대한뉴스 46호
제 작 사 : 공보처
제 작 국 가 : 대한민국

영상정보

제 공 언 어 : 한국어
컬   러 : 흑백
사 운 드 : 유

▌ 영상요약

1954년 9월 28일 미군철수를 반대하며 벌인 상이용사들의 시위와 대한노총 산하 노동자들의 시위 영상.

▌ 내레이션

9월 28일 250명의 상이용사들은 미국 대사관과 유엔 기자단 숙소 앞에서 미군철수를 반대하는 비장한 시위를 감행하고 일동의 이름으로 미군 철수의 중지를 요청한 멧세지를 브릭스 미국대사에게 전달했습니다. 한편 이날 대한노총 산하 노동자들도 미군철수 반대의 시위를 전개했습니다.

▌ 영상내용(화면묘사)

00:00   상이용사들의 미군철수 반대 시위를 배경으로 자막 "미군 철수는 시기상조다!" (시그널 음악)
00:03   건물 앞을 지키는 외국인 경찰 등 4명의 관계자
00:06   길거리에 앉아있는 상이용사 시위단
00:09   "미국은(…)군사원조를 증"이라 씌어진 플래카드
00:12   건물 앞에 몰려 있는 시위대
00:19   "(…) INCREASE MILITARY AND ECONOMIC AID"라 씌어진 플래카드
00:22   누워서 시위 중인 상이용사
00:25   소리치며 시위 중인 선글라스 낀 갈고리 손의 상이용사
00:27   유엔 기자단 관련자에게 항의하는 시위단
00:29   5명씩 어깨동무한 채 열을 맞춰 뛰면서 시위중인 대한노총 노동자들

▌ 연구해제

이 영상은 1954년 9월 22일 벌어진 6 · 25전쟁 상이용사들과 대한노총 소속 노동자들

이 주한미군 철수에 반대하며 전개하는 시위 광경을 보여주고 있다. 이날 6·25전쟁 참전 상이용사들은 주한미국대사관과 경제협조처 등 미국의 관련기관 앞에서 주한미군 철수에 반대하는 시위를 전개하고, 주한미군 철수에 반대하는 성명서와 서한을 미국 대표들에게 전달하였다. 이 영상은 또한 상이용사들 다음으로 대한노총 주관하에 진행된 주한미군 철수 반대 노동자 시위를 보여주고 있는데, 대한노총도 상이용사들과 마찬가지로 대중시위를 전개하고 주한미군 철수 반대성명을 발표하였다. 이 영상은 휴전협정 직후 대한민국의 주요 이슈가 된 주한미군 철수에 관한 사회적 분위기가 어떠한 방식으로 표출되는가를 보여주고 있으며, 주한미군 철수에 대한 한국 사회의 여론과 함께 이승만정권기의 대중시위의 방식과 그 정치적 효용성을 찾아볼 수 있는 데 그 의미가 있을 것이다.

　6·25전쟁에 참전하였던 주한미군의 철수는 1954년 3월 14일 인천항 제2부두에서 미 제45사단 1진이 철수하는 행사인 이한식(離韓式)을 시작으로 순차적으로 진행되었다. 이날 이한식에는 총 1075명의 주한 미군이 참석한 가운데 테일러 미8군사령관과 제45사단(사단장: 피처 준장)의 사열식이 거행되었다. 행사를 마친 주한 미군 병사들은 1951년 12월 10일 일본에서 한국으로 투입된 지 27개월 만에 한국을 떠나 미국 뉴욕으로 향하였다. 주한 미군의 철수는 1953년 12월 26일 발표된 아이젠하워의 국방정책 중 미군 철수 계획으로부터 비롯되었고, 이듬해 3월부터 본격적으로 진행되었다.

　그런데, 제1공화국기의 대중시위는 이승만 정권의 정치적 의도가 작용한 경우가 많았다. 1954년 9월은 이후 사사오입개헌이라고 불리게 된 개헌을 앞두고 자유당과 야당이 헌법 개정을 두고서 대립하던 시기로, 이승만 대통령과 자유당은 연일 강경 발언을 쏟아내고 있던 때였다. 이승만은 연일 북진통일론을 주장하며 중립국감시위원회의 철수를 요구하였다. 헌법개정 문제를 두고 여야가 대립하는 가운데 주한미군 철수 소식이 들려오자 국회는 8월 18일 야간 임시국회를 소집하여 유엔군 일부 철수에 반대하는 결의안을 통과시켰다. 결과적으로 이승만 정권의 북진통일과 중립국감시위원회 철수 요구, 주한미군 철수 반대 등은 1954년도 하반기를 관통하며 야당을 압박하여 그해 11월 28일 사사오입 개헌으로 귀결되었다.

▍참고문헌

서중석, 「이승만과 북진통일」, 『역사비평』 29, 1999.

해당호 전체 정보

46-01   경무대 소식

상영시간 ⏐ 01분 09초

영상요약 ⏐ 1954년 9월 29일 경무대에서 이 대통령이 김만술 소위를 비롯한 14명의 군인에게 무공훈장을 수여하는 영상.

46-02   미군철수는 시기상조다

상영시간 ⏐ 00분 36초

영상요약 ⏐ 1954년 9월 28일 미군철수를 반대하며 벌인 상이용사들의 시위와 대한노총 산하 노동자들의 시위 영상.

46-03   제6회 항공일

상영시간 ⏐ 02분 17초

영상요약 ⏐ 1954년 노량진 정심공원 언덕에서 열린 제6회 항공일의 공군창단 기념식 영상. 공군장병에 대한 이 대통령의 훈장 수여와 연설이 있었고 전투기 공중훈련 등 다양한 기념행사가 개최되었다.

46-04   민병대 창설 1주년

상영시간 ⏐ 00분 36초

영상요약 ⏐ 1954년 9월 21일 서울운동장에서 개최된 민병대 1주년 기념식 영상. 함 부통령 등의 고위급 인사들이 참여한 가운데 민병대의 훈련 시범이 전개되었다.

46-05   공부자 탄강(2505년)

상영시간 ⏐ 01분 01초

영상요약 ⏐ 1954년 9월 23일 성균관 대성전에서 개최된 공자 탄생을 기념하는 석전 영상. 이승만 대통령 내외를 비롯한 다수 인사가 참석한 가운데 석전이 진행되었다.

46-06 전국 통신 경기

상영시간 l 00분 53초

영상요약 l 1954년 9월 28일과 29일에 개최된 제1회 전국 통신경기대회의 진행 영상. 다양한 경기를 펼치는 참가자들과 심사자, 관중들이 모습이 들어 있다.

46-07 인하공과대 개교

상영시간 l 00분 28초

영상요약 l 하와이동포들의 망명 50주년 기념으로 인천에 설립된 인하공과대학의 1954년 10월 5일 개교 기념식 영상.

46-08 철도 55주년

상영시간 l 01분 10초

영상요약 l 1954년 9월 18일 철도 창설 55주년 기념식 영상. 함 부통령과 이 교통부장관 등이 참석한 가운데 이 대통령 흉상 제막, 공로자에 대한 상장 수여 등이 이루어졌다.

46-09 스포츠 소식(정구)

상영시간 l 01분 16초

영상요약 l 세계적인 프로정구 선수 4인이 내한하여 서울운동장에서 공개 정구경기를 펼치는 영상. 수많은 관중이 모인 가운데 경기가 펼쳐졌다.

미륵불 보수 제막 (1954년 10월 26일)

제작정보

출　　처 : 대한뉴스 48호
제 작 사 : 공보처
제 작 국 가 : 대한민국

영상정보

제 공 언 어 : 한국어
컬　　러 : 흑백
사 운 드 : 유

영상요약

1954년 10월 28일의 파주 광탄 미륵불 제막식과 이 대통령 기념탑 건립 봉안식 영상. 이 대통령이 참가한 가운데 제막식이 개최되고 이후 파주군에서 열린 이 대통령 환영 국민 대회의 영상도 들어있다.

내레이션

파주 군하에 있는 광탄 미륵불 제막식과 이 대통령 기념탑 건립 봉안식이 10월 28일 현지에서 거행되었습니다. 이 제막식은 이 대통령 각하를 위시하여 함 부통령, 이 민의원 의장, 백 내무부장관, 이 문교부장관, 브릭스 미국대사 등 각계 인사 다수가 참석한 가운데 엄숙하게 거행되었습니다. 한편 이날 파주군에서는 이 대통령 각하의 방문을 맞이해서 환영 국민대회를 개최했는데 이 자리에서 대통령 각하께서는 전국민은 조국의 완전통일을 성취할 때까지 확고한 신념으로 일치단결하여 최대한의 역량을 발휘하라는 훈시를 말씀하셨습니다.

화면묘사

00:00 도착하는 자동차를 배경으로 자막 "미륵불 보수제막(파주)" (시그널 음악)
00:04 자동차에서 내리는 이 대통령
00:11 미륵불 두 점의 모습
00:14 걸어가는 이 대통령
00:17 이 대통령과 함 부통령을 비롯한 제막식에 참석한 여러 인사들
00:28 "이대통령기념탑" 현판
00:30 이 대통령 기념탑 제막
00:34 제막식 진행 전경
00:39 멀리서 바라본 미륵불 두 점
00:43 이 대통령 환영 국민대회에 참석한 인파
00:46 꽃다발을 받은 이 대통령
00:49 꽃다발을 받는 함 부통령
00:52 연설 중인 이 대통령
00:58 환영 대회에 모인 인파

연구해제

1954년 10월 18일 파주에서 열린 용미리 석불 관련 내용과 7층탑 건립 제막식을 촬영한 영상이다.

용미리 석불은 보물 93호로 파주 광탄면 용암사 근처 장지산의 암벽에 세워져 있다. 자연 암벽을 이용하여 세웠는데, 몸통은 암벽에 새기고, 목, 얼굴, 갓을 각각 조각하여 그 위에 올려놓은 형태로, 총 높이가 17.4m에 달한다. 두 불상 중 1구는 둥근 갓을 썼으며 얼굴에 자연스러운 미소를 띠고 있어 여성적인 분위기를 풍긴다. 다른 1구는 네모난 모자를 썼는데 남성적인 모습을 보이고 있다. 이 석불은 고려 초 선종(宣宗: 재위 1083~1094)과 관련된 전설이 인근 지역 주민들 사이에서 내려져 왔기 때문에 고려시대의 것으로 추정되어 왔다. 그렇지만 1995년 경기도 문화체육과 박홍국 학예연구관이 석불입상 하단의 발원문을 판독하여 세조 11년에 세조의 명복을 기원하며 조성된 것임이 밝혀졌다.

본 영상에는 이승만 대통령과 함께 함태영 부대통령, 이기붕 민의원 의장 및 엘리스 브릭스(Ellis O. Briggs) 주한 미 대사 등 각계 인사들이 용암사를 비롯한 파주 일대를 방문하는 내용을 담고 있다. 정부 주요 인사들의 파주 방문은 해방 직후 지역 유지들의 활동과도 연계 되어 있었다. 6·25전쟁 직후 정부는 지방 유지들에게 전국 각지의 문화재를 보존하기를 요청했었다. 전란으로 인해 파괴된 문화재들이 방치된 채 소실 위기에 처해 있었기 때문이다. 이에 따라 파주의 지역 유지들은 보존위원회를 조직하여 활동하는 한편, 1954년 1월에는 이승만의 해원을 기원하는 7층탑을 건립하였다. 이승만은 동년 10월 국내외 고위 인사들과 함께 7층탑의 제막식에 참석하였고, 이어서 파주군이 광탄국민학교에 마련한 군민환영대회장에 참석했다. 이 자리에서 이승만은 "전 국민은 조국의 완전한 통일을 성취할 때까지 확고한 신념으로 일치단결하여 우리 국군 용사와 보조를 맞추어 최대한의 역량을 발휘해 나가자"는 내용의 격려 연설을 했다.

아울러 용미리 석불에 얽힌 이승만 관련 일화도 전해진다. 이승만이 1957년 무렵부터 용미리 석불에 기도를 하면 아들을 얻을 수 있다는 속설을 듣고는 파주에 자주 방문하게 되었다는 것이다. 이에 따르면, 이승만이 당시 파주 군수에게 미륵불 옆에 동자상을 만들어 세우도록 명했고, 이름을 승용이라고 지어 붙이도록 했다고 한다. 또한 이 동자상이 만들어진 이후에는 100일에 한 번씩 이곳에 들렸으며, 그 덕에 이 지역의 길이 정비되어 인근 주민들이 혜택을 입게 되었다는 이야기도 전해진다. 이승만과 관련된 7층 석탑과 동자상은 문화재를 훼손하고 있다는 비판이 있어 1987년 용암사 경내로 옮겨져 현재까지 전해지고 있다.

█ 참고문헌

「장지산 미륵불 옆에 칠층탑을 건립완료」, 『경향신문』, 1954년 1월 31일.
「파주서 성대거행」, 『동아일보』, 1954년 10월 30일.
손충무, 「미륵불 생남기원」, 『경향신문』, 1964년 2월 8일.
「왕손 기원 전설담긴 용미리 쌍석불」, 『동아일보』, 1984년 12월 6일.
「파주 용미리 석불 입상 세조 11년 제작」, 『동아일보』, 1995년 10월 21일.

해당호 전체 정보

48-01 경무대 소식
상영시간 ㅣ 02분 02초
영상요약 ㅣ 11월 11일 경무대로 신임장을 봉정하기 위해 찾아온 초대 주한 필리핀 공사와
이 대통령의 조우 영상과 10월 27일 미 제5공군 비행사와 탑승원에게 표창하
는 이 대통령.

48-02 국군 제2군 창설
상영시간 ㅣ 00분 50초
영상요약 ㅣ 1954년 10월 31일 국군 제2군 사령부 창설기념식 영상. 이 대통령 등 고위급
인사가 참석한 가운데 이 대통령의 사열과 군사령기 수여, 관계자들의 축사가
이어졌다.

48-03 국립경찰 아홉돌
상영시간 ㅣ 02분 24초
영상요약 ㅣ 1954년 10월 21일의 국립경찰 창립 제9주년 기념식과 그 후에 이어진 경찰들의
시가행진 영상. 이 대통령을 비롯한 고위급 인사들의 축사와 표창이 있었다.
10월 20일에 있었던 경찰 항공기 3대에 대한 명명식 영상도 함께 들어있다.

48-04 부흥되는 방직공업
상영시간 ㅣ 00분 43초
영상요약 ㅣ 나일론 제품을 생산하게 된 태창방직에 시찰 나간 관계자들과 나일론 생산 과
정을 담은 영상

48-05 대한적십자사 제5주년
상영시간 ㅣ 00분 57초
영상요약 ㅣ 1954년 대한적십자 창립5주년 기념식 전경. 이 대통령도 참석하여 기념사와
표창을 수여했다.

48-06 미륵불 보수제막

상영시간 ㅣ 01분 01초

영상요약 ㅣ 1954년 10월 28일의 파주 광탄 미륵불 제막식과 이 대통령 기념탑 건립 봉안
식 영상. 이 대통령이 참가한 가운데 제막식이 개최되고 이후 파주군에서 열
린 이 대통령 환영 국민대회의 영상도 들어있다.

48-07 스포츠 소식(골프)

상영시간 ㅣ 00분 41초

영상요약 ㅣ 1954년 10월 17일부터 개최된 대통령컵 골프대회의 다양한 경기 장면과 관람
자들을 담은 영상

특보, 적성 휴전감시위원 축출 국민데모 (1955년 8월 23일)

제작정보

출   처 : 대한뉴스 63호
제 작 사 : 공보처
제 작 국 가 : 대한민국

영상정보

제 공 언 어 : 한국어
컬   러 : 흑백
사 운 드 : 유

영상요약

1955년 8월 폴란드와 체코의 휴전감시위원단에 대한 철수요구 시위가 인천, 부산, 대구, 군산, 강릉 등 5개 도시에서 격렬하게 벌어졌다.

내레이션

(…) 8월 (…) 휴전감시위원단의 탈을 쓰고 공산집단의 스파이 행위를 자행하는 폴랜드와 체코슬로바키아의 양 괴뢰를 축출하기 위한 거족적인 함성은 전국 방방곡곡에서 펴져 나왔으며, 국제신의를 지켜 은인자중 하여온 민족의 분노는 일시에 폭발하고야 말았습니다. 생각하면 영원히 잊을 수 없는 6·25의 뼈저린 기억, 공산주의라는 말만 들어도 치가 떨리고 이가 갈리는 우리 민족이기에 멸공통일을 지상과제로 어제도 오늘도 국력 배양에 매진하고 있는 우리 대한민국 땅에서 소위 중립국이란 미명 밑에 공산도배들을 위한 정보를 수집하고 공산주의를 선전하여 우리민족의 약탈을 꾀하고 불순분자를 선동하는 등 갖은 불법행위를 자행하여 우리의 군사시설 등에 불법촬영만도 300여 건. 이 가증할 폴랜드, 체코슬로바키아의 간첩들을 우리 어찌 신성한 자유대한 땅에 그대로 머물게 할 수 있으랴. 기어코 축출해야 하리니 물러가라 공산 스파이. 민족의 분노는 날이 갈수록 더하여 휴전감시위원단이 주재하고 있는 인천, 부산, 대구, 군산, 강릉 등 5개 도시에서는 적성감시위원단이 물러갈 때까지 농성하자는 결의 밑에 비장한 시위운동을 전개했습니다. 여기는 인천지구. 분노에 쌓인 시민들, 제대장병들, 상이용사들은 휴전감시위원단이 주재하고 있는 월미도를 포위하고, 독립국가로서의 주권을 행사하여 적성위원들을 축출할 때까지는 한 걸음도 양보치 않겠다는 굳은 결의 밑에 과감한 시위행동으로 들어갔는데, 경비에 강화하고 있던 유엔군 병사들은 운집하는 시위군중들에게 소방호스로 물을 뿌리고 최루탄, 연막탄을 던져(…)니다. (…) 월미도 입구에 설치한 바리케이트와 무장병들, 또한 해안에 동원된 각종 전차들의 삼엄한 경계망. 그러나 이렇게 경계가 삼엄하고 소방*에 맞고 최루탄에 맞고 연막탄에 맞아 부상자가 속*한 가운데서도 시위군중들의 투지는 일층 앙양되어 육지에서 해상에서 비장한 시위는 그대로 계속됩니다. 과감한 시위행동을 전개하고 있는 동지들을 응원하고 격려하기 위해서 각지에서는 응원대가 도착 합류해서 시위는 점점 더 고조되고 목이 터져라고 외치는 함성 2만, 3만, 5만, 7만, 10만. 우리는 민족의 이름으로 엄숙히 선언하나니 물러가라 폴랜드와 체코의 공산 스파이. 한편 이곳은 하이아리야 부대 정문 앞에서 전개되고 있는 부산지구의 시위운동. 각계각층 애국시민들, 남녀 학생들은 우리나라 중요한 항구인 부산 한 모퉁이에 도사리고 앉아서 온갖 스파이 행위를 자행하고 있는 적성 폴랜드와 체코슬로바키아의 감시위원들을 축출하자는 의기로 충천한 가운데 장엄한 시위운동이 벌어지고

있는데, 여기서도 철조망을 둘러싼 경비병들은 달려드는 시위군중들에게 소방호스로 물을 뿌리고 가스탄을 던지고 있습니다. 이리하여 여기서도 부상자가 속*한 가운데 시위는 점점 더 고조되고 인원은 증가되고, 이에 대비하여 경비병들도 수를 증가하여 경비망을 강화하고, 그러나 공산스파이를 우리 강토에서 몰아낼 때까지는 한걸음도 양보하지 않겠다는 굳은 결의 밑에 비장한 시위는 밤낮을 가리지 않고 계속되고 있습니다. 우리 정부에서 자진 철거하라고 통보한 8월 13일 24시. 그러나 공산스파이들은 뻔뻔스럽게도 그냥 도사리고 앉아 철거할 의사가 없다는 것을 표시하자, 우리의 분노는 일층 배가되어 전 세계의 이목을 집중시킨 가운데 시위는 그냥 계속되었습니다.

▌ 화면묘사

00:00 자막 "특보"
00:02 자막 "적성 휴전감시위원 축출국민데모"
00:06 줄 맞춰 시위하는 교복 입은 남학생들
00:13 시위대들이 들고 있는 "李承晚大統領萬歲"(이승만대통령만세) 피켓
00:16 시위대들이 들고 있는 "우리는 주권국가의 국민으로서 적성감위를 추방할 권리가 있다"라는 플래카드
00:20 줄 맞춰 시위하는 교복 입은 여학생들
00:24 앨범을 넘겨보는 김창룡 특무대장
00:29 앨범의 사진들. 사진 위에 "仁川監視小組"(인천감시소조), "釜山監視小組"(부산감시소조)라고 써있음
01:08 "U.S ARMY HEADQUARTERS INCHON PORT 8132 AU"라고 써 있는 곳 앞에서 시위하는 사람들
01:34 부대 안에서 물대포를 쏘는 미군들
01:44 "(…)평화위해 敵性監委(적성감위)를 실력으로 逐出(축출)하자"라는 플래카드
01:47 부대 앞에 몰려 있는 시민들
01:55 부대 안에 있는 탱크 모습
01:58 바리케이트 뒤에서 방독면을 쓰고 있는 군인들
02:08 배 위에서 만세를 외치는 시위대들

02:13 물대포를 쏘자 흩어지는 시위대들

02:38 하늘에 떠 있는 헬기

02:42 다리에서 피가 흐르는 모습

02:47 미군부대 정문 위에 붙은 "PRESIDENT RHEE DISAPPROVES OF ANY VIOLENCE 이 대통령은 어떠한 폭행이든 금하다"

02:51 트럭을 타고 이동하는 시위대들

03:16 부산의 시위모습. 머리띠를 한 학생들이 어깨동무를 하고 뛰어가는 모습

03:26 "HIALEAH COMPOUND"라고 써 있는 부대 앞으로 달려가는 시위대들

03:36 죽창 등으로 정문을 내리치는 시위대

03:47 물대포를 쏘는 군인들

04:31 "책코 파란 代表는 卽時撤退하라! WITHDRAW AT ONCE TWO CZECH AND POLISH"(책코 파란 대표는 즉시철퇴하라)고 쓰여진 플래카드

04:40 시위대 전경

04:46 교복 입은 남녀 학생들

▌ 연구해제

이 영상은 1955년 8월 경 인천, 부산, 대구, 군산, 강릉 등 5대 도시에서 격렬하게 벌어진 중립국감시위원단 철수요구 시위에 관한 것이다. 영상에는 인천과 부산에서 벌어졌던 시위 장면이 담겨 있다.

중립국감시위원단은 6·25전쟁 당시 휴전협정 기간 동안에 결성된 조직이다. 1953년 휴전협정의 체결과 함께 군사력의 증강, 작전비행기, 장갑차량, 무기 및 탄약의 반입을 정지하는 휴전협정의 조항들을 이행하기 위해서 설치되어 정식으로 활동하게 되었다. 중립국감시위원단은 공산측이 추천한 폴란드, 체코슬로바키아와 유엔측이 추천한 스웨덴, 스위스의 총 4개국으로 구성되었다. 중립국감시위원단은 그 의무를 수행하기 위해서 20개의 중립국시찰소조가 조직되었고, 남한과 북한을 통틀어 10개의 항구에 파견되었다. 1956년 5월 미국이 중립국감시위원단과 중립국시찰소조를 공식적으로 철폐할 때까지, 이 조직들은 정해진 출입 항구에서 계속적으로 감시와 시찰업무를 담당했다.

휴전협정 자체를 반대했던 남한 정부는 중립국감시위원단의 활동에 대하여 완고하게

반대했다. 이승만은 공산주의자들이 군사화를 위한 시간벌기에 열중하고 있는 중이라고 주장하였다. 그는 폴란드 및 체코슬로바키아 대표단들로 구성된 감시단이 한국을 감시하는 것을 더 이상 허락하지 않을 것임을 분명히 했다. 반면 미국은 휴전협정에 따라 감시단을 보호해야 할 의무가 있다고 생각했다. 미국은 한국 정부가 일방적인 행동을 취하지는 않을 것이라고 생각했으나 남한은 미국의 이러한 태도에 불만을 표시했다. 이승만은 공산주의자들이 북한 내에서는 중립국감시위원단의 활동을 방해하면서 정작 남한에서는 간첩활동을 하고 있다고 판단하고 있었다. 그래서 한국의 상황이 매우 급박하므로 한반도 내의 간첩활동을 간과할 수 없다고 주장했다. 남한에서는 사실상 이승만 정부의 비호아래 전국적인 중립국감시위원단에 대한 반대 시위가 확대되어 나아갔다. 시위는 미국과 남한 사이에 긴장감을 초래하였다. 시위로 인해 상당수 미군들이 부상을 당하기도 하였고 재산상의 피해도 초래하였다. 미국은 이승만에게 시위로 인해 중립국감시위원단이 철수할 경우 초래될 부정적 효과에 관해 지속적으로 언급하였고, 마침내 1955년 12월 시위 중단을 요구했다.

▌ 참고문헌

Dan C. Harmon, 「1950년대 중립국감시위원단에 대한 연구」, 서울대학교 석사학위논문, 2003.

해당호 전체 정보

63-01 특보, 적성 휴전 감시위원 축출 국민데모

상영시간 ㅣ 05분 02초

영상요약 ㅣ 1955년 8월 폴란드와 체코의 휴전감시위원단에 대한 철수요구 시위가 인천, 부산, 대구, 군산, 강릉 등 5개 도시에서 격렬하게 벌어졌다.

63-02 광복절 10주년 기념식

상영시간 ㅣ 01분 30초

영상요약 ㅣ 1955년 8월 15일 해방 10주년을 맞아 기념식이 서울운동장에서 개최되었다.

63-03 덕수궁

상영시간 ㅣ 00분 28초

영상요약 ㅣ 1955년 8월 15일 덕수궁에서는 주한 외국사절들이 참석한 가운데 해방 10주년 경축행사가 거행되었다.

63-04 즐거운 해방 어린이

상영시간 ㅣ 00분 58초

영상요약 ㅣ 1955년 8월 15일 전국 각 도를 대표한 어린이들이 경무대 관저로 이승만 대통령을 방문하였다.

함 부통령각하, 안양 금성방직공장 시찰 (1955년 9월 26일)

제작정보

출　　　처 ： 대한뉴스 66호
제 작 사 ： 국립영화제작소
제 작 국 가 ： 대한민국

영상정보

제 공 언 어 ： 한국어
컬　　　러 ： 흑백
사 운 드 ： 유

영상요약

1955년 9월 15일 함태영 부통령이 안양에 있는 금성방직공장을 시찰하였다.

내레이션

함 부통령 각하께서는 9월 15일 안양에 있는 금성방직공장을 시찰하셨습니다. 전화에서 재건된 이 공장은 현재 전란 전의 수준을 능가하고 있습니다. 그리고 이날 특히 함부통령 각하께서는 이 공장의 최고 근속자인 양재훈 씨를 위로 격려하셨습니다.

화면묘사

00:00   자막 ""함" 부통령 각하 안양금성방직공장 시찰". 공장에 들어서는 자동차
00:07   방직공장 실내전경
00:12   공장을 둘러보는 함태영 부통령
00:37   부축을 받고 밖으로 걸어 나오는 함태영 부통령

연구해제

본 대한뉴스 영상에 등장하는 금성방직은 1948년 10월 김성곤이 안양에 설립한 면방직 회사였다. 금성방직의 설비는 일제시대 일본인의 소유였던 조선직물의 것을 들여왔으나 6·25전쟁 당시 모두 소실되었고, 전후 UN한국부흥위원단의 원조를 받아 재건하였다. 부통령이 금성방직 공장에 시찰하였고, 그것을 홍보영상으로 제작했다는 것은 그만큼 당시 방직산업이 한국 경제에서 차지하는 비중이 컸다는 것을 의미하는 것이라 하겠다.

해방 직후 남한에는 일제시기 공업화의 유산으로 대규모 시설을 갖춘 면방직공장들이 있었다. 경성방직을 제외한 대다수 업체는 일본인 자본가 소유였으나 해방 이후에는 모두 귀속기업체로 전환되었다. 1950년에 발발한 6·25전쟁으로 남한의 방직산업 시설의 70%이상이 파괴되었지만, 이는 동시에 방직산업 부흥의 계기로 작용하였다. 한국과

미국 정부가 긴급한 기초의류를 충족시켜야 한다는 목적 아래 1952년 1월 면방직공업을 전후재건의 우선복구대상으로 공식화했기 때문이다. 경제안정을 우선시하며 소비재 수입대체 공업부문을 중점 성장시킨다는 한·미간 성장전략이 구체화되어 갈수록 방직업에 대한 지원은 더욱 적극적이 되었다. 또한 면방직업은 풍부한 노동력과 원료만 있으면 쉽게 가동될 수 있다는 점, 미국산 원조 원면 공급에 의해 미국의 이득까지 꾀할 수 있다는 점 등도 이점으로 작용하여 복구를 서두른 요인이 되었다. 이에 따라 면방직 시설 및 원면에 대한 거액의 미국 원조와 함께 면방직 산업에 대한 정부보유외환(달러)과 산업은행의 집중융자 등 정부의 지원이 잇달았다. 원조원면은 시중환율보다 훨씬 낮은 환율로 외상구매가 가능했고, 면방직 관련해서는 각종 면세·감세조치도 행해졌다. 1955년 1월까지는 일정량의 면제품에 대한 가격통제가 시행되었지만 통제가격은 이미 생산비에 이윤을 붙인 값이었고, 자유판매는 공정가격보다 몇 배를 더 받아도 될 만큼 초과이윤 창출이 가능하였다.

이러한 호조건과 더불어 1951년 이후부터 본격화된 귀속재산 불하와 정부 보유외환(달러) 불하로 인해 면방직업은 여타 자본의 집중투자대상으로 부상했다. 해방 직후 무역업 등을 통해 부를 축적한 이들은 물론, 정부와 유착하고 있던 자산가들의 신규 진출이 이어졌다.

영상에 등장하는 금성방직의 소유자 김성곤은 당시 금성재벌로 불릴 정도의 사업가였다. 그는 1962년 쌍용양회공업을 설립하였고, 1967년에는 동해시에 쌍용양회 시멘트 공장 건립 자금 조달을 위해 금성방직을 태평방직과 함께 대한농산에 매각했다. 이후 금성방직은 1972년 태평방직과 합병되어 금성방직이란 이름은 사라졌으며 1973년 주식회사 대농으로 변경되어 현재에 이르고 있다.

참고문헌

이정은, 「1950년대 대한방직협회의 활동과 성격-원조경제하 조직을 통한 대자본가의 이윤추구 방식과 한계」, 고려대학교 석사학위논문, 2006.

해당호 전체 정보

66-01 경무대 소식

상영시간 ｜ 01분 42초

영상요약 ｜ 1955년 9월 1일 이승만 대통령은 컬리어 중장에게 은성태극무공훈장을 수여하
였다. 9월 13일 이승만 대통령은 매리온 도슨 준장에게 태극무공훈장을 수여
하였다.

66-02 국군소식

상영시간 ｜ 01분 45초

영상요약 ｜ 1955년 9월 10일 이승만 대통령은 육군 제30 보병예비사단을 시찰하였다. 9월
5일 정일권 육군참모총장은 전방 근무에 공로가 많은 장성과 사병들에게 표창
장을 수여하였다.

66-03 주미 양 대사 귀국

상영시간 ｜ 00분 31초

영상요약 ｜ 1955년 9월 6일 양유찬 주미대사가 귀국했다.

66-04 한미재단 이사 스코라우스씨 내방

상영시간 ｜ 00분 31초

영상요약 ｜ 1955년 9월 1일 20세기 영화사 폭스 사장 스코라우스가 한국을 방문했다.

66-05 제21회 임시국회 개원

상영시간 ｜ 00분 25초

영상요약 ｜ 1955년 9월 15일 제21회 임시국회 개원식이 국회의사당에서 거행되었다.

66-06 함 부통령각하, 안양 금성방직공장 시찰

상영시간 ｜ 00분 40초

영상요약 ｜ 1955년 9월 15일 함태영 부통령이 안양에 있는 금성방직공장을 시찰하였다.

66-07 문경선 철도 전통식

상영시간 ㅣ 01분 01초

영상요약 ㅣ 1955년 9월 15일 이종림 교통부장관이 참석한 가운데 문경선 개통식이 거행되
었다.

66-08 계속하는 적성 감위 축출 국민데모

상영시간 ㅣ 02분 41초

영상요약 ㅣ 적성감시위원단인 체코와 폴란드의 유엔군감시위원단을 몰아내자는 시위가
전국 각지에서 벌어졌다.

리 대통령 각하, 동상 건립 기공 (1955년 10월 15일)

제작정보

출   처 : 대한뉴스 68호

제 작 사 : 공보처

제 작 국 가 : 대한민국

영상정보

제 공 언 어 : 한국어

컬   러 : 흑백

사 운 드 : 유

영상요약

1955년 10월 3일 남산공원에서 이승만 대통령 동상건립을 위한 기공식이 거행되었다.

내레이션

한 평생을 오로지 국가와 민족을 위하여 바쳐오신 이 대통령 각하의 위훈을 영구히 기념 부활하기 위하여, 제80회 탄신을 맞이하신 해에 대통령 각하의 동상을 남산공원에 설립하게 되어, 10월 3일 이 민의원 의장, 조 외무부장관 서리, 갈 공보실장 등 정부와 국회요인들이 다수 참석한 가운데 그 기공식이 거행되었습니다. 이 동상은 명년 8·15 광복절을 기하여 준공 개막될 것으로, 80여 척의 기념탑을 폄할 이 동상을 건립하기 위하여 한 목소리와 함께 전 국민의 정성어린 시공작업은 힘차게 시작되었습니다.

화면묘사

00:00 자막 ""리" 대통령각하 동상 건립 기공"
00:04 연설하는 이기붕 민의원의장
00:08 기공식에 참석한 사람들 전경
00:14 기공식 망치를 두드리는 사람
00:20 박수치는 행사 참여자들
00:24 기공식 망치를 두드리고 삽을 푸는 사람
00:34 만세를 부르는 기공식 참석자들
00:40 "李大統領閣下銅像建立場"(이대통령각하동상건립장)이라고 쓰고 펜스로 둘러싼 모습
00:46 돌을 옮기는 노동자들 모습

연구해제

이 영상은 1955년 10월 3일 오후 2시부터 남산 조선신궁 터에서 거행되었던 이승만 동상 건립 기공식 영상이다. 이 기공식에는 이기붕 민의원 의장, 조정환 외무부장관 서리 등이 참석했다.

이승만이 80세가 되는 1955년에는 '이대통령 80회 탄신축하위원회'가 조직되어 그에 대한 다양한 우상화 작업이 진행되었다. 『세계의 중심은 한국, 한국의 중심은 국부 이

승만』이라는 내용의 전기가 발간되었고, 남산의 이승만 동상 건립도 추진되었다.

'이대통령 80회 탄신축하위원회'는 국회의사당에서 실행위원회를 개최하여 조각가 윤효중으로부터 대통령 동상 건립에 관한 설명을 청취하였다. 윤효중은 "상의 높이가 81척인 것은 80세에서 갱진일보(更進一步)하는 재출발의 첫걸음을 의미하며, 80회 탄신기념사업의 일환으로 개천절에 기공하여 대통령 이승만이 81세가 되는 해 광복절을 택일하여 제막식을 거행하는 계획을 상징하는 것"이라고 말하였다.

현재 확인할 수 있는 가장 이른 시기에 제작된 대통령 이승만 기념물은 '철도창설 55주년 기념 이승만 대통령 흉상'이다. 1954년 9월 18일, 교통부 광장에서 거행된 철도 창설 55주년 기념식에는 내외 귀빈 다수가 참여한 가운데 부통령의 훈화에 이어 '철도창설 55주년 기념 이승만 대통령 흉상 제막식'이 거행되었다. 이는 조직적으로 대통령의 우상화가 추진되었음을 증명하는 것이다. 또한 6·25전쟁 직후에 이승만 우상화가 본격적으로 전개되었음을 증명하는 자료이다. 이 흉상은 '대한뉴스 제48-08호 철도 55주년'에서 확인할 수 있다.

이런 이승만의 우상화 작업은 당시 정치적 상황과 밀접한 관련이 있었다. 1954년 5차 개헌안이 135 : 60으로 부결되자 이른바 사사오입으로 5차 개헌안을 가결해야 할 정도로 정부의 공신력은 추락했다. 이러한 상황에서 장기집권을 구상하던 자유당은 이승만을 민족의 영웅이자 국가의 아버지로 세우는 구체적인 작업을 실행했는데, 그 중심에 남산의 대통령 동상이 있었다.

건립부지 3,000평에 좌대 279평, 상의 크기 81척의 동상은 1956년 8월 15일 제막식을 가졌다. 사실 남산 동상은 2억 656만 환의 경비로 "세계 굴지의 동상"을 겨냥했지만, 자금의 일부를 은행으로부터 대출을 받아 경비를 지출한 극장연합회가 4월혁명 이후 지급을 거부하여 결국 은행들이 떠맡게 된 외상으로 만든 것이었다.

이승만의 장기집권을 상징했던 이 동상은 4월혁명 이후 1960년 7월에 개최된 국무회의에서 철거하기로 했고 서울시는 7월 23일에 철거를 결정, 8월 19일부터 철거를 시작했는데, 이에 대한 자세한 모습은 '대한뉴스 제279-06호 이박사 동상 철거'를 통해서 확인할 수 있다. 이 외에 1956년 3월 31일에 탑동공원에서 제막식을 가진 양복 차림의 이승만 동상은 이승만이 사임을 발표한 4월 26일 당시 시위대에 의해 끌어내려져 밧줄로 묶여 끌려 다니기도 했다.

참고문헌

조은정,『대한민국 제1공화국의 권력과 미술의 관계에 대한 연구』, 이화여자대학교 박
　　사학위논문, 2005.

해당호 전체 정보

68-01 경무대 소식

상영시간 ㅣ 02분 32초

영상요약 ㅣ 1955년 10월 7일 미 국무차관 후버와 미 국제협조처(ICA) 처장 홀리스터가 이 승만 대통령을 만났다. 10월 8일 이승만 대통령은 중장 승진하는 장군에게 계 급장을 수여했다. 10월 11일 미 상원의원 킥 보거가 이승만 대통령을 예방하 였다. 10월 14일 미 하원의원 러더포드가 이승만 대통령을 예방하였다. 10월 14일 대만 공군 축구단 일행이 경무대를 방문했다. 10월 15일 이승만 대통령 은 군사휴전위원단 UN 측 수석대표 파크 소장에게 태극무공훈장을 수여하였 다.

68-02 리 대통령각하, 당인리 발전소 시찰

상영시간 ㅣ 00분 55초

영상요약 ㅣ 1955년 10월 11일 이승만 대통령은 당인리 발전소를 시찰하였고, 돌아오는 길 에 신촌 주택영단 건축상황을 둘러 보았다.

68-03 국군 소식

상영시간 ㅣ 01분 28초

영상요약 ㅣ 1955년 10월 5일 중국대사관에서는 반공청년석방에 공로가 많은 한국군 2명에 게 훈장이 수여되었다. 10월 8일 미 국무차관 후버는 육군본부를 방문했다. 10 월 5일 미 제8군 사령부광장에서는 한국군 전·현직 장성 6명에게 훈장이 수 여되었다.

68-04 해방 10주년 경축 산업 박람회

상영시간 ㅣ 00분 57초

영상요약 ㅣ 1955년 10월 1일 해방10주년 기념 산업박람회가 개최되었다.

68-05   개천절 기념식

상영시간 ㅣ 00분 40초

영상요약 ㅣ 1955년 10월 3일 개천절 기념식이 중앙청광장에서 거행되었다.

68-06   리 대통령 각하, 동상 건립 기공

상영시간 ㅣ 00분 56초

영상요약 ㅣ 1955년 10월 3일 남산공원에서 이승만 대통령 동상건립을 위한 기공식이 거행되었다.

68-07   석전

상영시간 ㅣ 00분 46초

영상요약 ㅣ 1955년 10월 10일 성균관에서는 석전대례가 집행되었다.

68-08   대통령 저격 음모 탄로

상영시간 ㅣ 01분 29초

영상요약 ㅣ 육군 특무부대에서는 대통령 암살음모를 적발하여 9명을 잡아들였다.

대한증권거래소 개소 (1956년 2월 2일)

제작정보

출   처 : 대한뉴스 77호
제 작 사 : 공보처
제 작 국 가 : 대한민국

영상정보

제 공 언 어 : 한국어
컬   러 : 흑백
사 운 드 : 유

영상요약

1956년 3월 3일 함태영 부통령, 미 경제조정관 우드 등이 참석하여 대한증권거래소의
개소식을 거행했다.

내레이션

대한증권거래소가 3월 3일 함 부통령 각하, 미 경제조정관 우드 씨 등 내외귀빈이 참석한 가운데 그 개소식을 거행했습니다. 이리하여 업계의 관심을 집중시키고 있던 이 증권거래소는 재무부장관이 승인한 업무규정에 따라서 그 업무를 개시하게 되었습니다.

화면묘사

00:00   "대한증권거래소 개소" 자막
00:02   개소식에 참석하여 줄 서 있는 사람들
00:05   개소식 행사장 벽에 걸려 있는 현판
00:12   개소식에 참석하여 줄 서 있는 사람들
00:15   단상에서 연설하는 함태영 부통령
00:20   단상에서 연설하는 타일러 우드(Tyler Wood) 경제조정관
00:24   귀빈석 모습
00:31   대한증권거래소 실내 모습
00:34   벽에 걸려있는 "淸算去來"(청산거래) "當限"(당한) "實物去來"(실물거래) "一部"(일부)
00:38   대한증권거래소 업무 모습

연구해제

이 영상은 1956년 3월 3일 개소된 대한증권거래소의 개소식에 관한 것이다. 영상에는 개소식에 함태영 부통령과 미 경제조정관 우드(Tyler Wood) 등 관계자들이 참석하여 기념사를 하는 모습이 담겨져 있다. 목판에 주식의 이름이 적혀있는 증권거래소의 모습도 볼 수 있으며, 증권 거래의 완료를 알리는 사회자와 서로 축하하는 참석자들의 모습과 함께 증권거래소의 전경도 접할 수 있다.

대한증권거래소의 개설은 1954년부터 본격적으로 논의되기 시작하였다. 이는 1953년 12월 14일, 소위 '백·우드 협약'에 따라 민간자본을 동원하여 경제재건에 활용하고자 하

는 목적에서 시행된 것이었다. 해방 이래 한국경제계의 일대혁신을 기도하는 문서라고 평가되는 '백·우드 협약'은 합동경제위원회의 대표인 미국 측 경제조정관 우드와 한국 측 경제조정관 백두진의 순조롭지 않은 회담과정을 통해 체결되었다. 1953년 7월 27일 체결된 휴전협정을 전후한 시점에서 발생한 한미 간 주요 논의들은 휴전 이후의 대비책으로서 한국군 증강문제와 이를 실현시킬 수 있는 대한원조의 규모 및 방향에 관한 것이었다.

'백·우드 협약'의 골자는 한국의 경제안정 및 산업부흥사업을 가능한 최대한까지 민간자유기업에게 맡기며, 이를 위해 특히 자유시장의 작용을 통한 가격형성의 원칙과 민간자금동원의 원칙을 수립하는 것이었다. 그리고 이 같은 협약의 내용에 따라 영세자본을 동원하는 방도의 하나로서 증권시장의 육성이 제기되었다. 이는 서독의 사례에 따른 것이기도 했는데, 서독의 경제부흥이 자유기업조장정책에 촉성된 바가 크고 그 소요자본이 증권시장을 통한 영세자금의 동원으로서 70%나 조달되었다는 사실이 근거로 제기되었다.

물론 증권거래소 개설이 논의되던 당시 한국경제는 심각한 인플레이션 상황하에 있었고, 고리대금이 횡행하던 때였기 때문에 증권시장이 단기간에 활성화 될 것이라고 기대되지는 않았다. 또한 대출자들과 경영진의 기술적 빈곤 등도 증권 투자를 어렵게 할 것이라 예측되었다. 하지만 이 같은 난조가 예상됨에도 불구하고 그것이 극복되리라는 전제하에서 경제부흥을 위한 증권시장 육성에 전력을 기울여야 한다는 점이 강조되었다.

뿐만 아니라 증권거래소 설립은 1954년 일반은행법에 의해 은행귀속주불하가 실시되고 있었던 점과도 관련이 있었다. 은행귀속주가 불하된 이후 6차에 거친 유찰이 거듭된 바 있었기 때문에 증권거래소를 통하여 매각할 방침을 세우게 된 것이다.

이처럼 증권거래소의 설립은 자립경제를 지향하면서 전후의 경제부흥을 이룩함에 있어서 부흥건설에 소요되는 거대한 산업자금을 마련하기 위해 추진되었다. 구체적으로는 민간자본동원을 통한 경제부흥 추진, 은행귀속주 불하 등에 활용할 것으로 구상되었다. 1954년 당시 재무당국은 엄격한 감독하에 이미 수개의 증권회사를 인가하고 있었다. 1954년 국회에 지출되었던 최초의 증권거래법안은 심의미료로 폐기되었는데, 11월에 다시 같은 법안이 제출되었다. 최종적으로는 1956년 3월 3일 개소식을 보게 되었다.

참고문헌

「경제재건과 증권시장(주요한의 칼럼)」, 『경향신문』, 1954년 6월 27일.
「증권거래소 이용」, 『동아일보』, 1956년 1월 29일.
「증권거래소 개설(김안재 산은조사부장 칼럼)」, 『동아일보』, 1956년 1월 31일.
小白山人, 「은행주불하의 이모저모」, 『재정』, 1956년 5월호.
윤인상, 「증권계가 당면한 몇가지 문제」, 『재정』, 1956년 11월호.
이현진, 『미국의 대한경제원조정책 1948~1960』, 혜안, 2009.

비고

KTV에 본 영상은 2월 2일로 기록되어 있으나 대한증권거래소 개소식이 3월 3일이었던 것으로 미루어 날짜 오류로 보인다.

해당호 전체 정보

77-01 경무대 소식

상영시간 | 01분 32초

영상요약 | 1956년 2월 20일 유엔한국통일부흥위원단(UNCURK: UN Commission for the Unification and Rehabilitation of Korea) 필리핀 대표 부에노 박사가 이임 인사차 이승만 대통령을 예방하였다. 3월 5일에는 자유당 각 도 의원단 일행이 이승만 대통령을 예방하였다. 3월 6일에는 6·25전쟁을 주제로 한 미국영화 제작에 참석했던 어린이들이 경무대를 방문하였다.

77-02 국군 소식

상영시간 | 01분 42초

영상요약 | 1956년 2월 24일 육군대학과 해군대학 졸업식이 진해 육군대학 광장에서 거행되었다. 2월 23일 이응준 체신부장관은 럿셀 슈터 대령에게 금성충무무공훈장을 수여하였다. 3월 5일 손원일 국방부장관과 조지 밀러는 한미기술협정에 서명하였다.

77-03 중동부 전선의 폭설피해 상황

상영시간 | 00분 44초

영상요약 | 중동부 전선에 폭설이 내려 교통과 통신이 두절되자, 군인들이 중장비와 헬리콥터 등을 동원하여 제설작업을 하였다.

77-04 제1회 전국 연날리기 대회

상영시간 | 01분 37초

영상요약 | 1956년 2월 25~26일 구 경찰전문학교 광장에서 연날리기 대회가 개최되었는데, 이 자리에 이승만 대통령이 참석하여 연을 날렸다.

77-05 빌리 그레함 박사 부흥예배 성황

상영시간 ┃ 00분 37초

영상요약 ┃ 1956년 2월 26일 빌리 그레함의 부흥전도회가 서울운동장에서 개최되어, 이 자리에 이승만 대통령, 함태영 부통령을 비롯하여 50,000여 명의 기독교 신자들이 참석하였다.

77-06 유네스코 사무총장

상영시간 ┃ 00분 18초

영상요약 ┃ 유네스코 본부 사무국장 루터 에반스(Luther Harris Evans)가 한국의 실정을 시찰하기 위해 1956년 3월 1일 한국에 도착했다.

77-07 아세아재단 자유문학상 시상

상영시간 ┃ 00분 38초

영상요약 ┃ 제3회 자유문학상 시상식이 1956년 3월 2일 반도호텔에서 거행되어, 아세아재단 한국 책임자인 워커가 수상자인 염상섭, 김동리, 서정주, 박목월에게 상금을 수여했다.

77-08 대한증권거래소 개소

상영시간 ┃ 00분 49초

영상요약 ┃ 1956년 3월 3일 함태영 부통령, 미 경제조정관 우드 등이 참석하여 대한증권거래소의 개소식을 거행했다.

故 해공 선생 국민장 (1956년 5월 5일)

제작정보

출   처 : 대한뉴스 84호
제 작 사 : 공보처
제 작 국 가 : 대한민국

영상정보

제 공 언 어 : 한국어
컬   러 : 흑백
사 운 드 : 유

영상요약

1956년 5월 5일 서거한 신익희 민주당 대통령후보의 장례식 모습을 담은 영상이다. 신익희의 장례식은 5월 23일 서울운동장에서 거행되었는데 김도연, 함태영, 곽상훈 등 다수의 정치인과 국민들이 참석했다.

5·15선거에 민주당 공천으로 대통령에 입후보했다가 선거 유세차 호남지방으로 열차 여행 중 심장마비로 5월 5일 새벽에 서거한 고 해공 신익희 씨의 장례식이 5월 23일 서울운동장에서 국민장으로 엄수되었습니다. 각계대표의 애끓는 조사와 헌화, 분향으로 장례식이 끝난 후 유해는 국민들의 애도 속에 묘지인 우이동으로 봉안되었습니다.

화면묘사

00:00 자막 "고 해공 선생 국민장", 영결식 단상을 정면에서 바라봄. 단상 조형물에 故 海公申翼熙先生國民葬永訣式(고 신익희선생국민장영결식)이라고 써 있음
00:02 영결식장의 다양한 모습
00:09 단상에서 진행된 영결식 진행 모습(김도연의 약력보고, 함태영의 식사, 곽상훈의 조사 낭독 장면으로 추정됨)
00:19 태극기를 든 여학생들을 선두로 사람들에 둘러싸인 장례차가 거리를 행진하는 모습

연구해제

이 영상은 1956년 5월 23일에 국민장으로 거행된 신익희 민주당 대통령 후보의 영결식과 서울 시내를 행진하는 장례 행렬의 모습을 담고 있다.

해공(海公) 신익희는 1894년 7월 11일 경기도 광주군 초월면 서하리에서 태어났다. 먼저 그의 학력을 살펴보면 5세부터 형에게서 유학을 배웠고, 1905년 광주읍에 새로 생긴 보통학교에 입학했으나 3개월 만에 귀가하였다. 1908년 부친상을 탈상한 후 한성관립외국어학교 영어과에 입학해서 1910년 졸업했다. 이후 그는 1912년 일본 와세다대학교 정치경제학부에 입학해서 1917년 졸업하였다. 일본 유학 시기 유학생의 통일단체인 '학우회'를 조직하고 『학지광』의 주필 등을 역임하였다.

신익희는 1917년 귀국 후 보성법률상업학교에서 비교헌법 등을 강의하였다. 1918년 북경, 상해 등의 독립운동단체를 순방하며 3·1독립운동 거사의 내용을 설명하고 1919년

귀국하여 3·1운동 시위행렬을 지휘하였다. 이후 3월 29일 상해로 망명해서 4월 10일 대한민국 임시의정원 의원에 피선되었다. 1920년에는 임시정부 내무총장 서리, 외무총장 서리, 국무원 비서장을 역임하였다. 신익희는 남경 정부 심계원장 우우임의 배려로 심계원에 근무하며 한·중 합작의 필요성을 역설하였다. 1929년에는 한국혁명당을 조직하고 산하단체로 철혈단을 만들고 기관지 『우리의 길』을 발행하였다. 1933년에는 김규식, 김원봉과 함께 대일전선통일동맹을 결성하였다. 1935년에는 신한독립당, 의열단, 조선혁명당, 한국독립당, 대한인 독립단(미국 소재) 등 다섯 당이 통합하여 민족혁명당을 조직하였다.

신익희는 일제 패망 후 1945년 11월 1일 임시정부 내무부장으로 요원과 함께 제2진으로 환국하였다. 1946년 2월 국민대학을 창립하고 학장에 취임하였고, 6월 1일 자유신문사 사장에 임명되었다. 1948년 제헌 국회의원 선거에 경기도 광주에 입후보하여 무투표로 당선되고, 5월 30일 국회 부의장에 피선되었고, 8월 4일 이승만 후임으로 국회의장에 피선되었다. 총 3회의 국회의장을 역임했다. 이후 지청천, 윤치영, 배은희 등과 대한국민당을 결성하였다. 1950년에는 김성수 등과 민주국민당을 조직하였다.

1954년에는 제3대 국회의원 선거에 당선되어 3선 의원이 되었다. 1955년 민주당을 조직하고 민주당 대표최고위원에 선출되었으며, 1956년 3월 18일 민주당 대통령 후보에 지명되었다. 그러나 신익희는 5월 5일 호남 지방유세차 호남선 열차 안에서 뇌일혈로 급서하였다. 신익희의 서거 소식이 알려지자 자유당의 폭정에 시달리다 정권교체에 대한 일말의 희망을 갖고 있던 국민들은 너나 할 것 없이 그의 죽음을 안타까워하였다.

▌참고문헌

김영미, 「대한민국 수립 이후 신익희의 활동과 노선」, 『한국학논총』 40, 2013.
김용달, 「해공 신익희와 대한민국」, 『한국학논총』 34, 2010.
남광규, 「해방 이후 신익희의 정치활동과 정치노선」, 『평화연구』 18-2, 2010.

해당호 전체 정보

84-01 경무대 소식
상영시간 ㅣ 00분 31초

영상요약 ㅣ 1956년 5월 26일 경무대에서 개최된 이승만 대통령의 기자회견 모습을 담은 영상인데, 이승만이 3선 후 처음으로 가진 기자회견이었다.

84-02 리 대통령 각하 제주도 시찰
상영시간 ㅣ 01분 14초

영상요약 ㅣ 1956년 5월 23일 이승만 대통령이 밴 플리트 장군, 빅셀 준장 등과 함께 제주도를 방문한 모습을 담은 영상이다. 이승만 대통령 일행은 서귀포에서 연설회를 가졌으며 이후 길성운 제주도지사의 안내로 상교리 목장과 서홍리 농장을 시찰하고 천지연폭포를 관광한 후 귀경했다.

84-03 학원소식
상영시간 ㅣ 02분 18초

영상요약 ㅣ 중앙대학교 파이퍼홀 준공식, 이화여자중고등학교와 이화여자대학교 창립 70주년 기념식을 다루고 있는 영상이다. 세 기념식에는 이승만 대통령 부부가 참석했다.

84-04 국군소식
상영시간 ㅣ 00분 17초

영상요약 ㅣ 1956년 5월 18일 세계재향군인연맹 제6차 총회에 참석하기 위해 출국하는 한국대표 2명의 전송식을 담은 영상이다. 5월 28일 벨기에 브뤼셀에서 개최된 총회에서는 한국의 가입을 승인했다.

84-05 故 해공 선생 국민장
상영시간 ㅣ 00분 27초

영상요약 ㅣ 1956년 5월 5일 서거한 신익희 민주당 대통령후보의 장례식 모습을 담은 영상

이다. 신익희의 장례식은 5월 23일 서울운동장에서 거행되었는데 김도연, 함
태영, 곽상훈 등 다수의 정치인과 국민들이 참석했다.

84-06 밴푸리-트 장군 귀국

상영시간 ┃ 00분 26초

영상요약 ┃ 1956년 5월 26일 한국을 떠나는 밴 플리트 장군의 환송식 장면을 담은 영상이
다.

84-07 로스안젤스, 교향악단 내방

상영시간 ┃ 00분 49초

영상요약 ┃ 1956년 5월 29일 개최된 로스앤젤레스 교향악단의 연주회를 담은 영상이다.
로스앤젤레스 교향악단은 서울신문사 초청으로 내한해서 중앙청 야외음악당
에서 연주회를 개최했는데 함태영 부통령이 참석했다.

국립방역연구소 (1956년 9월 9일)

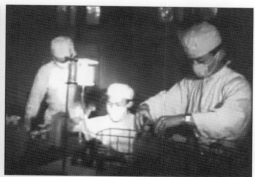

제작정보

출　　처 : 대한뉴스 90호
제 작 사 : 공보처
제 작 국 가 : 대한민국

영상정보

제 공 언 어 : 한국어
컬　　러 : 흑백
사 운 드 : 유

영상요약

전염병을 연구하는 국립중앙방역연구소의 업무를 소개하는 영상이다. 뇌염, 콜레라, 발진티푸스, 천연두 등 전염병 연구하는 장면과 전염병 예방약을 포장하는 장면, 그리고 중독 문제를 연구하는 검정실과 사용한 기구를 소독하는 준비실의 모습이 뉴스에 담겨 있다.

내레이션

이곳은 뇌염을 비롯해서 각종 전염병을 상대로 과학자들이 눈에 보이지 않는 세균과 진지한 투쟁을 하고 있는 싸움터 국립방역연구소입니다. 이곳에서는 현재 약 30종에 걸친 각종 전염병의 예방약과 혈* 등을 제조하고 있습니다. 이것은 호열자 예방약을 만들기 위해서 호열자기를 배양기에다 넣고 있는 광경입니다. 이 식균된 배양기를 전기 분양기 속에서 배양시켜서 호열자의 예방약을 만들게 되는 것입니다. 이곳에서는 접종 후 **된 소에서 채혈을 하고 있습니다. 이와 같이 해서 채혈한 것을 전기에 희석해서 우두약을 만드는 것입니다. 여기서는 뇌염을 연구하고 있습니다. 지금 뇌염의 증상 여부를 판단하기 위해서 균을 쥐에다 접종하고 있습니다. 여기서 계란에다 주입하고 있는 것은 발진티푸스 균입니다. 이 계란을 부화기에다 넣어 부화시켜서 그 병아리에서 발진티푸스 예방약을 채취하는 것입니다. 여기서는 생산된 예방약을 병에 넣어서 검사를 거쳐서 완성제품으로 포장합니다. 그리고 검정실에서는 수시로 발생하는 각종 질병에 대한 검정 연구를 하고 있습니다. 이것은 중독 사건을 일으킨 문제의 당귀에 대해서 검정을 하고 있는 광경입니다. 준비실에서는 다섯개의 준비 소독기를 비롯한 각종 소독기로 기구를 철저하게 소독하고 있습니다. 이렇게 국민 보건에 힘을 쓰고 있는 이 연구소의 공로는 참으로 크다고 하겠습니다.

화면묘사

00:00   자막 "국립 방역 연구소", 정문에서 바라본 건물 외관
00:06   정문 오른쪽에 걸려 있는 "국립중앙방역연구소(國立中央防疫研究所)"라 쓰여진

현판

00:08   현미경으로 관찰하고 있는 사람의 모습

00:12   여러 실험 기구의 모습

00:20   실험복을 입고 모자와 마스크를 쓰고 호열자 예방약을 만드는 다양한 장면

00:39   소에서 채혈하는 장면

00:53   쥐를 이용해서 뇌염 연구하는 장면

01:03   발진티푸스균을 계란에 넣어 부화기에 넣는 장면과 부화된 병아리에서 발진티 푸스 예방약을 채취하는 모습

01:16   예방약을 병에 넣어 포장하는 장면

01:31   검정실에서 당귀를 검정 연구하는 장면

01:49   준비실에서 각종 실험기구를 소독하는 장면

▌ 연구해제

  이 영상은 전염병을 연구하는 국립방역연구소의 업무를 소개하는 영상이다. 뇌염, 콜레라, 발진티푸스, 천연두 등 전염병에 대해 연구하는 장면과 전염병 예방약을 포장하는 장면, 그리고 중독 문제를 연구하는 검정실과 사용한 기구를 소독하는 준비실의 모습이 뉴스에 담겨있다. 내레이션을 통해 1956년 현재 국립방역연구소에서는 뇌염 등 약 30종에 걸친 각종 전염병의 예방약과 혈청 등을 연구 개발하고 있으며, 뇌염, 콜레라, 발진티푸스 예방약을 제조하고 있다고 소개하고 있다.

  국립방역연구소가 설립된 시기가 언제인지에 대해서는 명확히 확인하기 어려우나 예측은 가능하다. 한국의 보건행정은 해방 이후 패망한 일본인들이 귀환하면서 마비상태였다. 그러던 차에 1946년, 38선 이남지역에 콜레라가 만연하면서 1만 6,000여 명에 달하는 환자가 발생했고 발진티푸스를 비롯한 각종 전염병이 창궐했다. 시급히 보건위생 행정을 재건할 필요 속에서 콜레라 예방주사약을 제조할 수 있는 유일한 기관이었던 조선방역연구소가 국립방역연구소로 재편되었던 것으로 보인다. 이후 1949년 12월 7일 대통령령 제227호로 중앙방역연구소 직제가 공포, 시행되었고 국립방역연구소는 국가행정체계 속에서 계통을 명확히 하게 되었다.

  이 영상은 국립방역연구소의 활동을 국민들에게 자세히 설명하고 있으며, 국가가 국

민들에게 보여주려고 하는 보건행정의 역할을 확인할 수 있는 것으로서 의의가 있다.

▌ 참고문헌

「防疫製藥에 聖汗」, 『동아일보』, 1946년 5월 24일.

「虎疫와 쿠틴 南朝鮮에 配付」, 『경향신문』, 1947년 5월 27일.

「中央防疫研究所 職制를 公布」, 『동아일보』, 1949년 12월 8일.

김진혁, 「북한의 위생방역제도 구축과 '인민'의식의 형성(1945~1950)」, 고려대학교 석사
학위논문, 2013.

해당호 전체 정보

90-01 서울 시의원 일동 경무대 예방

상영시간 ｜ 00분 20초

영상요약 ｜ 1956년 9월 6일 경무대로 찾아온 서울특별시의회 의원들을 맞아 이승만 대통령이 말하는 영상을 담고 있다.

90-02 미 극동함대사령관 경무대 예방

상영시간 ｜ 00분 15초

영상요약 ｜ 1956년 9월 11일 경무대로 찾아온 신임 미 극동함대사령관 굿 준장과 캐라칸 준장을 이승만 대통령이 만나는 영상이다. 이 자리에는 김용우 국방부장관, 다울링 주한미국대사가 함께 참석했다.

90-03 친선 방화 학생단 경무대 예방

상영시간 ｜ 00분 17초

영상요약 ｜ 1956년 9월 12일 경무대를 찾은 서울대학교 교수 김선기 외 남녀 학생들과 이승만 대통령이 만나는 장면을 담은 영상이다. 이 학생들은 중국청년반공구국단총본부의 초청으로 대만으로 가게 되었다.

90-04 국무회의 광경

상영시간 ｜ 00분 50초

영상요약 ｜ 1956년 9월 11일 중앙청 국무회의실에서 개최된 국무회의 장면을 담고 있는 영상으로 이응준 체신부장관과 김용우 국방부장관의 모습이 보인다. 그리고 내레이션으로 국무회의에 대한 일반적인 설명을 하고 있다.

90-05 전국대학 방송극 경연대회 시상

상영시간 ｜ 00분 34초

영상요약 ｜ 1956년 9월 5일 서울방송국에서 거행된 전국대학 방송극 경연대회 시상식을 담고 있는 영상이다.

90-06 국립 서울육아원 신축 정초식

상영시간 ㅣ 01분 08초

영상요약 ㅣ 1956년 9월 12일 우이동에서 거행된 국립서울육아원신축정초식 장면을 담고
있다. 정초식에는 정준모 보건사회부장관, 콜터 운크라(UNKRA) 단장 등이 참
석했다.

90-07 H.L.K.Z를 찾어서

상영시간 ㅣ 01분 55초

영상요약 ㅣ 본 뉴스는 RCA 텔레비전 방송국에서 방송 프로그램이 어떠한 과정을 거쳐 제
작되는지 실제 영상을 보여주고 내레이션을 통해 그 과정을 상세하게 설명하
고 있다.

90-08 국립방역연구소

상영시간 ㅣ 02분 09초

영상요약 ㅣ 전염병을 연구하는 국립중앙방역연구소의 업무를 소개하는 영상이다. 뇌염,
콜레라, 발진티푸스, 천연두 등 전염병 연구하는 장면과 전염병 예방약을 포
장하는 장면, 그리고 중독 문제를 연구하는 검정실과 사용한 기구를 소독하는
준비실의 모습이 뉴스에 담겨 있다.

90-09 국정교과서 공장

상영시간 ㅣ 01분 30초

영상요약 ㅣ 교과서에 들어갈 그림을 그리는 작업부터 시작해서 인쇄 광경, 그리고 완성된
교과서까지 국정교과서 공장에서 교과서를 제작하는 다양한 모습을 영상에
담고 있다. 이 교과서 공장은 유네스코와 운크라의 원조로 건설된 것이라고
한다.

제1회 국군의 날 (1956년 10월 10일)

제작정보

출　　처 : 대한뉴스 92호
제 작 사 : 공보처
제 작 국 가 : 대한민국

영상정보

제 공 언 어 : 한국어
컬　　러 : 흑백
사 운 드 : 유

영상요약

본 뉴스는 1956년 10월 1일 서울운동장에서 개최된 제1회 국군의 날 기념행사와 동일 한강에서 거행된 국군의 날 축하 비행행사 장면을 담고 있다. 양 행사에는 이승만 대통령, 다울링 주한미국대사 등이 참석했다.

내레이션

제1회 국군의 날인 10월 1일을 맞이해서 서울운동장에서는 리대통령 각하를 비롯한 내외귀빈을 모시고 3군 합동으로 성대한 기념식을 거행했습니다. 21발의 우렁찬 예포와 더불어 시작된 이날 식전에서 대통령 각하께서는 정렬한 3군 장병들을 열병하셨습니다. 이어서 대통령 각하께서는 첫 국군의 날을 치하하는 기념사를 말씀하셨습니다. 이날 의장대의 시범훈련에 이어서 거행된 3군 장병들의 위풍 있는 분열식은 자라나는 국군의 힘을 마음껏 과시하는 것이었습니다. 한편 이날 오후에는 대통령 각하께서 임석하신 가운데 한강 강변에서 젯트기로 새롭게 무장된 공군의 위력을 자랑하는 비행 행사가 전개되었습니다. 이날 수많은 시민들이 밀집한 가운데 거행된 비행 행사는 먼저 F86, F51, C46 등의 편대 시위비행과 낙하산 강하. 이어서 F86에 의한 고도 10,000피트 이상에서의 음속 돌파 비행 등 가지가지의 묘기를 관중들의 박수갈채를 받았습니다.

영상내용(화면묘사)

〈국군의 날 기념식〉

00:00 자막 "제1회 국군의 날", 국군의 날 행사장 단상을 정면에서 바라본 모습
00:03 경례하는 군인과 단상의 내빈들의 모습. 단상에 "국군의 날"이라고 쓰여진 현판이 있음
00:10 태극기와 성조기 등의 깃발을 들고 서 있는 모습과 의장대가 경례하는 장면
00:13 차량에 탑승하고 사열하는 이승만 대통령과 김용우 국방부장관의 모습
00:28 정렬해 있는 여군들의 모습
00:31 사열차에서 사열하는 이승만 대통령과 김용우 국방부장관과 정렬해서 서 있는

군인들 등 사열식의 다양한 장면

00:50 기념사하는 이승만 대통령의 모습

00:57 단상에 앉아 있는 다울링 주한미국대사 등의 모습

01:02 정렬해 있는 군인과 분열식의 다양한 장면

01:19 군악대, 육군, 해군, 여군 등의 다양한 행진 장면

〈국군의 날 축하 비행행사〉

01:43 비행장면을 아래서 올려다보면서 촬영한 장면

01:47 이승만 대통령 부부와 다울링 대사 부부가 행사장에 입장해서 대화하는 장면

01:57 비행기의 비행장면(비행기 소리)

02:04 단상에 앉은 이승만 대통령 모습과 비행기의 다양한 묘기 비행 장면

02:14 비행기에서 낙하산이 강하하여 착륙하는 다양한 장면

02:40 대열을 지어 비행하는 비행기들(비행기 소리)

02:46 비행기가 저공비행하는 장면

02:48 강에서 연기가 피어오르는 모습(비행기로 폭격한 장면으로 추정됨)

연구해제

이 영상은 국군의 날이 시작된 1956년 10월 1일 서울운동장과 한강변 등 서울 일원에서 처음 열린 제1회 '국군의 날' 행사를 보여주는 것이다. 이날 오전 서울운동장에서 열린 기념식에는 이승만 대통령을 비롯한 정부 각료와 각국의 외교사절 등이 참석하였다. 21발의 예포 발사로 시작된 이날 행사는 육·해·공군으로 구성된 삼군의장대의 열병식, 이승만 대통령 치사의 순서로 진행되었다. 오후에는 한강변에서 이승만 대통령의 참석 아래 공군 제트기 편대의 음속돌파 시범비행과 낙하산 강하 훈련 등이 실시되었다. 이날의 행사 중에서 특이한 점은 미군으로부터 인계받은 최신예 전투기의 시범 비행이 진행되었다는 것이다. 이보다 앞서 공군은 1955년 6월 20일 미국으로부터 F-86F전투기를 도입했는데, 이날 행사에서 최신예전투기가 음속을 돌파하는 시범비행을 진행하였다.

국군의 날이 10월 1일로 제정된 것은 6·25전쟁 시 국군의 38선 돌파를 기념하는 것

에서 기원하였다. 1950년 10월 1일 오전 8시 10분 육군 제3사단(사단장: 이종찬 준장) 제23연대(연대장: 김종순 대령) 제3대대(대대장: 박종병) 소속 병사들이 강원도 양양군 인구리 북쪽에서 북위 38도선을 돌파하였는데, 이날을 기념하여 1956년 9월 14일 국무회의에서 '국군의 날' 지정에 관한 안건이 통과되었다. 이와 동시에 이전에 있었던 삼군의 날을 폐지하였다. 이로부터 '국군의 날'이 10월 1일로 시작되었고, 1956년 10월 1일 제1회 국군의 날 행사가 거행되었다.

▌참고문헌

국가기록원, 『국무회의 안건 목록집 1(1949~1960)』, 2013.
국방부 군사편찬연구소, 『6·25전쟁사 6 : 인천상륙작전과 반격작전』, 국방부 군사편찬
　　　연구소, 2009.

해당호 전체 정보

92-01   영국 "몬"제독 경무대 예방
상영시간 ㅣ 00분 19초

영상요약 ㅣ 1956년 9월 26일 내한해서 경무대를 방문한 영국 극동 함대 사령관 몽크리프 제독과 이승만 대통령이 만나는 장면을 담은 영상이다.

92-02   대통령 각하 일선 시찰
상영시간 ㅣ 04분 04초

영상요약 ㅣ 본 뉴스는 강원도를 시찰한 이승만 대통령 부부의 모습을 영상으로 담고 있다. 이승만 대통령은 1956년 10월 8일 서울역을 떠나 춘천역에 도착하여 시민들과 만나고 이어 제2군단과 강원도청을 방문했다. 그리고 마지막으로 제9사단을 방문한 다음 특별비행기로 서울에 돌아왔다.

92-03   제1회 국군의 날
상영시간 ㅣ 02분 53초

영상요약 ㅣ 본 뉴스는 1956년 10월 1일 서울운동장에서 개최된 제1회 국군의 날 기념행사와 동일 한강에서 거행된 국군의 날 축하 비행행사 장면을 담고 있다. 양 행사에는 이승만 대통령, 다울링 주한미국대사 등이 참석했다.

92-04   제37회 전국 체육대회
상영시간 ㅣ 00분 04초

영상요약 ㅣ 제37회 전국체육대회 단상의 모습을 담고 있는 영상이다.

이조실록 편찬 완성 (1956년 10월 10일)

제작정보

출　　　처	:	대한뉴스 95호
제 작 사	:	공보처
제 작 국 가	:	대한민국

영상정보

제 공 언 어	:	한국어
컬　　러	:	흑백
사 운 드	:	유

영상요약

본 뉴스는 국사편찬위원회에서 조선왕조실록을 축소 제작하는 과정을 영상으로 담고 있다.

내레이션

단 한 권 밖에 남아 있지 않은 우리나라 국보인 조선왕조실록을 보호하고 또한 해외에 널리 소개하고자 국사편찬위원회에서는 매년 200부씩을 사진판으로 축소 제작하고 있습니다. 이것은 원본을 촬영하는 광경입니다. 그런데 이 조선왕조실록은 태조로부터 철종 왕에 이르기까지 25대, 472년간의 실록을 수록한 것이며 전부 888권으로 돼 있습니다. 그런데 이것을 사진판으로 다시 만드는 데에는 1부당 200여만 원이 든다고 하며 현재 이미 미국 하버드대학을 비롯해서 중국, 영국, 불란서 등지에 배포되고 있습니다.

화면묘사

00:00   자막 "이조실록 편찬 완성", 책상에서 작업을 하는 사람들의 모습
00:05   조선왕조실록의 원본 모습. 표지에 "明宗大王實錄(명종대왕실록)"이라고 써 있음
00:14   조선왕조실록의 훼손 부위를 수선하는 모습
00:21   원본을 사진 촬영하는 모습
00:29   사진 찍은 원본을 인쇄기로 인쇄하여 책을 만드는 다양한 모습
00:49   책으로 완성된 조선왕조실록의 모습

연구해제

조선왕조실록은 태조(즉위 1392)에서 철종(승하 1864)까지 25대 472년간의 역사를 담은 총 1,893권 999책에 달하는 역사서이다. 금속활자 또는 목활자로 제작된 인쇄물로서, 세종 대에 4개 본을 제작하여 춘추관, 성주, 충주, 전주에 보관하였는데 임진왜란 이후에는 안전한 보관을 위해 태백산, 묘향산(후에 적상산으로 옮김), 마니산, 오대산에 비치하게 되었다. 현재 남아있는 정족산본 1,181책, 태백산본 848책, 오대산본 27책 등 총 2,077책은 1973년 12월 31일 대한민국의 국보로 지정되었으며, 1997년에는 유네스코 세계기록유산으로 등록 지정되었다.

방대한 양의 조선왕조실록은 20세기에 들어와 몇 차례의 수난을 겪었다. 일제는 통감부를 통해 한국의 역대 전적들에 대해 손을 대기 시작하여, 1907년에 4개 사고들에 비치

된 책들을 모두 서울로 옮겨와 규장각의 도서들과 합쳐 국가 소유의 서적들을 일괄 통제하는 체제를 만들었다. 1910년 8월에 강제 합병 후 대한제국 황실이 요구하는 최소한의 책들만 이왕직(李王職)도서로 남기고 나머지는 모두 조선총독부가 소유, 관리하였다. 이때, 실록은 적상산본은 이왕직 도서관으로 넘겨지고 오대산 교정본은 일본 동경제국대학으로 옮겨졌다. 나머지 태백산본과 정족산본은 총독부 관리 아래 있다가 1926년에 경성제국대학이 개교하면서 이 대학교의 부속도서관으로 이관되었다. 경성제대 소장의 정족산본과 태백산본은 해방 후 서울대학교가 관리하게 되었지만, 동경제대에 가 있던 오대산본은 1923년 동경대지진 때 대부분 불타 없어졌다. 그리고 이왕직 장서각에 수장되었던 적상산본은 6·25전쟁 당시 북한으로 옮겨져 평양에서 현재까지 보관되고 있다.

조선왕조실록의 첫 번째 영인 작업은 경성제국대학의 교수들이 진행하였다. 1926년에 설립된 경성제국대학은 조선총독부 학무국이 조상하고 있었던 규장각도서를 이관받고 이때부터 1929년까지 4년의 시간동안 조선왕조실록 태백산 본을 4분의 1크기로 축소 영인 출간하면서 『이조실록』이라고 이름을 붙였다고 한다.

본 영상에서 소개하는 내용은 해방 이후 이루어진 영인 작업에 관한 것이다. 국사편찬위원회는 1955년에서 1958년까지 4년에 걸쳐 태백산본을 8분의 1크기로 축소하여 국배판 양장으로 묶어 조선왕조실록을 새롭게 간행하였다. 모두 48권의 책으로 묶였으며, 이때 『조선왕조실록』이라는 명칭을 다시 사용하게 되었다고 한다. 총예산 1억 2,000만환으로 5년 동안 진행될 예정이었던 이 사업은 예정보다 빨리 진행되었지만, 한정된 부수만 제작되었고, 특정기관에 기증된 것이 많아 당시에는 널리 이용되지는 못했다고 한다. 한국사 연구자들이 국사편찬위원회에서 발간한 『조선왕조실록』을 보다 광범위하게 사용하기 시작한 것은 '탐구당'에서 보급판을 새로 찍어 판매를 시작한 1960년대부터였다.

▮ 참고문헌

「문화소식」, 『동아일보』, 1955년 4월 27일.
「조선왕조실록 총 48권중 15권 발간」, 『경향신문』, 1956년 9월 16일.
이태진, 「조선왕조실록 : 나의 접관기」, 『한국사시민강좌』 23, 1998.

해당호 전체 정보

95-01 유엔군 참모장 '번즈' 중장 경무대 예방

상영시간 | 00분 13초

영상요약 | 1956년 10월 3일 경무대를 방문한 번즈 유엔군 사령부 참모장과 주한민사처장 스티클러 소장, 다울링 주한미국대사가 이승만 대통령과 대화하는 영상이다. 특이한 것은 방문객들과 대화하는 중 이승만 대통령이 강아지를 쓰다듬는 장면이다.

95-02 올림픽선수단 경무대 예방

상영시간 | 00분 38초

영상요약 | 1956년 11월 1일 경무대를 방문한 멜버른 올림픽선수단의 모습과 동일 덕수궁 석조전에서 거행된 멜버른 올림픽선수단 결성식의 모습을 담고 있다.

95-03 반공 전시회

상영시간 | 00분 22초

영상요약 | 1956년 10월 26일 창경원에서 개장된 반공전람회를 이승만 대통령 부부, 이형근 육군참모총장 등이 관람하는 장면을 담고 있다.

95-04 대통령각하, 동해안지구 시찰

상영시간 | 00분 36초

영상요약 | 1956년 11월 2일 강원도 동해안 지역의 시찰을 간 이승만 대통령 부부와 김용우 국방부장관과 이형근 육군참모총장, 이들을 마중 나온 여학생들과 군인들의 모습을 담고 있다. 이 자리에서 이승만은 동유럽의 반소항쟁을 언급하며 북한동포를 구출해야 한다고 말했다.

95-05 창립 7주년을 맞이하는 적십자사

상영시간 | 00분 26초

영상요약 | 이 영상은 1956년 10월 27일 서울 남산 대한적십자사 대강당에서 개최된 대한

적십자사 창립7주년 기념식 장면을 담고 있는 영상으로 기념식에는 이승만 대통령 부부, 이기붕 민의원의장, 손창환 대한적십자사 총재 등이 참석했다.

95-06 제5회 국전 개막
상영시간 ㅣ 00분 32초
영상요약 ㅣ 1956년 11월 3일 개막된 제5회 국전개막식 영상으로 회화, 서예, 조각 등의 전시물 등의 모습도 담고 있다.

95-07 제4회 학생의 날
상영시간 ㅣ 00분 03초
영상요약 ㅣ 학생의 날 기념 시가행진 모습을 보여주는 영상이다.

95-08 북한 동포여 총궐기하라!
상영시간 ㅣ 01분 17초
영상요약 ㅣ 1956년 서울에서 전개된 다양한 반공시위 장면을 보여주는 영상이다. 내레이션을 통해서 서울에서 일어난 구체적인 시위단체와 내용을 설명하고, 영상에는 다양한 시위 장면을 담고 있고 플래카드와 피켓에 다양한 반공 구호들이 써 있는 것을 볼 수 있다.

95-09 방화 강조 주간
상영시간 ㅣ 00분 30초
영상요약 ㅣ 이 영상은 1956년 11월 7일 개최된 소방관 및 의용소방대 유공자 표창식 장면 중 소방관의 사열과 식후 소화 시범, 그리고 방화강조주간 홍보 포스터의 영상을 보여주고 있다.

95-10 쥐를 잡읍시다!
상영시간 ㅣ 01분 20초
영상요약 ㅣ 이 영상에서는 보건사회부가 전개한 전국적 쥐잡기 운동에 대한 소개와 쥐로 인한 피해를 설명하고 쥐의 활동 모습, 잡은 쥐의 모습 등을 보여주고 있다.

95-11 이조실록 편찬 완성

상영시간 ㅣ 00분 50초

영상요약 ㅣ 국사편찬위원회에서 조선왕조실록을 축소 제작하는 과정을 영상으로 설명하고 있다.

95-12 철 맞은 김장

상영시간 ㅣ 00분 03초

영상요약 ㅣ 열무가 쌓여 있는 시장의 모습을 영상으로 보여주고 있다.

95-13 태창 방직공장을 찾아서

상영시간 ㅣ 01분 01초

영상요약 ㅣ 이 영상은 동양 최대 규모의 태창방직주식회사 영등포 공장에서 정부 보유달러를 대여받아 기계를 설치하고 면포와 면사를 생산하는 광경을 보여주고 있다.

95-14 한·미 친선 축구시합

상영시간 ㅣ 00분 06초

영상요약 ㅣ 1956년 10월 31일 대한축구협회 초청으로 서울운동장에서 개최된 한국과 미국의 친선 축구 경기를 보여주는 영상이다. 시합 전 운동장 사이드 라인에 도열해 있는 내빈, 심판, 양팀 선수들의 모습을 보여주고 있다.

한미우호통상조약 조인식 (1956년 11월 11일)

제작정보

출   처 : 대한뉴스 97호
제 작 사 : 공보처
제 작 국 가 : 대한민국

영상정보

제 공 언 어 : 한국어
컬   러 : 흑백
사 운 드 : 유

영상요약

이 영상은 1956년 11월 28일 중앙청 회의실에서 개최된 한미우호통상 및 항해조약의 조인식 장면을 영상으로 담고 있다. 양국 정부를 대표해서 조정환 외무부장관서리와 다울링(Walter C. Dowling) 주한미국대사가 각각 서명 날인했는데, 영상에는 두 사람의 연설하는 목소리가 담겨 있다.

내레이션

한미우호통상 및 항해조약이 11월 28일 중앙청 회의실에서 양국대표가 *서명함으로써 정식으로 체결되었습니다. 이날 조인에 앞서 조 서리는 이 조약은 양국 우정의 역사의 하나의 새로운 전환점을 긋게 되는 것이라고 말했습니다. 조 서리에 이어서 다울링 미국대사는 이 조약의 조인은 양국간의 돈독한 관계를 강화하는 뜻 깊은 일이라고 말했습니다. 다울링 미대사의 인사가 끝나자 국무위원 전원, 미대사관 고위층 등 한미 양국 인사들이 참석한 자리에서 조 외무부장관서리와 다울링 주한미대사가 각각 양국 정부를 대표해서 국문과 영문으로 된 조약 원본 두 통에 서명 날인했습니다. 그런데 이 조약은 대한민국 수립 이후 외국과 체결되는 통상에 관한 최초의 것이며 미국과는 1882년 당시 구 대한제국 정부와 체결된 지 74년 만에 이루어지는 것입니다.

화면묘사

00:00   자막 "한·미 우호 통상조약 조인식", 테이블에서 일어나 글을 읽는 조정환 외무부장관서리와 앉아 있는 다울링 주한미국대사의 모습(조정환 외무부장관서리가 글을 낭독하는 목소리)

00:22   조인식에 참석한 미국인들의 모습(조정환 외무부장관서리가 글을 낭독하는 목소리)

00:26   테이블에서 일어나 글을 읽는 조정환 외무부장관서리와 앉아 있는 다울링 주한미국대사의 모습(조정환 외무부장관서리가 글을 낭독하는 목소리)

00:59   조인식 참석자들이 의자에 앉아 있는 모습

01:04   다울링 주한미국대사의 연설 장면(다울링 주한미국대사의 연설 소리)

01:33   조약 원문에 서명 날인하는 장면

01:45   조인식 참가자들이 의자에 앉아 있는 모습과 조약 원문에 서명 날인하는 장면

02:00   악수하는 조정환 외무부장관서리와 다울링 주한미국대사와 뒤에서 박수치는 사람들의 모습

연구해제

이 영상은 1956년 11월 28일 중앙청 회의실에서 한미우호통상조약이 체결된 사실을 홍보하는 것이다. 조정환 외무부장관 서리와 다울링 미국 대사가 양국을 대표해서 연설하는 모습이 담겨져 있으며 서명에 날인하는 장면을 전하고 있다. 한미 간 통상 조약은 1882년 이후 74년 만에 체결된 것이었다.

이 협정의 정식명칭은 '대한민국과 미합중국의 우호, 통상 및 항해조약'이다. 1954년 미국정부가 먼저 주한 미 대사관을 통하여 체결을 요청하였다. 한국정부는 1954년 12월 외무·법무·재무·상공법제 등 각 부처 관계당국자와 한국은행의 관계 당국자가 합동하여 미국이 보내온 '한미우호통상조약'의 초안을 검토하였다. 일반적으로는 국가승인 동시에 외교사절이 맺어지며 이와 함께 우호통상항해조약이 맺어지는 것이 국제관계에서의 절차라고 할 수 있는데, 한국의 경우는 정부수립 이후 원조협정이 먼저 체결되었으며 곧바로 전쟁이 발발했기 때문에 정부승인 이후 8년 만에 체결될 수 있었다. '한미우호통상조약'의 체결은 국가 간 전반적인 거래 및 교환, 협력 등으로 수립되는 모든 관계의 기본적인 성격을 공식적으로 규정한 것이라는 의미를 갖고 있다.

'한미우호통상조약'은 전문과 25조로 구성되어 있다. 전반적으로 한미 간 평화 및 우호관계를 강화하고 긴밀한 경제적·문화적 관계를 촉진하며 상호 간 최혜국민대우의 원칙을 일반적인 기초로 하여 조약을 체결할 것을 명시하고 있다. 또한 상호 회사·신체·재산·기업 및 기타이익에 대해 항상 공평한 대우를 규정하고, 입국과 기본인권에 대해 기본권리를 확보하며, 인신의 보호 및 노동자의 보상 및 사회보장 역시 규정하고 있다.

이 협정의 체결을 위한 한미 간 협의는 1955년 2월 21일 최초로 개최되었다. 이날 1차 회의에서는 한국 측에서 초안을 작성하고, 미국 측 시안과 대조하여 검토하면서 진행되었다. 1차회담이 시작된 이후 '한미우호통상조약'은 근 시일 내에 체결될 것이라 예상되었지만 회담이 7개월간 중단된 이후 1956년 2월 재개되면서 예정보다 지연되었다. '한미우호통상조약'의 최종안은 1956년 11월 28일에 이르러서야 체결될 수 있었다.

참고문헌

「미국서 체결요청 한미우호통상항해조약」, 『동아일보』, 1954년 9월 3일.
「한미우호 조약 관계당국초안 협의」, 『경향신문』, 1954년 12월 29일.
「한미통상조약협의」, 『경향신문』, 1955년 2월 22일.
「한미우호통상항해조약전문(1)」, 『경향신문』, 1956년 11월 29일,
「한미우호통상항해조약전문(2)」, 『경향신문』, 1956년 11월 30일.
「한미우호통상항해조약전문(3)」, 『경향신문』, 1956년 12월 1일.
「한미우호통상항해조약전문(4)」, 『경향신문』, 1956년 12월 2일.

비고

KTV에 본 영상은 11월 11일로 기록되어 있으나 조인식이 11월 28이었던 것으로 미루어 날짜 오류로 보인다.

해당호 전체 정보

97-01 한미 우호통상조약 조인식

상영시간 ㅣ 02분 06초

영상요약 ㅣ 이 영상은 1956년 11월 28일 중앙청 회의실에서 개최된 한미우호통상 및 항해 조약의 조인식 장면을 담고 있다. 양국 정부를 대표해서 조정환 외무부장관서리와 다울링 주한미국대사가 각각 서명 날인했는데, 본 뉴스에는 두 사람의 연설하는 목소리가 담겨 있다.

97-02 미 '스탠리' 소장에게 훈장수여

상영시간 ㅣ 00분 24초

영상요약 ㅣ 이 영상은 1956년 11월 5일 경무대에서 거행된 미국 극동군 및 제8군 사령부 군의감 스탠리 소장의 태극무공훈장 수여식 장면을 보여주는 영상이다. 스탠리 소장은 우리나라 의료계에 기여했다고 한다.

97-03 미 '윌리암스' 일등병에게 훈장 수여

상영시간 ㅣ 00분 17초

영상요약 ㅣ 이 영상은 1956년 11월 29일 경무대에서 거행된 주한미군 제11공병대대 1중대 윌리암스 일등병에게 금성화랑무공훈장을 수여하는 장면을 담고 있다.

97-04 공군참모총장 이취임식

상영시간 ㅣ 00분 23초

영상요약 ㅣ 1956년 11월 1일 경무대에서 거행된 장덕창 신임 공군참모총장의 승진식과 공군참모총장 임명장 수여식을 담은 영상으로 이승만 대통령, 김용우 국방부장관, 김정렬 전임 공군참모총장 등이 참석했다.

97-05 대통령 각하, 해병대 토이기 부대 시찰

상영시간 ㅣ 00분 56초

영상요약 ㅣ 이 영상은 1956년 12월 8일 이승만 대통령 부부가 해병대 제1사령본부와 미

제1군단 사령부, 그리고 터키부대를 시찰하는 장면을 담고 있는데, 군사장비, 외국군대를 사열하는 장면 등도 포함되어 있다.

97-06   육군교육총감부 창설 2주년

상영시간 ㅣ 00분 44초

영상요약 ㅣ 이 영상은 육군교육총본부 창설 2주년과 육군교육총본부 청사 준공식을 보여 주고 있는데, 행사에는 김용우 국방부장관, 이형근 육군참모총장, 장도영 육군 교육총본부 총장 등이 참석했다.

97-07   제1회 체신의 날

상영시간 ㅣ 00분 37초

영상요약 ㅣ 제1회 체신의 날 기념식 영상이다. 기념식에는 이응준 체신부장관, 이종림 교 통부장관, 장기영 전 체신부장관 등이 참석했는데 이응준 체신부장관은 체신 부직원들에게 공로상과 정근상을 수여했다.

97-08   메리크리스마스

상영시간 ㅣ 00분 31초

영상요약 ㅣ 성탄절을 보여주는 영상으로 크리스마스 트리, 제과점, 카드상점 등 크리스마 스를 맞은 다양한 모습을 영상으로 담고 있다.

97-09   극빈자에게 양곡 분배

상영시간 ㅣ 00분 25초

영상요약 ㅣ 파출소 앞에서 극빈자들에게 양곡을 분배하는 다양한 장면을 담고 있는 영상 이다.

97-10   걸인 수용소

상영시간 ㅣ 00분 27초

영상요약 ㅣ 1956년 12월 1일 개최된 걸인수용소인 희망의 집 입주식 장면을 담은 영상으 로 희망의 집 건물 외관과 입주하는 사람들의 모습을 볼 수 있다.

97-11 상이용사 합동 결혼식, 부산

상영시간 | 00분 37초

영상요약 | 부산남부중학교 강당에서 개최된 상이군병 45명의 합동결혼식 장면을 보여주는 영상이다.

97-12 제일모직공장을 찾아서, 대구

상영시간 | 02분 00초

영상요약 | 이 영상은 대구 제일모직 공장에서 최신식 기계로 제품이 생산되는 전 공정을 담고 있어 당시 섬유공업에서 사용된 기계들과 작업 과정을 살펴볼 수 있다. 이곳에서 생산하는 제품이 외국산을 능가하는 우수한 것이라고 강조하고 있다.

4H구락부 경진대회 (1956년 12월 12일)

제작정보

출　　　처 : 대한뉴스 98호
제 작 사 : 공보처
제 작 국 가 : 대한민국

영상정보

제 공 언 어 : 한국어
컬　　　러 : 흑백
사 운 드 : 유

영상요약

이 영상은 1956년 12월 14일 서울대학교 농과대학에서 개최된 4H작품전시대회에 전시된 다양한 작품들과 4H클럽 경진대회 발표회장의 모습을 담고 있다.

내레이션

4H클럽에서는 12월 14일 농림부의 후원을 얻어 수원에 있는 농과대학에서 4H클럽 경진대회를 개최했습니다. 이날 대회에는 전국 각지에 4H회원들이 참석했으며 그들이 평상시 연구하여온 여러 가지 작품을 전시하고 또한 보고 **를 했습니다. 이날 약 30명의 회원들은 농업의 각 분야에 걸친 그들의 연구를 발표해서 다대한 성과를 거두었습니다. 그리고 특히 흥미있는 것은 고구마를 가지고 고추장을 만든다는 진안군 4H클럽에서 온 이정선 양의 연구보고였습니다.

화면묘사

00:00   자막 "4H구락부 경진대회 수원", "제3회전국4-H구락부경진대회"라고 써 있는 조형물의 모습
00:05   4H작품전시대회 일정을 국문과 영문으로 적은 포스터의 모습
00:09   전시된 작품들과 전시회장의 다양한 모습
00:21   4H웅변대회와 4H연시대회 일정을 국문과 영문으로 적은 포스터의 모습
00:25   연구 발표회장을 뒤에서 바라본 모습. 앞에 4H마크가 크게 그려져 있음
00:28   가슴에 12번이라 적힌 번호표를 붙인 청년이 궤도를 가리키며 발표하는 모습
00:36   경청하는 참가자들과 발표회장의 다양한 모습. "審査席(심사석)"이라는 종이가 붙어 있는 자리에 앉아 심사하는 심사위원들
00:43   가슴에 13번이라 적힌 번호표를 붙이고 한복을 입은 젊은 여성이 발표하는 다양한 장면
00:54   발표자를 향해 박수치는 발표회 참가자들의 모습

연구해제

이 영상은 1956년 12월 수원 농과대학에서 개최된 4H클럽 경진대회와 그 내용을 전달한다. 우선 영상에서 4H클럽 경진대회를 알리는 선전물을 볼 수 있다. 또한 작품전시회 경진대회 기간을 알리는 포스터, 전시되어 있는 작품들의 모습, 웅변대회를 알리는 포

스터, 4H회원들 앞에서 발표를 하는 장면, 고구마를 가지고 고추장을 만든다는 진안군 4H클럽회원 이정선의 발표와 이를 보고 박수치는 청중의 모습 등을 볼 수 있다. 이날 경진대회에서는 약 30명의 회원들이 각 분야에 걸쳐 발표를 했다.

4H클럽은 1900년경 미국의 청소년지도사업에서 시작되었다. 당시 미국의 여러 지방 학교에서는 농촌학교 안에 청소년 자연주의운동을 위한 조직체를 조직한다든가 재래농 사법을 고수하는 장년층을 대신해서 청소년들에게 새로운 품종대비전시 등의 활동이 전개되었다. 1914년 오하이오주에서 '4H클럽'이라는 이름과 "좋은 것을 더 좋게"라는 모 토를 내세우고 청소년지도활동을 했는데, 상당히 호응이 좋아 이듬해 1915년에는 47개 주로 확대되었다. 이 활동은 학외교육사업의 측면에서도 경진회 개최, 자원지도자 확보 훈련, 후원기관을 조직하는 한편 차세대 농민교육을 위한 관민합동사업으로 발전해나 갔다.

한국에서는 1927년경 YMCA에 의하여 4H클럽운동이 처음으로 소개되었으나 오래지 않아 중단되었다. 4H활동이 재개된 것은 1947년 4월, 당시의 경기도지사 구자옥, 경기도 군정관 앤더슨(C.A, Anderson) 및 이진묵, 김동성 등이 주축으로 활동하면서부터이다. 이들의 적극적인 활동으로 경기도 파주, 양주 농진원과 도내 각 군의 25개소에 4H클럽 이 조직되었으며, 서울대학교 농대에서는 학생들을 중심으로 한 4H클럽연구회가 발족 하였다. 1948년 4월에는 경기도령으로 4H클럽연합회가 설립되었으며, 각 군에 남녀 각 1명씩 유급전임지도자를 배치하여 군내의 클럽을 직접 지도하게 하였다. 이후 1948년 10월 경회루에서 도품평회를 개최하였고, 농휴기에는 문맹퇴치운동까지 개최하는 등 다 방면으로 활동을 전개하였다. 농업이 주산업이었던 당시 4H클럽은 농촌 청년들 사이에 서 상당히 활발하게 진행되었다. 1954년 11월 제1회 전국 4H클럽구락부 중앙위원회가 개최된 이후 점차 확대되어 전국대학 4H클럽연합회가 결성되었다.

이 영상에서 다루고 있는 1956년 전후, 신문 상에서 4H클럽의 지역활동을 일부 살펴 볼 수 있는데, 1955년 12월 1일 삼척군 각 읍면 농촌소년 4H클럽에서 출품한 농상물 및 예술작품 100여 점을 군회의실에 전시하였으며, 1956년 5월 25일 오후 6시부터 명동 YWCA강당에서 "4H클럽의 밤"이 개최되는 등 다양한 활동이 전개되고 있었음을 알 수 있다.

참고문헌

「4H俱樂部競進會 一日展示會等盛況」, 『경향신문』, 1955년 12월 13일.

「四H俱樂部서 松虫驅除 奉仕」, 『경향신문』, 1956년 7월 24일.

「『四H클럽』의 밤」, 『동아일보』, 1956년 5월 25일.

「五回競進會開幕 4H俱樂部主催」, 『동아일보』, 1959년 11월 18일.

「갖가지實力競演 中央4H俱樂部競進大會」, 『동아일보』, 1959년 11월 25일.

안재국, 「韓國 農村靑少年 指導에 關한 硏究 : 4-H 俱樂部員을 中心으로」, 『建農學報』
        8-1, 1977.

해당호 전체 정보

98-01 '픽셀' 미 준장에게 훈장 수여

상영시간 ｜ 00분 30초

영상요약 ｜ 이 영상은 1956년 12월 17일 경무대에서 거행된 픽셀 미 육군준장에 대한 훈장 수여식 장면을 담고 있는데, 여기에는 이형근 육군참모총장도 함께 참석했다.

98-02 올림픽 선수단, 귀국인사차 경무대 예방

상영시간 ｜ 00분 39초

영상요약 ｜ 이 영상은 1956년 12월 17일 경무대를 방문한 멜버른 올림픽대회 참가 선수단과 이승만 대통령의 만남을 보여주고 있다. 뉴스에서 이승만 대통령과 개별적으로 대화하는 선수는 올림픽대회에서 은메달을 획득한 권투의 송순천과 동메달을 획득한 역도의 김창희로 추정된다.

98-03 '로버트슨' 미국무차관보 경무대 예방

상영시간 ｜ 00분 17초

영상요약 ｜ 이 영상은 1956년 12월 18일 내한하여 경무대를 예방한 로버트슨 미 국무차관보와 이승만 대통령이 대화하는 장면을 담고 있는데, 이 자리에는 다울링 주한미국대사와 조정환 외무부장관서리 등이 동석했다.

98-04 고아에게 구호금품 분배

상영시간 ｜ 00분 26초

영상요약 ｜ 이 영상은 1956년 12월 17일 영부인 프란체스카여사가 생활이 어려운 어린아이들에게 물품을 전달하는 장면을 보여주고 있는데, 이 자리에는 고재봉 서울특별시장도 참석했다.

98-05 육군 동기 기동훈련

상영시간 ｜ 00분 38초

영상요약 ｜ 1956년 12월 12일 중앙청 광장 앞에서 거행된 육군동계대부대 기동훈련 사열식 장면을 담고 있는 영상으로 이외에도 군인을 태운 군용 차량이 도로를 달리는 모습을 담고 있다.

98-06 대통령각하 후생주택 시찰, 의정부

상영시간 Ⅰ 00분 35초

영상요약 Ⅰ 이 영상은 1956년 12월 12일 의정부에 있는 한국군인을 위한 후생주택을 시찰하는 이승만 대통령의 모습을 다루고 있는데, 여기에는 김용우 국방부장관, 이형근 육군참모총장 등이 동석했다. 이 후생주택은 미군이 지은 것이라 한다.

98-07 제26-27기 경찰전문학교 졸업식

상영시간 Ⅰ 00분 57초

영상요약 Ⅰ 1956년 12월 15일 경찰전문학교 제26기와 제27기 졸업식 장면을 소개하는 영상이다. 졸업식에는 이승만 대통령과 이익흥 내무부장관이 참석했다.

98-08 유네스코 한국대표 귀국

상영시간 Ⅰ 00분 23초

영상요약 Ⅰ 1956년 12월 14일 비행장에서 거행된 유네스코 제9차 총회 한국대표단 김호직, 장내원의 환영식 모습을 보여주는 영상이다.

98-09 콰테마라 사절 내방

상영시간 Ⅰ 00분 40초

영상요약 Ⅰ 이 영상은 1956년 12월 17일 내한한 키뇨네스 과테말라 문교부장관 등 3인의 과테말라 친선사절단에 대한 공항 환영식 장면과 경무대를 방문해서 이승만 대통령과 환담하는 내용을 보여주고 있는데, 조정환 외무부장관서리가 공항부터 경무대까지 동행했다.

98-10 4H구락부 경진대회, 수원

상영시간 Ⅰ 00분 56초

영상요약 Ⅰ 이 영상은 1956년 12월 14일 서울대학교 농과대학에서 개최된 4H작품전시대회에 전시된 다양한 작품들과 4H클럽 경진대회 발표회장의 모습을 보여주고 있다.

98-11 발전하는 교통시설

상영시간 ∣ 01분 26초

영상요약 ∣ 이 영상은 내레이션을 통해서 기차의 운행 상황을 소개하고, 또한 동절기 기차의 연발, 연착 등의 원인을 설명하고 그 해결책을 알려주고 있으며, 역에 들어오는 기차 모습, 기차 정비 장면, 객실과 식당칸의 모습, 역무원들의 근무 장면 등을 보여주고 있다. 기차 운행의 많은 문제들은 6·25로 파괴된 철도와 시설들이 아직 제대로 복구되지 않았기 때문이다.

98-12 한국의 밤

상영시간 ∣ 01분 18초

영상요약 ∣ 1956년 12월 21일 시립극장에서 개최된 한국의 밤 행사 모습을 보여주는 영상이다. 한국의 밤에서는 이승만 대통령의 크리스마스 메시지에 합창, 민요 연주, 장구춤, 여성 가수의 노래 등이 펼쳐졌다.

98-13 계절맞은 스케-팅

상영시간 ∣ 00분 40초

영상요약 ∣ 겨울철을 맞아 등장한 스케이트장의 모습과 스케이트 경기 장면을 보여주는 영상이다.

대한상무회 창립 (1957년 1월 25일)

제작정보

출   처 : 대한뉴스 101호
제 작 사 : 공보처
제 작 국 가 : 대한민국

영상정보

제 공 언 어 : 한국어
컬   러 : 흑백
사 운 드 : 유

영상요약

이 영상은 1957년 1월 17일 서울 육군회관에서 개최된 대한상무회 창립식 장면을 담고 있는데, 초대 상무회장으로 김일환 상공부장관이 선출되었다.

50여만 제대군인의 총 집결체인 대한상무회의 창립식이 1월 17일 서울 시내 용산구에 있는 육군회관에서 거행됐습니다. 이날 창립총회는 임시 의장인 고재필 씨의 사회로 정관의 심의와 상무회 창립 선언, 대통령 유시, 회장 임명 선언, 수석 국무위원 축사 등의 순서로 진행되었습니다.

영상내용(화면묘사)

00:00 자막 "대한상무회 창립", 창립식장 단상을 정면에서 바라본 모습
00:03 단상에 서 있는 김일환 상공부장관 등의 모습
00:05 단상에 앉아 있는 사람들. 정일권 합동참모본부의장과 김용우 국방부장관의 모습이 보임
00:08 초대 상무회장인 김일환 상공부장관의 연설장면
00:10 서 있는 창립식 참석자들의 모습
00:14 단상에서 연설하는 한 남자의 모습
00:17 서 있는 창립식 참석자들의 모습
00:21 문서를 읽는 단상 위의 한 남자의 모습
00:24 대한상무회 창립식 참석자들의 이모저모

연구해제

이 영상은 1957년 1월 17일 제대 장병 각 단체를 통합한 조직인 '대한상무회'가 육군회관에서 창립, 발족한 것을 보도하고 있다. 이날 출범한 대한상무회는 이전까지 난무하고 있었던 제대 군인단체들을 통합 발족한 재향군인들의 통합조직이었다.

6·25전쟁이 진행 중이던 1952년 2월에 '재향군인회'의 창설을 시작으로 제대한 군인들을 대상으로 한 각종 조직들이 만들어졌다. 재향군인회와 이듬해에 만들어진 민병대는 그 기능과 역할에서 차이가 없었는데, 1953년 11월 16일 국방부의 지시에 따라 그 명칭을 '제대장병보도회'로 바꾸었다. 비슷한 시기에 '대한상이군인회'가 '대한상이용사회'

로, 또 다른 제대군인 단체로 '대한상이군인회'가 조직되었다. 1953년 7월 27일 휴전협정이 체결된 후 많은 장병들이 제대하자 1954년에 '애국참전동지연맹'이란 것도 조직되었다.

이렇듯 휴전을 전후한 시기에 군에서 제대한 장병들을 대상으로 하는 다양한 단체들이 결성된 배경에는 재향군인 조직들이 정치인들과 연결되었기 때문이었다. 정치인들은 이러한 단체들을 기반으로 선거 등에서 일정한 영향력을 행사하려고 시도하였다. 결국 정치적인 동원조직으로 기능하였던 제대군인들의 단체들을 통합시키려고 국방부가 적극적인 중재에 나섰고, 그러한 노력의 결과 각 단체의 통합노력이 시도되어 '제대장병보도회'의 주도하에 1957년 1월 17일 통합단체인 '대한상무회'(회장: 상공부장관 김일환 예비역 중장)를 창립한 것이다. 대한상무회는 이날의 창립식을 시작으로 1957년 10월 7일 현재 183개 연합분회를 가진 조직으로 확대되었다.

▎ 참고문헌

후지이 다케시, 「돌아온 '국민' – 제대군인들의 전후」, 『역사연구』 14, 2004.

해당호 전체 정보

101-01 숙명농구팀 경무대 예방

상영시간 Ⅰ 00분 55초

영상요약 Ⅰ 이 영상은 1957년 1월 19일 경무대로 방문한 자유아시아국가 친선 여자농구대
회 우승팀인 숙명여자고등학교 농구단과 이승만 대통령 부부가 만나는 장면
을 담고 있다.

101-02 대한상무회 창립

상영시간 Ⅰ 00분 28초

영상요약 Ⅰ 이 영상은 1957년 1월 17일 서울 육군회관에서 개최된 대한상무회 창립식 장
면을 보여주고 있는데, 초대 상무회장으로 김일환 상공부장관이 선출되었다.

101-03 고 지청천 장군 사회장 엄수

상영시간 Ⅰ 01분 04초

영상요약 Ⅰ 이 영상은 1957년 1월 15일 중앙청 야외음악당에서 거행된 고 지청천 장군의
사회장 영결식 장면과 장지로의 이동 과정을 영상으로 보여주고 있다.

101-04 고등고시 합격증 수여

상영시간 Ⅰ 00분 41초

영상요약 Ⅰ 이 영상은 1957년 1월 21일 서울대학교 강당에서 개최된 고등고시 합격증 수
여식 장면을 담고 있는데, 문봉제 국무원 사무국장이 합격증을 수여했다.

101-05 제2회 자유문학상 시상

상영시간 Ⅰ 00분 30초

영상요약 Ⅰ 이 영상은 1957년 1월 25일 반도호텔에서 개최된 제4회 자유문학상 시상식 장
면을 다루고 있다.

101-06 국악원을 찾아서

상영시간 ┃ 00분 40초

영상요약 ┃ 이 영상은 내레이션을 통해 국립국악원 중등과를 소개하고, 교복 입은 학생들과 성인 남성들이 국악을 연주하는 모습을 담고 있다.

101-07 서울의 교통

상영시간 ┃ 01분 24초

영상요약 ┃ 이 영상은 서울 시내 주요 교통시설인 전차와 버스의 운행 모습, 그리고 버스 공장에서 버스가 제작되는 모습을 보여주고 있다. 1957년 당시 서울 시내 교통 상황을 확인할 수 있는 영상이다.

101-08 기계체조

상영시간 ┃ 00분 03초

영상요약 ┃ 체조 선수가 앞구르기 하는 모습을 영상으로 보여주고 있다.

101-09 동계 빙상경기

상영시간 ┃ 02분 26초

영상요약 ┃ 이 영상에는 1957년 1월 18일부터 진행된 제38회 전국체육대회 동계 빙상경기 대회 중 아이스하키, 피겨 스케이팅, 스피드 스케이팅 경기모습이 담겨 있다. 피겨 스케이팅과 스피드 스케이팅 경기가 펼쳐진 1월 19일에는 이승만 대통령 부부가 경기장에 나와 직접 관람을 했다.

이승만 대통령을 예방한 '정태'군 (1957년 3월 30일)

제작정보

출   처 : 대한뉴스 108호
제 작 사 : 공보처
제 작 국 가 : 대한민국

영상정보

제 공 언 어 : 한국어
컬   러 : 흑백
사 운 드 : 유

영상요약

헝가리 반공의거 후 귀국한 북한출신 정태를 만나는 이승만 대통령의 모습이 담긴 영상
이다. 정태는 북한출신 유학생으로 헝가리 반공의거에 가담한 뒤 오스트리아를 거쳐 남
한으로 귀국했다.

▌내레이션

대통령 각하께서는 지난번 항가리 반공의거에 가담했다가 오스트리아를 경유하여 자유 대한의 품으로 돌아온 정태군을 3월 30일 경무대 관저로 불러 그를 위로하셨습니다. 그리고 정군으로부터 항가리 의거 당시의 상황을 청취하시고 아직도 자유를 찾지 못하고 있는 이북 동포를 애석히 여기시며 그들에게도 그와 같은 기회가 하루속히 오기를 바란다고 말씀하셨습니다.

▌화면묘사

00:01 자막 "대통령 각하를 예방한 정태군". 검은 정장을 입은 이승만 대통령과 회색 정장을 입은 정태가 경무대 관저에 서서 이야기를 나누고 있음
00:06 이승만 대통령이 정태의 이야기를 듣고 옆에 있는 관료에게 관련 내용을 이야기하고 있음
00:16 이승만 대통령에게 허리숙여 인사하는 정태
00:20 정태와 이승만 대통령, 수행하고 있는 관료까지 세 명이 경무대 관저에서 서서 이야기를 나누고 있음

▌연구해제

이 영상은 북한 출신으로 헝가리에서 유학하던 중 헝가리혁명에 참가한 뒤 오스트리아를 거쳐 남한으로 망명한 정태가 1957년 3월 30일 경무대에서 이승만 대통령과 만나는 장면을 담고 있다. 정태는 자신을 소개하는 자리에서 함흥에서 살다가 1953년 헝가리 부다페스트의과대학으로 유학을 갔는데, 1956년 가을 헝가리에서 반소혁명이 일어나자 자유를 찾아야 하겠다는 결심을 하고 시위에 참여하였다고 하였다.

1950년대 초부터 헝가리 등 사회주의 국가들은 전쟁으로 고통을 겪고 있던 북한의 고아들과 학생들을 초청해 교육을 시켰는데, 그중 약 200명 정도 되는 북한 유학생들이 정태처럼 시위에 가담했던 것으로 밝혀졌다. 이와 같은 사실은 그간 헝가리 문학작품이나 혁명 당시 목격자들의 증언으로 일부 소개되었다.

헝가리혁명은 1956년 10월 23일 수도 부다페스트에서 자유를 갈구하는 시민들의 함성으로 시작되었다. 참가자들은 복수정당제에 의한 총선거, 헝가리 주재 소련군의 철수, 표현과 사상의 자유, 정치범의 석방 등 16개의 요구사항을 걸고 억압적인 체제에 대한 불만을 한꺼번에 표출시켰다. 정세는 시민의 개혁 요구에 유리한 방향으로 움직이기 시작하여 공산당은 개혁파 인사였던 임레 너지를 수상으로 임명했다. 그는 정치범 석방, 비밀경찰 폐지, 소련군의 부다페스트 철수를 발표하고 헝가리의 바르샤바조약기구 탈퇴와 중립화를 선언했다. 그러나 소련은 이 움직임을 자신의 간섭권으로부터 이탈로 파악하고 11월 4일 탱크와 군대를 투입해 너지 정권을 힘으로 무너뜨렸다. 그 후 다시 친소 정권이 세워지고 너지 등은 부다페스트 감옥에서 처형되었다.

혁명이 실패로 끝나자 정태는 오스트리아를 거쳐 한국으로 망명하였고, 최근에는 정기홍, 림정동과 같은 인물도 헝가리를 떠나 미국과 독일로 망명했다는 사실이 밝혀졌다. 1957년 3월 27일, 수천 명의 남녀학생 및 시민들이 환영하는 가운데 한국 땅을 밟은 정태는 한국에 도착한 감상을 묻는 질문에 대해 "첫째 떠오르는 것은 공산 압제하에 신음하고 있는 북한의 부모형제를 생각하게 된다"면서 "자유세계로 넘어와 기쁨을 금치 못하겠다"라고 하였다. 또한 자신은 1957년 10월 23일부터 28일 사이에 개최된 '대학생대회'에 참석하고 11월 2일 국경을 넘어 오스트리아로 넘어갔는데, 투쟁에 가담했던 동료 중 2명도 현재 헝가리를 탈출하여 비엔나에 머물고 있다고 하였다. 정태는 미국으로 유학해 자신의 전공인 의학공부를 계속하고 싶다고도 밝혔다.

▌ 참고문헌

「피어린 자유대가 홍의거에 참가했던 정군입경 조국땅 밟아 기쁨 무한」, 『경향신문』, 1957년 3월 1일.

초머 모세, 『헝가리 부다페스트로!―1956년 헝가리 혁명과 북한 유학생들』, 지문당, 2013.

해당호 전체 정보

108-01　프랑스함대 사령관, 경무대 예방

상영시간 ｜ 00분 28초

영상요약 ｜ 프랑스 태평양함대 사령관인 툴루스 로트랙 제독이 방한하여 이승만 대통령과 면담을 나눈 것을 알리는 영상이다. 3월 28일 로트랙 제독의 이승만 대통령 예방에는 여러 장차관 및 고위장성들이 함께 했다.

108-02　이승만 대통령을 예방한 '정태'군

상영시간 ｜ 00분 27초

영상요약 ｜ 헝가리 반공의거 후 귀국한 북한출신 정태를 만나는 이승만 대통령의 모습이 담긴 영상이다. 정태는 북한출신 유학생으로 헝가리 반공의거에 가담한 뒤 오스트리아를 거쳐 남한으로 귀국했다.

108-03　미국 여배우 '젠 랏셈' 경무대를 예방

상영시간 ｜ 00분 18초

영상요약 ｜ 미국 연예인들의 경무대 예방을 알리는 뉴스이다. 미국 영화배우 제인 러셀과 코미디언 조니 그란트는 미군 위문공연차 한국에 들러 4월 1일 경무대에서 이승만 대통령을 예방했다.

108-04　재일교포대표 일행, 경무대 예방

상영시간 ｜ 00분 33초

영상요약 ｜ 이승만 대통령의 82회 생일을 맞이하여 경무대에 예방한 재일교포 대표단 일행의 소식을 알리는 뉴스이다. 재일교포단 일행 64명은 4월 4일 경무대에 예방하여 이승만 대통령의 생일을 축하하고 선물을 전달했다.

108-05　이승만 대통령 직업 소년학교를 방문

상영시간 ｜ 00분 54초

영상요약 ｜ 남산에 위치한 서울 직업소년학교를 방문한 이승만 대통령 일행에 대한 영상이다. 이승만 대통령과 프란체스카 여사, 콜터 운크라 단장은 3월 30일 서울 직업소년학교를 방문하여 권응팔 경사(교장)의 안내로 시설물을 둘러보고 소년들을 만나 격려했다.

108-06 창설 3주년을 맞이하는 제1군 사령부

상영시간 Ⅰ 00분 50초

영상요약 Ⅰ 제1군 사령부 창설 3주년 기념식을 알리는 영상이다. 4월 5일 제1군 사령부 창설 3주년 기념식이 이승만 대통령 부부, 정부 각료 및 귀빈이 모인 가운데 거행되었다. 기념식 뒤에는 의장대의 의장시범이 진행되었다.

108-07 제12회 서울대학교 입학식

상영시간 Ⅰ 00분 29초

영상요약 Ⅰ 서울대학교 제12회 입학식을 알리는 영상이다. 4월 1일 국립 서울대학교 제12회 입학식이 운동장에서 거행되었다. 입학식에는 2,700명의 신입생과 가족, 그리고 시내 중고등학교 교장 및 OEC관계관이 참석했다.

108-08 인간가족사진 전시회

상영시간 Ⅰ 00분 43초

영상요약 Ⅰ 미 공보원이 주최한 인간가족사진 전시회에 참석한 이승만 대통령의 동정을 알리는 뉴스이다. 4월 3일 경복궁 미술관에서 개최된 전시회와 전시회 테이프 커팅식에는 이승만 대통령, 다울링 주한미국대사, 미 공보원 관계자, 고광만 문교부차관 등이 참석했다. 전시회는 다양한 사람들의 모습을 담은 502점의 사진이 전시되었다.

108-09 메리야쓰 공장을 찾아서

상영시간 Ⅰ 00분 55초

영상요약 Ⅰ 국민의류인 메리야스의 생산과 유통을 알리는 영상이다. 전국 1,000여 개 메리야스 공장에서는 원단을 기계로 생산하고 이를 염색 및 표백, 재단, 재봉 과정을 거쳐 메리야스를 생산한다. 이를 각 회사 상표를 붙여 시장을 통해 공급하고 있다.

108-10 봄 불을 조심합시다! 장안빌딩 전소

상영시간 ㅣ 00분 22초

영상요약 ㅣ 4월 4일 발생한 장안빌딩 화재사건을 알리는 뉴스이다. 장안빌딩 모자점 내에
서 발생한 화재는 3층 건물(300여 평)을 전소시키고 1000여만 원의 재산피해
를 발생시켰으나 중부소방서에 의해 진압되었다.

108-11 춘계청소기간

상영시간 ㅣ 00분 47초

영상요약 ㅣ 봄맞이 전국춘계대청소 기간 활동을 보여주는 영상이다. 내무부와 보건사회
부 주최로 4월 1일부터 10일까지 열흘간 전국춘계대청소 기간으로 지정되었
다. 특히 서울 학생 및 시민들은 총동원되어 독립문, 관공서 등 시내에 산재한
오물을 제거하고 청소했다.

서울시 각 동장 선거 (1957년 4월 25일)

제작정보

출   처 : 대한뉴스 110호
제 작 사 : 공보처
제 작 국 가 : 대한민국

영상정보

제 공 언 어 : 한국어
컬   러 : 흑백
사 운 드 : 유

영상요약

1957년 4월 25일 서울시내 160개 동 투표소에서 실시된 동장선거를 알리는 영상이다. 이승만 대통령 부부를 비롯하여 46만여 명의 유권자들이 2년 임기의 동장선거에 참여했다.

내레이션

백오십만 서울시내 각 국민을 위해서 앞으로 2년 동안 일해 줄 동장선거를 4월 25일 시내 160개 동 투표소에서 일제히 거행했습니다. 이날 이 대통령각하 내외분께서도 이른 아침 7시 자하문동 투표소에 나오셔서 투표를 하셨습니다. 한편 이날 서울 시내 46만여 명의 유권자들은 앞으로 2년 동안 동정을 맡길 동장 선출을 위해서 이른 아침부터 투표를 했습니다.

화면묘사

00:01   자막 "서울시 각 동장선거 4월 25일". 한복을 입은 여성유권자들이 동장선거 투표소 안에서 걸어가고 있음
00:04   이승만 대통령 부부가 투표소 건물 안으로 들어오는 모습
00:09   이승만 대통령이 기표소에서 투표를 하고 나오고 있음
00:12   프란체스카 여사가 기표한 용지를 투표함에 넣고 있음
00:15   투표를 마친 이승만 대통령이 투표소를 나오고 있으며 그 뒤로 수행원들이 따르고 있음
00:18   유권자들이 투표소에서 신원을 확인하고 투표용지를 받는 다양한 모습들
00:30   한복을 입은 여성 유권자 2명이 기표소에 각각 들어가고 있음
00:32   기표를 마친 여성 유권자들이 투표함에 투표용지를 넣고 있음. 투표함에는 "洞長選擧"라고 써있음

연구해제

이 영상은 1957년 4월 25일 서울시내에서 실시된 동장선거에 대한 것으로, 투표를 하는 이승만 대통령 내외와 일반 시민들의 투표하는 모습이 담겨 있다. 이 선거에는 서울 시내 160개 동에 398명이 입후보 하였으며 38개 동은 무투표 당선이 되었다.

대한민국 헌법에서 지방자치법은 1949년 7월 4일 제헌국회에서 제정된 것이었다. 이 지방자치법은 의결기관(지방의회)과 집행기관(자치기구)을 두기로 하고, 서울특별시장

과 도지사는 대통령이 임명하며, 시·읍·면장은 지방의회가 선출하도록 하였다. 그러나 이승만 정부는 "치안을 확보하고 민심을 안심시키는 것이 급선무"라는 이유를 들어이 법의 시행을 보류하였다. 실제적인 이유는 지방의회를 구성하고 자치단체장을 간선으로 할 경우 권력이 분산되므로 지방자치를 실시하지 않고 중앙정부임명제로 하기 위해서였다.

그러나 제2대 국회가 이승만정부에 대한 견제를 강화하자 이승만은 국회에 대항하는 정치세력을 육성하기 위한 방편으로 지방의회선거를 실시하였다. 초대 지방의회가 구성된 1952년은 이승만의 대통령 임기가 만료되는 해이기도 했다. 이승만은 국회와의 관계가 원만하지 못하여 간선제인 당시의 선거제도로는 대통령 자리에 재선이 될 가능성이 희박하였다. 이에 대비해 이승만은 1951년 12월 자유당을 창당하여 그 당세를 지방조직까지 확장하여 직선제 개헌안을 성원해 줄 지지기반을 마련하고자 했다. 이러한 정치적 필요에 따라 구성된 지방자치단체는 당시 자유당 지방조직이 갖고 있던 약점을 보완해 줄 수 있는 유일한 조직기반이었다. 이를 이용하여 이승만은 발췌개헌을 통해 대통령 간선제를 직선제로 개정하였다.

지역주민의 요구에 부응하기 보다는 출발부터 집권자의 필요에 의해 실시된 지방자치는 그 시행과정에서도 당초에 짊어진 정치적 짐에서 완전히 벗어날 수 없었다. 이승만은 지방자치단체를 자신들의 입장을 대변하고 지지해 줄 하나의 지방정치조직 정도로 생각하였다. 이러한 정치행태는 지방자치법 개정 과정에서 여실히 드러났다. 이승만은 간선제이던 자치단체장 선거를 직선제로 고치는 것이 집권에 유리하다고 생각되자, 1956년 2월 이 법을 직선제로 개정해 버렸다. 그런데 개정된 법이 정세의 변동으로 자유당에 불리해지자 7월에 다시 그 법을 수행하기도 전에 다시 수정하였다. 간선제나 직선제보다 임명제가 안전하다고 판단되자 1958년에는 지방자치법이 다시 임명제로 변경되었다. 이처럼 이승만정부의 지방자치는 주민자치라는 지방자치의 본래 의미를 상실하고, 이승만의 장기집권을 위하여 편의적으로 이용되었다.

▌참고문헌

손봉숙, 『한국 지방자치 연구-제1공화국의 정치과정을 중심으로』, 이화여자대학교 박사학위논문, 1984.

해당호 전체 정보

110-01 제82회 대통령 각하 탄신 경축 행사

상영시간 ㅣ 01분 27초

영상요약 ㅣ 4월 22일 서울운동장에서 열린 이승만 대통령의 제82회 탄신경축행사(기념식)를 알리는 영상이다. 이승만 대통령 부부가 참석한 본 행사에서 숙명여고, 경복고 학생들이 참석하여 매스게임, 경축체조, 검무 등을 선보이며 이승만 대통령의 만수무강을 축원했다.

110-02 주한 영국공사 신임장 제정식

상영시간 ㅣ 00분 56초

영상요약 ㅣ 4월 16일 경무대 관저에서 열린 신임 주한영국공사 허버트 제이 에반스의 신임장 제정식을 알리는 뉴스다. 56년 귀환한 스튜어드 공사의 뒤를 이어 부임한 에반스 공사는 엘리자베스 2세 영국여왕의 신임장을 이승만 대통령에게 전달하고 식이 끝난 뒤 국군 의장대를 사열했다.

110-03 각도 경찰국장 일행 경무대를 예방

상영시간 ㅣ 00분 24초

영상요약 ㅣ 4월 16일 경무대 관저를 방문한 장경근 내무부장관 휘하 각도 경찰국장들의 모습을 알리는 뉴스이다.

110-04 각 군단장 일행, 경무대 예방

상영시간 ㅣ 00분 31초

영상요약 ㅣ 4월 24일 김용우 국방부장관과 이형근 육군참모총장, 각 군단장이 경무대에 방문하여 이승만 대통령을 예방하고 경무대 뒷산에 오른 소식을 전하는 영상이다.

110-05 학, 예술원 일반회원 선거

상영시간 ㅣ 00분 35초

영상요약 | 4월 18일 실시된 학술원, 예술원 일반회원 선거를 알리는 영상이다. 서울을 비롯한 15개 도시에서 실시된 투표는 23일 서울대강당에서 개표를 통해 11개 분과위원 50명을 선출했다.

110-06 아세아민족 반공박람회(사이공)

상영시간 | 01분 24초

영상요약 | 4월 8일부터 19일까지 12일에 걸쳐 남베트남 사이공에서 열린 아세아민족반공 전람회를 알리는 뉴스이다. 한국, 남베트남, 필리핀, 대만 등이 참석한 전람회에서 한국관은 6·25전쟁과 공산주의 만행에 관련한 사진, 도표, 영화를 출품했다.

110-07 김중업 건출 설계 전시회

상영시간 | 00분 23초

영상요약 | 4월 12일부터 공보실 공보관에서 개최되는 김중업의 제1회 건축작품전(건축 설계전시회)를 알리는 영상이다. 본 전시회에는 경주국립공원, 남산 필그림홀 등 다양한 모형 및 도면이 전시되었다.

110-08 서울시 각 동장 선거

상영시간 | 00분 35초

영상요약 | 4월 25일 서울시내 160개 동 투표소에서 실시된 동장선거를 알리는 영상이다. 이승만 대통령 부부를 비롯하여 46만여 명의 유권자들이 2년 임기의 동장선거에 참여했다.

110-09 미 공군 군악대 내방

상영시간 | 00분 33초

영상요약 | 미 공군 군악대의 4월 24일 서울운동장 공개연주공연을 알리는 영상이다. 본 공연에는 이승만 대통령 부부 및 많은 귀빈과 관중들이 참여했으며 미 공군 군악대는 다양한 공연을 펼쳐 환호를 받았다.

110-10   제3회 전국 축견 박람회

상영시간 ㅣ 00분 37초

영상요약 ㅣ 4월 21일 교대국민학교에서 열린 제3회 전국축견전람회를 알리는 뉴스이다.
이날 전람회에는 다양한 견종의 개가 참가하여 다양한 묘기 및 재주를 보여주
었다.

110-11   국산품을 애용합시다!

상영시간 ㅣ 00분 47초

영상요약 ㅣ 일상생활에서 자주 사용되는 비닐의 생산과정을 차례대로 보여주는 영상이
다.

110-12   스포츠 소식

상영시간 ㅣ 00분 37초

영상요약 ㅣ 봄을 맞이하여 곳곳에서 열리는 각종 체육경기를 알리는 영상이다. 서울운동
장과 육군체육관에서는 농구, 배구 등의 합동운동경기가 열려 많은 팬들의 관
심을 받고 있다.

전쟁 미망인에게 구호품 전달 (1957년 4월 30일)

제작정보
출   처 : 대한뉴스 111호
제 작 사 : 공보처
제 작 국 가 : 대한민국

영상정보
제 공 언 어 : 한국어
컬   러 : 흑백
사 운 드 : 유

영상요약

1957년 4월 25일 정준모 보건사회부장관은 미국 국립소총협회에서 기증한 400달러를 군인미망인 단체인 수산장에 전달했다.

내레이션

4월 25일 정 보건사회부장관은 미국 국립소총협회 이사장 푸로이두엘 팍스 중장으로부터 보내온 일금 400달라를 서울 시내 용두동 소재 군인미망인 수산장에 전달했습니다.

화면묘사

00:01 자막 "전쟁미망인에게 구호금 전달 4월 25일". 군인미망인 수산장 소속 미망인들이 건물 내 사무실에 서있고 그 주변으로 양복입은 남성들이 서있음
00:06 정준모 보건사회부장관이 전달식이 있는 사무실 안에서 무언가 읽고 있음
00:11 한복을 입고 전달식에 참석한 전쟁 미망인 여성 2명의 모습
00:15 정준모 보건사회부장관이 전쟁미망인 여성에게 400달러가 담긴 상자를 전달하고 있음

연구해제

이 영상은 1957년 4월 25일 정준모 보건사회부장관이 용두동 군인미망인 직판장에 방문하여 400달러의 구호품을 전쟁미망인에게 전달하는 소식을 전하고 있다. 6·25전쟁 기간 중 한반도 전역에서 전투가 벌어진 기간은 1년도 안되었지만 전쟁 중 남한에서만 150만 명가량의 사상자와 실종자가 발생하였고, 특히 인명손실이 집중된 연령층은 10대 후반에서 30대까지의 청장년층 남성이었다. 이 같은 청장년층의 손실은 다른 한편으로 전쟁미망인의 양산과 결혼적령기 남성의 절대부족 현상으로 나타났다. 1950년대 남한사회에서 전쟁미망인을 포함한 전체 미망인은 50만 명 이상으로 추산되었으며, 이들의 부양가족까지 포함하면 약 100여만 명이 생계가 곤란한 처지에 놓이게 되었다.

여성의 사회활동과 경제활동이 거의 없던 상황에서 전쟁미망인은 극도의 생활고를 겪었지만, 가정경제를 담당할 남성들의 부재는 다른 한편으로는 여성의 경제적 참여를 확대시키고 사회적 인식을 전환시키는 계기로 작용하였다. '아버지 부재'의 가정에서 어머니 혹은 딸들은 가족의 생계를 담당하려고 가정 밖으로 나왔고, 생계에 도움이 된다면 어떠한 일이라도 해야만 하는 처지에 있었다. 또한 전쟁미망인의 연령층이 청장년층

이라는 것을 감안할 때 성(性)의 불만족 문제도 심각하였다. 그럼에도 전후 한국사회에서 전쟁미망인 문제는 생계문제, 구호대책 등 생존적인 측면에만 집중되었는데, 이 영상 또한 정부가 미망인들의 생계문제를 고려하고 있다는 홍보영상이라 할 수 있다.

'미망인'이란 말의 뜻은 '아직 죽지아니한 사람'이란 뜻인데, 이는 곧 남편을 잃은 여성들을 사회가 어떠한 논리와 인식으로 규정하고 있는지를 보여주는 용어라 하겠다. 결국 대량 양산된 전쟁미망인은 당시 사회에서 '경제적으로 어려워 도움을 필요로 하는 대상' 또는 '미망인의 타락한 성윤리가 여성일반에게 어떤 영향을 주는가, 그들을 어떻게 통제해야하는가'라는 두 가지 잣대로만 규정되었다.

전후 한국사회에서 정부와 남성 지식인들은 여성의 존재를 전통적인 여성상(보호받고 순종적이며 순결한 아내와 딸)으로 배치하였는데, 이런 맥락에서 본다면 전쟁미망인은 전통적인 여성상을 파괴하는 존재로서 남성들에게 각인되었다. 남성들의 혐오와 두려움은 "가정을 경시하고 허영과 향락에 빠진 자유부인"이라는 전쟁미망인에 대한 사회적 규정을 만들어내었고, 전쟁미망인의 당면한 문제는 쉽게 제기될 수 없었다. 따라서 전쟁미망인 문제는 사회적으로 논의되고 해결되기보다 상업(날품팔이), 식모와 하녀, 농업노동, 첩 또는 내연녀, 성매매, 시댁이나 친정에 의탁 등 사회문제를 개인화시키는 방향으로 이끌려갔다.

▌ 참고문헌

이임하, 「한국전쟁이 여성생활에 미친 영향－1950년대 '전쟁 미망인'의 삶을 중심으로」, 『역사연구』8, 2000.

해당호 전체 정보

111-01   대통령 각하 탄신 학생대표 경무대 초청

상영시간 ｜ 00분 47초

영상요약 ｜ 서울운동장에서 열렸던 제82회 탄신경축식에 참여했던 학교 학생들을 경무대로 초청한 것을 알리는 뉴스이다. 서울시내 3개교에서는 행사에 참여하여 매스게임을 선보였으며 그 공로로 각 학교 교장들이 감사의 글과 기념품을 수여받았다.

111-02   각급 법원장 일행 경무대 예방

상영시간 ｜ 00분 28초

영상요약 ｜ 4월 27일 경무대 관저로 이승만 대통령을 예방한 법원장(사법감독관) 일행의 소식을 다룬 뉴스이다. 김병로 대법원장 안내로 경무대를 방문하여 이승만 대통령으로부터 유시를 들었다.

111-03   전쟁 미망인에게 구호품 전달

상영시간 ｜ 00분 23초

영상요약 ｜ 4월 25일 정준모 보건사회부장관은 미국 국립소총협회 이사장으로부터 받은 400달러를 용두동 소재 군인미망인 단체인 수산장에 전달했다.

111-04   영문타자원 검정시험

상영시간 ｜ 00분 24초

영상요약 ｜ 대한상공회의소와 서울상공회의소 주최로 4월 27일 많은 사람들이 모여 영문타자원검정시험을 치뤘다.

111-05   우리 예술 친선 사절단 동남 아세아 순회

상영시간 ｜ 02분 00초

영상요약 ｜ 무용단과 교향악단으로 조직된 예술사절단의 베트남공화국(남베트남) 방문 및 공연소식을 알리는 영상이다. 125명의 예술사절단 일행은 4월 3일 인천항

을 출발 4월 13일 사이공에 도착하여 대광극장에서 첫 공연을 가졌다. 공연은
전통무용과 교향악단 공연 등으로 이뤄졌다.

111-06   한국토이기 국제친선의 밤

상영시간 ㅣ 00분 44초

영상요약 ㅣ 4월 27~28일 양일간 중앙청 야외음악당에서 열린 한국－터키의 밤이 열린 것
을 알리는 영상이다. 대한적십자사 서울특별시지사와 제7터키여단이 공동주
최로 개최한 본 행사에서는 터키 병사들이 터기 전통의상을 입고 전통춤과 음
악을 들려주었다.

111-07   괴산 수력발전소 준공식

상영시간 ㅣ 00분 56초

영상요약 ㅣ 4월 28일 충북 괴산 수력발전소 준공식을 알리는 영상이다. 최초 국내기술력
으로 준공된 발전소 준공식으로서 본 행사에는 미국대사관, 경제조정관실
(OEC), 운크라 등 각 대표와 내외귀빈 및 괴산군민이 다수 참석한 가운데 거
행되었다. 수력발전소의 평균출력은 1,300킬로와트, 최대출력은 2,200킬로와트
이다.

111-08   단양 비료공장 준공식

상영시간 ㅣ 00분 2초

영상요약 ㅣ 단양 비료공장 준공식을 알리는 영상이다.

111-09   시민에게 개방한 경무대 벚꽃

상영시간 ㅣ 00분 02초

영상요약 ㅣ 4월 27일부터 29일까지 개방된 경무대 관저를 알리는 영상이다. 봄을 맞이하
여 경무대 관저와 창덕궁 후원(비원)에는 꽃놀이를 즐기려는 시민들로 인산인
해를 이루었다.

111-10 국산품을 애용합시다

상영시간 ㅣ 00분 37초

영상요약 ㅣ 내수용 양말을 만드는 공장의 모습을 알려주는 영상이다. 외래품을 능가한다
는 설명과 함께 양말이 만들어지는 공정을 영상을 통해 순서대로 알려준다.

111-11 스포츠

상영시간 ㅣ 00분 03초

영상요약 ㅣ 4월 27일 서울운동장과 육군체육관에서 열린 스포츠 행사를 알리는 영상이다.
서울운동장에서는 행정부 대 입법부의 친선 자전거 경기가 진행되었으며 육
군체육관에서는 서울시 남녀중고등학교 춘계농구리그전 여자고등부 결승전으
로 숙명여고와 경기고 여학생들의 경기가 많은 관심 속에서 진행되었다.

제71차 노동절 기념행사 (1957년 5월 6일)

제작정보

출   처 : 대한뉴스 112호
제 작 사 : 공보처
제 작 국 가 : 대한민국

영상정보

제 공 언 어 : 한국어
컬   러 : 흑백
사 운 드 : 유

영상요약

제71차 노동절 축하 기념행사를 알리는 영상이다. 서울운동장 행사에는 조경규 민의원 부의장, 정준모 보건사회부장관, 전진한 의원 등이 참석했으며 노동자들은 4개 결의문을 채택했다. 부산역전 광장에서 열린 행사에도 많은 노동자와 차량이 동원되어 행사가 진행되었다.

█ 내레이션

제71차 노동절을 축하하는 기념식이 5월 1일 서울운동장에서 성대히 거행되었습니다. 이날 식전에서는 조 민의원부의장, 정 보건사회부장관, 전진한 의원 등의 축사가 있은 다음에 대통령각하, 민의원의장, 국제자유노련본부 아주지역연맹 등에 보내는 메시지와 노동권의 공정한 집행을 바란다는 요지의 4개 항목에 걸친 결의문이 채택되었습니다. 식이 끝난 후 노동자들은 실업자를 구제하고 사회보장제도를 실시할 것을 요구하며 임금의 강제저금에 반대한다는 등의 구호를 외치면서 시위행진을 했습니다. 한편 항도 부산에서도 부산역전 광장에서 이날의 기념식을 성대히 거행, 이날의 노동절을 뜻깊게 축하했습니다.

█ 화면묘사

00:01	자막 "제 71차 노동절 기념행사 5월 1일". 서울운동장 노동절 기념식에 참석한 노동자들이 각종 구호가 적힌 플래카드를 들고 서있음
00:07	"雇傭主(고용주)는 勞動法(노동법)을 遵守(준수)하라"라는 플래카드의 모습
00:09	노동절 행사 참여인들이 각종 구호 및 단체명이 적힌 플래카드를 들고 서울운동장에 서있음. 대부분 한복을 입고 있음
00:12	"勤勞監督官(근로감독관)은 ***"이라고 써있는 플래카드 앞에 한복을 입은 여성들이 서있음
00:14	연단 위에는 "第七一次 勞動節(제71차 노동절)"이라 써있으며 연단 뒤에는 대한노총 깃발과 태극기가 걸려있음
00:15	조경규 민의원부의장이 연단 위에서 축사를 하고 있음
00:19	연단 앞에서 제복과 일상복을 입은 남성들이 플래카드를 들고 조경규 민의원부의장의 축사를 듣고 있음
00:21	정준모 보건사회부장관이 연단 앞에서 축사를 읽고 있음

00:25	행사에 참석한 사람들이 운동장에 서서 정준모 보건사회부장관의 축사를 듣고 있음
00:27	전진한 의원이 뒷짐을 지고 연단에 서서 축사를 하고 있음
00:30	검은 옷에 흰 머리수건을 맨 사람들이 서서 축사를 듣고 있음
00:31	"부셔라" "第71次(제71차) 메-데-" "빵!自由!平和!統一!再建(자유!평화!통일!재건)" 등의 구호가 적힌 조형물이 있고 그 뒤로 행사에 참석한 노동자들이 각종 플래카드를 들고 운동장에 정렬해있음
00:40	행사 후 트럭을 이용하여 유인물을 거리에서 뿌리는 모습
00:43	"鐵勞(철노)" "大韓勞總(대한노총)" 글자와 태극마크 등으로 꾸며진 행사차량으로 거리행진을 하는 모습
00:54	자막 "부산". 부산역 광장에 대규모 인파와 차량들이 모여 노동절 행사를 하고 있음
00:57	한 남성이 "노동법 보장" "○○○○제를 직각 실시하라" 등의 슬로건이 적힌 연단 앞에서 발언을 하고 있음
01:01	임시로 만들어진 철제 연단 위에서 연설하는 사람의 앞으로 대규모 인파와 자동차들이 참석하여 서있음

연구해제

이 영상은 1957년 5월 1일 서울과 부산에서 열린 대한노총 주최 제71차 노동절 기념 행사의 여러 모습을 담고 있다. 한국의 노동절은 1958년부터 3월 10일로 변경되어 1994년 정부가 공식적으로 노동절을 5월 1일로 복귀시키기까지 유지되었다. 따라서 본 영상은 1957년과 1994년을 연결하는 '5월 1일 노동절' 영상이다. 이뿐만 아니라 이 영상은 1957년 5월 시점의 대한노총, 노동운동의 상황을 고려하면서 볼 때 큰 의미가 있다. 왜냐하면 영상을 통해 일부러 보여주는 것, 일부러 보여주지 않는 것, 의도치 않게 보이는 것이 모두 포함되어 있기 때문이다.

먼저 대한노총의 상황은 다음과 같았다. 대한노총은 1950년대 중반 자유당과 직접적으로 연결되어 있는 정대천이 주도하면서 어용화가 심화되었다. 그러나 동시에 대한노총 내에서는 이종남 전국해상노동조합연맹 위원장을 필두로 반(反)정대천 노선을 견지하는 분파가 성장하고 있었다. 이종남, 김기옥, 김주홍 등은 대한노총 내 반(反)자유당 인사를 결집시켜 자유당으로부터 탈퇴하고 민주당과 연합하는 것을 목적으로 하였다. 이들의 시도는 성공하지 못했지만 1956년과 1957년 전국대의원대회에서 반(反)자유당 전선을 확장하는데 크게 기여했다.

다른 한편 노동운동은 1950년대 중반부터 서서히 고양되고 있었다. 대한노총이 중앙조직으로서 자기역할을 등한시했지만 하부조직에서는 노동관계법(노동조합법·노동위원회법·노동쟁의조정법·근로기준법) 제정에 힘입어 노동조합 결성투쟁, 임금인상 투쟁, 체불임금 지불요구투쟁, 8시간 노동제 쟁취 등 다양한 목소리가 분출되고 있었기 때문이다. 특히 1955년 대구·경북지역에서는 대구 대한방직 쟁의를 계기로 어용화 된 대한노총에서 대한노총 경북지구연맹/대구지구연맹이 분열되었다. 김말룡 중심의 대구지구연맹은 전국노동조합협의회의 주축이 되었다. 또한 대구 대한방직 쟁의의 승리와 대구지구연맹의 분열은 민주당으로 하여금 대한노총에 관심을 갖게 만드는 계기가 되었다.

이 영상은 내레이션을 통해 1957년 노동절에서 정준모 보건사회부 장관 등 정부 측 인사들의 참여를 강조하고 있다. 또한 자유당에 예속된 대한노총 중앙조직의 영향력이 상대적으로 강한 서울과 부산의 노동절 기념행사를 보여주고 있다. 한편 이 영상은 의도적으로 보여주지 않는 것들이 있다. 먼저 같은 날 발표된 민주당의 입장이 전혀 드러나지 않는다. 민주당은 노동절을 맞아 "노동단체가 일개정당의 예속으로부터 해방되어야"한다는 담화를 발표했다. 이는 대한노총 내 반(反)자유당 분파와 대구지구연맹의 분열 등을 고려한 민주당의 입장이었다. 둘째로 이 영상에서는 대구지역의 분열된 노동절 행사를 보여주지 않는다. 『경향신문』에 따르면 같은 날 김말룡의 대구지역연맹은 중앙국립극장에서, 김종화의 경북지역연맹은 대구역에서 각각 행사를 거행했다. 이처럼 해당 영상은 보여줄 것/보여주지 않을 것을 구분하고 있지만 의도치 않게 보여지는 것이 존재한다. 1950년대 중반부터 고양된 노동운동이 그것이다. 내레이션의 내용은 온건하지만 영상에는 "고용주는 노동법을 준수하라" 등 노동자들의 직접적 요구, 머리수건을 둘러맨 노동자들, 호외를 뿌리는 모습과 같이 역동적인 모습이 담겨있다. 이처럼 『대한뉴스』속에서 1957년 노동절은 자유당 정부, 야당으로서 민주당, 대한노총 내부의 여러 사정들, 노동운동의 고양이 적절하게 편집·각색·은폐되고 있다.

참고문헌

「노동절 맞아 민주당 강조」, 『동아일보』, 1957년 5월 1일.
「분열된 노동절 행사」, 『경향신문』, 1957년 5월 3일.
임송자, 「1950년대 후반 전국노동조합협의회 결성과 4월혁명기 노동운동」, 『한국민족운
　　　동사』 49, 2006.
장미현, 「1950년대 "민주적 노동조합" 운동의 시작과 귀결 – "대한방직 쟁의"와 전국노동
　　　조합협의회를 중심으로」, 『동방학지』 155, 2011.

해당호 전체 정보

112-01 각급 검찰청장 일행 경무대 예방
상영시간 ㅣ 00분 19초

영상요약 ㅣ 제9회 검찰감독관 회의를 마친 검찰감독관 일행이 5월 3일 경무대 관저에 방문하여 이승만 대통령을 만난 것을 알리는 뉴스이다.

112-02 미 육군 '빈스' 소장에게 태극무공훈장 수여
상영시간 ㅣ 00분 25초

영상요약 ㅣ 4월 30일 경무대 관저에서 진행된 빈스 소장의 태극무공훈장 수여식을 알리는 뉴스이다. 빈스 소장은 미 제8군 참모장으로서 56년 취임 이래 공헌으로 태극무공훈장을 받았다.

112-03 이승만 대통령 내외분 적십자사 회비 증정
상영시간 ㅣ 00분 18초

영상요약 ㅣ 5월 1일 이승만 대통령 부부는 대한적십자사 회비로 금일봉을 증정하고 회원증에 서명을 했다. 그리고 회원모집에 국민들이 협조하라는 담화를 발표했다.

112-04 제71차 노동절 기념행사
상영시간 ㅣ 01분 09초

영상요약 ㅣ 제71차 노동절 축하 기념행사를 알리는 영상이다. 서울운동장 행사에는 조경규 민의원부의장, 정준모 보건사회부장관, 전진한 의원 등이 참석했으며 노동자들은 4개 결의문을 채택했다. 부산역전 광장에서 열린 행사에도 많은 노동자와 차량이 동원되어 행사가 진행되었다.

112-05 부산항 부두조명장치 시정식 4월 30일
상영시간 ㅣ 00분 32초

영상요약 ㅣ 4월 30일 부산항 중앙부두에서 열린 부두조명장치 시점식을 알리는 뉴스이다. 시점식에는 홍진기 해무청장 등이 참석했으며 부산항은 연간 300만 톤의 화물을 양륙하는 국제항으로서 모습을 갖추게 되었다.

112-06 제35회 어린이날 행사

상영시간 ㅣ 03분 17초

영상요약 ㅣ 제35회 어린이날을 맞이해 개최된 여러 행사들을 알리는 영상이다. 서울운동
장에서는 이승만 대통령 내외가 참석한 가운데 어린이들의 집단체조, 집단무
용 공연과 어린이날 기념식이 있었다. 창경원에서는 서울특별시 주최의 독행
아동 표창식, 한국사회사업연합회 주최의 고아 운동회, 어린이 음악회 등이
열렸다. 또한 서울 청계국민학교에서는 제11회 어린이건강심사회가 열려 고
영렬 외 3명이 최우량아로 선정되었다.

112-07 우리 예술친선사절단, 사이공에서 홍콩으로

상영시간 ㅣ 00분 30초

영상요약 ㅣ 동남아시아를 순방하고 있는 예술친선사절단 일행이 사이공을 떠나 4월 26일
홍콩에 도착했음을 알리는 영상이다.

112-08 국산품을 애용합시다!

상영시간 ㅣ 00분 54초

영상요약 ㅣ 주변에서 자주 사용되는 주전자, 냄비, 대야와 같은 알마이트 제품이 만들어
지는 과정을 공정별로 보여주는 영상이다.

112-09 새 식구 맞이한 동물원

상영시간 ㅣ 00분 30초

영상요약 ㅣ 5월 3일 네덜란드에서 수입해 들어온 다양한 동물들의 모습과 소식을 알리는
영상이다.

112-10 스포츠

상영시간 ㅣ 00분 38초

영상요약 ㅣ 5월 2일 서울운동장에서 대한학생축구연맹 주최 제2회 회장기쟁탈 학생축구
대회 대학결승전이 열렸다. 국민대학과 신흥대학의 열전으로 이뤄진 본 경기
에 많은 관중들은 열광했다.

어머니날 (1957년 5월 13일)

제작정보
출   처 : 대한뉴스 113호
제 작 사 : 공보처
제 작 국 가 : 대한민국

영상정보
제 공 언 어 : 한국어
컬   러 : 흑백
사 운 드 : 유

영상요약

1957년 5월 8일 창경원과 중앙청에서 열린 어머니의 날 행사와 기념식을 알리는 뉴스이다. 프란체스카 여사 등 귀빈이 참석한 기념식에서는 전쟁미망인과 독행 어머니 표창이 있었으며, 중앙청에서는 다채로운 위안행사가 진행되었다.

▌ 내레이션

숭고한 어머니의 사랑과 그 노고에 참다운 감사의 뜻을 표하는 어머니의 날 기념식이 5월 8일 창경원에서 성대히 거행되었습니다. 이날 리 대통령 각하 부인을 비롯해서 많은 내외귀빈이 참석한 가운데 전쟁미망인, 그리고 독행 어머니들의 표창이 있었고 식이 끝난 후 노래와 춤으로 엮어진 위안 연예 프로와 더불어 수많은 어머니들은 신록의 창경원의 하루를 즐겼습니다. 또한 대한군인의용단에서는 거룩한 어머니의 사랑에 보답하고 이날을 기념하기 위해서 5월 8일 저녁 중앙청 광장에서 어머니 위안 예술제를 개최해서 다채로운 것으로서 수많은 어머니들을 즐겁게 했습니다.

▌ 화면묘사

00:01   자막 "어머니날 5월 8일". 어머니의 날 기념식장에 프란체스카 여사와 많은 행사 참가자들이 모여있음

00:03   머리를 쪽지었고 한복을 입은 행사 참가자들이 자리에 앉아 기념식을 보고 있음

00:05   가슴에 꽃을 단 한복을 입은 프란체스카 여사와 귀빈들이 태극기가 그려진 무대에 앉아 있음

00:09   양장을 입은 외국인 여성 귀빈과 양복을 입은 외국인, 한국인 남성 귀빈이 의자에 앉아 있음

00:13   색동한복을 입은 여자 어린이가 프란체스카 여사에게 꽃다발을 전달함

00:17   하얀 한복을 입은 행사 참가자들이 자리에 앉아 기념식을 보고 있음

00:20   무대 위에서 프란체스카 여사가 표창을 받는 여성에게 상장을 수여하고, 여성은 고개 숙여 감사를 드리고 있음

00:27   하얀 한복을 입은 참가자들이 자리에 앉아 박수를 치고 있음

00:29   "어머니날 紀念式", 태극기가 걸려 있는 무대 위에서 여고생들이 교복을 입고 합창하고 있음

00:33   합창하고 있는 여고생들의 모습

00:37   여자 어린이가 꽃 한 송이를 들고 무대 위에서 발레를 하고 있음

00:45   기념식에 참가한 여성들이 자리에 앉아 박수를 치고 있음

연구해제

이 영상은 1957년 어머니의 날 기념행사들의 다양한 모습을 전하고 있다. 전쟁으로 남편 또는 아들을 잃고 고단한 얼굴로 쪽진 머리 한복 차림으로 앉아있는 자그마한 체구의 여성들의 모습은 당시 우리 시대 어머니들의 모습을 잘 보여주고 있다. 5월 8일 어머니의 날을 맞이하여 창경원에서는 영부인 프렌체스카(Francesca Rhee) 여사와 수많은 어머니들이 참석한 가운데 다채로운 기념행사가 거행되었다. 프란체스카 여사는 3형제 이상을 출정시킨 어머니에게 표창장을 수여하였고, 서울시장은 전쟁미망인에게 표창을 수여하였다. 또한 중앙청 광장에서는 어머니의 날 예술제가 개최되어 "숭고한 어머니의 사랑"을 위로하였다.

이 영상과 내레이션만 본다면 1950년대 '어머니의 날'은 한국사회의 모성보호를 상징할 것이다. 그러나 다른 사례와 함께 이 영상을 접한다면 '모성은 왜 보호 받았는가', '어떤 모성이 어떻게 보호의 대상화 되었는가'를 더 자세히 파악할 수 있다. 이즈음 『동아일보』에 게재된 글에 따르면, 어머니는 "여성의 극치"이자 "희생의 제물"이 되어야 한다. 이러한 희생의 목표는 "애족위국의 인물"을 길러내는 것이기 때문에 존중·보호·장려 되었고, 여성의 교육도 이 같은 '어머니의 의무' 안에서 권장되었다. 즉 1957년의 '어머니'는 자기 스스로를 희생하여 국가와 민족을 위한 자녀를 길러내야 했고, 모든 여성은 이러한 '어머니'가 되어야만 했다.

영상에서 보듯이 전쟁미망인에 대한 표창이 있지만 전쟁미망인의 모성과 인격은 사회적 보호조차 받지 못했던 것으로 보인다. 전쟁미망인은 경제문제를 비롯하여 '남편 없는 삶'이 한국사회에서 갖는 모순을 돌파하기 위하여 재혼을 선호하였다. 그러나 전쟁미망인의 재혼은 법률적, 사회적으로 환영받지 못하였다. 이북에 처자식을 두고 온 남성들은 전쟁미망인이나 미혼여성과 쉽게 결혼하였지만, 전쟁미망인은 재혼하더라도 순결하지 못하다는 사회적 지탄을 받았다. 또한 재혼을 위하여 행방불명된 남편에 대하여 이혼청구를 하더라도 법원은 쉽게 기각 처리를 하였다. 이처럼 '정상가족의 모성'은

국가와 민족의 이름 아래 쉽게 유포되었지만 이것이 구축되는 과정은 모성의 동원과 차별, 여성 차별, 전통적 성역할의 고착화 등을 수반하는 것이었다.

▌ 참고문헌

「어머니날에 즈음하여」, 『동아일보』, 1957년 5월 8일.
「창경원서 큰잔치 어머니날 맞아 다채한 위안회」, 『경향신문』, 1957년 5월 9일.
이성숙, 「한국전쟁에 대한 젠더별 기억과 망각」, 『여성과 역사』7, 2007.

고아 합동 결연식(대전) (1957년 5월 13일)

제작정보

출　　　처 : 대한뉴스 113호
제　작　사 : 공보처
제　작　국　가 : 대한민국

영상정보

제　공　언　어 : 한국어
컬　　　러 : 흑백
사　운　드 : 유

영상요약

1957년 5월 10일 대전 시공관에서는 충남 경찰국에서 추진한 고아 합동 결연식이 열렸다. 이날 행사에서는 새로 결연을 맺는 사람들끼리 선서를 했다.

내레이션

부모형제를 잃고 고난과 모든 **에서 허덕이는 고아들에게 사랑의 보금자리를 마련해주기 위한 고아 합동 결연식이 5월 10일 대전 시공관에서 성대히 거행되었습니다. 충남 경찰국에서 추진해오던 이 아름다운 행사는 이날 주례와 검사를 모시고 새로 결연을 맺게 되는 부모형제들이 손을 들고 마음껏 깊이 사랑을 맹세함으로써 더욱 빛났습니다.

화면묘사

00:01 자막 "고아 합동 결연식(대전) 5월 10일". "孤兒合同結緣式(고아합동결혼식)", 태극기 등으로 장식된 대전 시공관 단상 위에서 남성이 발언을 하고 있음

00:03 "檢事長席(검사장석)"이라 쓰인 탁자 위에 검사장 등이 앉아 있음

00:06 "大田市長席(대전시장석)" 등 글씨가 적힌 단상 옆에 제복을 입은 경찰 관계자가 앉아 있음

00:08 "主禮席(주례석)"이라 적힌 자리에 주례가 앉아 있음

00:10 제복을 입은 어린이와 검사장이 단상 위 자리에 앉아 있음

00:12 시공관에 많은 사람이 모여 자매결연 행사에 참석하고 있음

00:17 고아로 추정되는 아이 두 명이 단상 위에 서있으며 앞에서 고위직 남성이 종이에 있는 내용을 읽고 있음

00:19 기념식에 참석한 군중들의 모습

00:21 대표 남성이 양복을 입고 단상 위에 올라 오른 손을 들어 선서를 하고 있음. 그 옆에는 교복을 입은 청소년이 서있음

00:23 기념식에 참석한 사람 중 어른들이 손을 들어 선서를 하고 있음

연구해제

이 영상은 1957년 5월 10일 충청남도 대전 시공관에서 열린 도내 전쟁고아 418명에 대한 고아합동결연식의 모습을 전하고 있다. 비슷한 시기 충남에서만 먼저 5월 2일 공주군 내 고아 117명에 대한 결연식, 6일에는 충남 도내 998명에 대한 결연, 10일에는 시

공관에서 418명의 합동결연식이 거행되었다. 이처럼 1950년대 대한뉴스에는 6·25전쟁으로 인해 발생한 전쟁고아들에 대한 구호사업이나 결연식 소식이 종종 소개되었다. 전쟁으로 발생한 고아의 숫자만 해도 무려 5만 9,000여 명에 달했기 때문이다.

1950년대 전후 한국사회에서 전쟁고아 및 혼혈아에 대한 보호정책은 일시적인 구호사업이나 1가정 1고아 결연운동의 방식으로 나타났지만 국내입양으로까지 이어지지 못하였다. 1950년대 입양정책은 미국 또는 미국과 연계된 민간단체를 중심으로 한 국외입양이 대부분을 이루었다. 그나마 국외입양을 위한 법적 근거가 마련된 것은 1961년 고아입양특례법이 제정되고 난 후의 일이었다. 국내입양은 전무하다시피 하였고, 1962년부터 1970년 사이 '고아 한사람씩 맡아 기르기'운동을 전개하면서 국내입양의 숫자가 조금씩 늘기 시작하였다.

또한 전후 한국사회에서는 고아 문제와 더불어 혼혈인(고아 및 비국적 한국인) 문제도 크게 대두되었다. 이들은 미군정기 및 6·25전쟁에 따른 사회적 구성물이었다. 그럼에도 1950년대 한국사회와 정부는 혼혈인을 '우리'라고 생각하지 않았다. 사회에서는 부계혈통에 근거하여 여성에게 가부장적 윤리를 더욱 강조하였고, 혼혈인을 여성의 문제로 치부하는 동시에 그들이 태어난 배경에 대한 이해보다는 성매매 여성의 자녀로만 여겼다. 이승만 정권은 부계혈통에 따라 국적을 취득하는 국적법을 제정하여 혼혈인은 '국민' 형성에서도 배제되었다. 이러한 조건 속에서 혼혈인들은 국적을 취득하지 못하였고 정부는 혼혈인의 존재를 은폐하거나 민간단체를 중심으로 빠르게 국외입양을 추진하였다.

▌ 참고문헌

「고아와 의부모 결연, 도내서 998명에」, 『동아일보』, 1957년 5월 10일.
김명숙, 「정부의 국외 입양정책」, 국회포럼, 1998.
김아람, 「1950년대 혼혈인에 대한 인식과 해외 입양」, 『역사문제연구』 22, 2009.

113-01 어린이 기자단 경무대 예방

상영시간 ㅣ 00분 33초

영상요약 ㅣ 5월 6일 경무대를 방문한 한국 어린이기자단의 소식을 전하는 뉴스다. 이승만
대통령부부와 어린이기자단은 경무대 정원에서 즐거운 시간을 보냈다.

113-02 보스톤 마라톤 선수 경무대 예방

상영시간 ㅣ 00분 22초

영상요약 ㅣ 제61회 세계마라톤대회에서 좋은 성적을 거둔 한국대표팀이 5월 7일 경무대
를 방문한 영상이다. 보스턴에서 4월 20일 열린 대회에서 임종우, 한승철 선수
는 각각 3위, 5위에 입상했으며 이승만 대통령에게 치하를 받았다.

113-03 베트남에 광목 전달

상영시간 ㅣ 00분 18초

영상요약 ㅣ 조정환 외무부 장관이 수해피해를 입은 베트남공화국(자유월남) 이재민을 위
해 보건사회부에서 준비한 광목 552필을 원광덕 주한베트남공사에게 전달했
다.

113-04 어머니날

상영시간 ㅣ 00분 47초

영상요약 ㅣ 5월 8일 창경원과 중앙청에서 열린 어머니의 날 행사와 기념식을 알리는 뉴스
이다. 프란체스카 여사 등 귀빈이 참석한 기념식에서는 전쟁미망인과 독행 어
머니 표창이 있었으며, 중앙청에서는 다채로운 위안행사가 진행되었다.

113-05 어머니, 어린이 위안회

상영시간 ㅣ 00분 34초

영상요약 ㅣ 5월 9일, 중앙청 광장에서 펼쳐진 어머니, 어린이 합동 위안회를 알리는 소식
이다. 서울 경찰국 주최로 어린이날과 어머니날을 기념하는 합동 위안회와 어

린이 체육대회가 개최되었다.

113-06 석가여래 탄신일
상영시간 ㅣ 00분 46초
영상요약 ㅣ 5월 7일 석가탄신일의 모습을 보여주는 영상이다. 석가탄신일을 맞이 하여 조
계사에서 열린 각종 행사와 저녁의 제등행사를 보여준다.

113-07 대한소녀단 창립 11주년
상영시간 ㅣ 00분 31초
영상요약 ㅣ 5월 10일 서울 정동 대한소녀단 본부에서는 창립 11주년 기념식이 열렸다. 프
란체스카 여사, 최규남 문교부장관 등 많은 귀빈이 참석한 가운데 소녀단원들
에게 상을 수여했다.

113-08 고아 합동 결연식(대전)
상영시간 ㅣ 00분 24초
영상요약 ㅣ 5월 10일 대전 시공관에서는 충남 경찰국에서 추진한 고아 합동 결연식이 열
렸다. 이날 행사에서는 새로 결연을 맺는 사람들끼리 선서를 했다.

113-09 연세대학교 창립식
상영시간 ㅣ 00분 08초
영상요약 ㅣ 5월 11일 연세대학교 노천극장에서 열린 창립기념식, 초대총장 취임식, 5월의
여왕 대관식 등을 알리는 영상이다. 백낙준 초대총장의 취임식에 맞춰 5월의
여왕 대관식이 있었으며 다채로운 공연과 행사가 함께 치뤄졌다.

113-10 예술사절단 대만 도착
상영시간 ㅣ 02분 05초
영상요약 ㅣ 동남아시아를 순방하고 있는 예술친선사절단의 대만방문을 알리는 뉴스이다.
5월 3일 대만 치룽항(기룽항)에 도착한 일행은 5월 5일 타이페이에서 첫 공연
을 가졌으며 중국부인연합회에서 준비한 공연을 관람하기도 했다.

113-11   국산품을 애용합시다!

상영시간 | 00분 46초

영상요약 | 고무공업과 고무신 제작관련 공정을 차례대로 보여주는 영상이다. 6 · 25전쟁
이후 발전한 고무신 생산은 공장당 하루 평균 150000켤레씩 생산하고 있으며
국내 판매 뿐 아니라 해외수출까지 하고 있다.

113-12   스포츠

상영시간 | 00분 29초

영상요약 | 5월 12일 서울에서 개최된 대한싸이클클럽 주최 제6회 자전거 하이킹대회의
모습을 보여주는 영상이다.

미스코리아 선발 (1957년 5월 20일)

제작정보

출   처 : 대한뉴스 114호
제 작 사 : 공보처
제작국가 : 대한민국

영상정보

제공언어 : 한국어
컬   러 : 흑백
사 운 드 : 유

영상요약

미스코리아 선발대회 예선과 결선에 관련한 영상이다. 1957년 5월 14일 서울 공보관에서 미스코리아 예선이 열렸으며 5월 19일 시립극장에서 최종 후보 7명 가운데 미스코리아를 뽑는 결선이 열렸다.

내레이션

세계미인대회에 파견할 미스코리아 선발 예선이 한국일보와 코리아타임즈 주최로 5월 14일 서울 시내 공보관에서 거행되었습니다. 그리고 이 예선에서 입선된 일곱 명의 후보들이 5월 19일 시립극장에서 최종 선발 테스트를 받게 되었습니다. 일곱 명의 후보는 입추의 여지도 없이 초만원을 이룬 관중들이 주시하는 가운데 각기 대한여성의 진선미를 다투었습니다. 그런데 이번 선발될 미스코리아는 7월 11일부터 10일간 미국의 캘리포니아주 롱비치에서 열리는 세계미인대회에 파견될 것입니다. 드디어 만장의 갈채 속에 영예의 미스코리아 크라운이 방년 23세 서울 출신 박현옥 양의 머리 위에 씌워졌습니다.

화면묘사

00:01 자막 "미스 코리아 선발 5월 19일". 한복, 양복, 원피스 등 다양한 옷에 자신의 번호표를 붙인 미스코리아 후보들이 시내 공보관에서 심사위원들 앞에 일렬로 서있음

00:09 여성 1인, 남성 2인의 심사위원들과 뒤쪽의 관중들이 예선전을 지켜보고 있음

00:11 두 명의 여성 후보가 심사위원 앞에서 워킹을 하고 있음

00:18 여성 후보들이 각각 원피스 수영복을 입고 실내에서 워킹을 하고 있음

00:27 미스코리아 결선이 열리는 시립극장 내부에 결선을 보기 위해 사람들이 빽빽이 앉아 있음

00:30 태극기와 한국일보 깃발이 걸려 있는 강당에서 양복 입은 남성이 종이를 읽고 있음

00:32 시립극장 연단에 있는 심사위원석에 심사위원들이 앉아 있음

00:35 결선에 참가한 일곱 명의 후보들이 한복, 원피스 등 다양한 옷을 입고 무대 위에 서있음

00:38 한복을 입은 1번 후보 여성이 무대 위에서 혼자 걷고 있음

00:46 심사위원 앞에서 이야기를 나누는 모습

00:48 또 다른 후보 여성이 한복을 입고 무대 위에서 혼자 걷고 있음

00:52	일곱 명의 결선 후보들이 각자 다른 원피스 수영복을 입고 무대 위에서 워킹을 하고 있음. 무대 아래에서는 많은 기자들이 사진을 촬영하고 있음
01:13	많은 사진 기자들이 결선대회를 촬영하고 있음
01:15	여성 심사위원이 미스코리아에 뽑힌 박현옥에게 왕관을 씌어주고 있음
01:18	왕관을 쓰고 미스코리아 가운을 입혀주고 있음
01:19	중앙에는 박현옥이 앉아 있고 양쪽으로 여성들이 서있음

▌ 연구해제

　이 영상은 1957년 5월 14일 개최된 제1회 미스코리아 선발예선과 결선 장면을 담은 것이다. 한국적 미인의 정형과 여성 신체의 상품화 문제 등으로 많은 관심과 논란거리가 된 미스코리아대회의 첫 시작을 볼 수 있다는 점에서 의미가 있다.

　미스코리아대회는 '현대 한국 여성상'을 대중에게 제시하고 여성의 아름다움에 대한 이미지를 만든다는 의도로 시작되었는데, 매년 한국일보와 코리아타임즈가 주최하면서 '국민적 행사'로 진행된 측면이 있다. 이 대회를 기점으로 한국여성에게는 서구적이고 세련된 외양과 내면의 전통적 미덕을 갖춘 여성상이 요구되었다. 미스코리아 심사위원은 문화예술계 화가, 음악가, 소설가, 시인 및 교육가, 의사 등 당시 저명한 인사들로 구성되었는데, 대회 참가여성들은 숙녀복과 한복은 물론 당시로서는 파격적인 수영복 심사까지 받아야 해 심사위원들과 행사 참가자들의 뜨거운 관심사가 되었다.

　첫 회 미스코리아대회 선전 포스터에는 "대한 여성의 진선미를 세계에 자랑할 미스코리아 선발"이라는 문구가 적혀있다. 심사기준에 '소박하고 평화로운 데에서 나오는 한국 여성의 미'라는 추상적인 조건이 있긴 하였지만, 일차적이며 궁극적으로 요구되는 조건은 '현대적인 육체와 외모'였다. 이 대회에서 미인으로 선발되려면 "서구사람들과 겨룰 수 있을 만한 현대적 미의 소유자"가 되어야 했던 것이다. 하지만 당시 한국여성들의 신체적 조건은 서구여성들과 비교하기엔 무리가 있어 이러한 기준은 한국여성들의 신체적 특성을 열등하게 여기게 되는 기제로 작용할 가능성이 다분하였다. 또한 심사위원들과 주최 측이 대부분 가부장성이 강한 남성들로 구성되어 여성의 신체를 상품화하고 대회 자체를 눈요기로 여기는 상업성이 강하며, 외모지상주의를 만연하게 하는 기제로 작용하기 십상이었다. 이 대회는 결국 1970년대 이후부터 여성단체들로부터 지속적인 반발을 받게 되었다.

　그러나 각 지역과 행사마다 미인대회는 지속적으로 전개되었는데, 군사독재하에서 국민들의 어려운 생활을 망각시키는 기제로 더욱 이 대회가 번창했다는 지적도 있다.

▌ 참고문헌

「서로가 自信간직 미스 · 코리아第一次選拔」, 『경향신문』, 1957년 5월 15일.

「照明室」, 『경향신문』, 1957년 7월 4일.

여성사 연구모임 길밖세상, 『20세기 여성사건사 : 근대 여성 교육의 시작에서 사이버 페
　　　미니즘까지』, 여성신문사, 2001.

해당호 전체 정보

114-01   중국사절단 경무대 예방
상영시간 ㅣ 00분 14초
영상요약 ㅣ 대만의 참모총장 외 13인으로 구성된 군사사절단이 5월 14일 경무대 관저로
이승만 대통령을 예방했다.

114-02   국보문화재 전시회
상영시간 ㅣ 00분 58초
영상요약 ㅣ 5월 10일부터 30일까지 덕수궁 미술관 내에서 열린 국보문화재 국내전시회를
알리는 뉴스이다. 이승만 대통령 부부는 5월 13일에 방문했으며 이번 전시물
품 외 경주와 미국 샌프란시스코 박물관에 전시되어 있는 국보 문화재까지 총
199점이 앞으로 미국에서 순회전시할 예정이다.

114-03   동대문 보수공사 상량식
상영시간 ㅣ 00분 27초
영상요약 ㅣ 5월 15일에 거행된 동대문의 보수공사 상량식을 알리는 영상이다. 보수공사는
56년 11월부터 시작했으며 정부와 서울시 지원금 천삼백만 원이 사용되었다.

114-04   동남아세아 예술사절단 귀국
상영시간 ㅣ 00분 28초
영상요약 ㅣ 4월 3일부터 42일간 동남아시아를 순회공연했던 예술사절단 일행이 5월 14일
인천항으로 입항한 것을 알리는 뉴스이다.

114-05   주중 군사고문단 6군단 시찰
상영시간 ㅣ 00분 35초
영상요약 ㅣ 중국 주재 미 군사고문단이 5월 15일 한국 제6군단을 군사시찰한 것을 알리는
뉴스이다. 군사시찰에서는 전차포, 기관총, 화염방사기 등 각종 무기의 시범훈
련이 있었다.

114-06 미군의 날

상영시간 | 01분 53초

영상요약 | 5월 18일 제4회 미군의 날과 미군 제7사단의 한국주둔 10주년 기념식을 알리는 영상이다. 미군의 날 행사는 중앙청 광장에서 열렸으며 의장대 행사 등 다양한 행사가 열렸다. 미 제7사단 한국주둔 10주년 기념식은 제7사단 부대 내에서 거행되었으며 이승만 대통령 부부가 참석하였고 제식시범이 있었다.

114-07 우량아 표창식

상영시간 | 00분 31초

영상요약 | 5월 15일 덕수궁에서 개최된 제11회 서울시 건강아동 입선 우량아 표창식을 알리는 영상이다. 이날 행사에는 프란체스카 여사가 참석하여 최우량아 4명에게 직접 선물을 수여했다.

114-08 미스코리아 선발

상영시간 | 01분 23초

영상요약 | 미스코리아 선발대회 예선과 결선에 관련한 영상이다. 5월 14일 서울 공보관에서 미스코리아 예선이 열렸으며 5월 19일 시립극장에서 최종 후보 7명 가운데 미스코리아를 뽑는 결선이 열렸다. 미스코리아로 뽑힌 서울 출신 박현옥은 7월 미국에서 열리는 세계미인대회에 파견될 예정이다.

114-09 철 맞은 연평 조기잡이

상영시간 | 00분 40초

영상요약 | 4월 말부터 6월 말까지 두 달간 진행되는 연평도 조기잡이 소식을 알리는 뉴스이다. 휴전선 이남 20마일 해상에 위치한 연평도 근해에서 조기잡이가 한창이다.

114-10 국산품을 애용합시다!

상영시간 | 01분 04초

영상요약 | 여러 국산품 중에서도 인기가 좋은 맥주의 생산과정을 공정별로 보여주는 영상이다. 조선맥주, 동양맥주 2대 회사로 운영 중인 맥주공업은 자동화 설비로

생산하고 있으며 수출용 병이 없어서 해외수출에 어려움을 겪지만 국내용, 미 제8군 군납품으로서 인기를 누리고 있다.

114-11   스포츠

상영시간 ㅣ 00분 31초

영상요약 ㅣ 군과 실업팀이 모두 참가하는 춘계 전국군실업야구쟁패전이 경향신문사의 주 최로 5월 17일부터 3일간 육군 야구장에서 개최되었다. 육군팀과 조운팀이 최 종 결승전을 치뤘으며 결과는 14 대 4로 육군팀이 크게 이겼다.

영국군 이한식 (1957년 6월 16일)

제작정보

출   처 : 대한뉴스 118호
제 작 사 : 공보처
제 작 국 가 : 대한민국

영상정보

제 공 언 어 : 한국어
컬   러 : 흑백
사 운 드 : 유

영상요약

6·25전쟁 때 참전했던 영국군 부대의 일부가 한국을 떠나면서 6월 13일 이한식을 가졌다. 이한식에는 이승만 대통령을 비롯한 내외 귀빈이 다수 참석했으며 사열, 엘리자베스 여왕 탄신축하행사 등이 함께 거행되었다.

▌ 내레이션

6 · 25동란 중 한국전선에 참가하여 혁혁한 무공을 세운바 있는 영연방군의 일부 이한식이 주한영국 소제스연대 제1대대에서 6월 13일 리 대통령 각하를 비롯하여 내외 귀빈이 다수 참석한 가운데 성대히 거행되었습니다. 그리고 이날 식전에는 엘리자베스 영국여왕의 탄신 축하행사도 겸하여 거행되었습니다.

▌ 영상내용(화면묘사)

00:01	자막 "영국군 이한식 6월 13일". 단상 위에는 장성들이 제복을 입고 서있으며 연병장에서는 영국군이 사열제식을 하고 있음
00:04	왼쪽에 총을 든 병사들이 사열을 하면서 단상 앞을 지나가고 있음
00:18	이승만 대통령과 영국 관료가 함께 단상 위에 서서 사열식을 관람하고 있음
00:21	멀리 줄맞춰 서있는 영국군 장병들이 보이며 가까이 한 병사가 이를 지켜보고 있음
00:24	이승만 대통령이 안경을 쓰고 조이에 있는 것을 단상에서 읽고 있음
00:28	병사들이 왼쪽에 총을 들고 사열제식을 하면서 단상 앞을 지나감(1)
00:35	이승만 대통령이 단상 위에서 영국 관료와 함께 이야기를 나누고 있음
00:38	병사들이 왼쪽에 총을 들고 사열제식을 하면서 단상 앞을 지나감(2)

▌ 연구해제

이 영상은 6 · 25전쟁이 발발하자 한반도에 파견되어 활동하다 철수를 앞둔 영국군과 영연방군이 1957년 6월 13일 이한식(離韓式)을 거행하는 광경이다. 그리 길지 않은 시간에 치러진 행사이지만 이승만 대통령을 비롯한 내외빈이 참석하였다. 영연방군 부대에서 치러진 이 행사는 영국군의 사열식과 함께 엘리자베스 영국 여왕의 생일 축하행사도 거행되었다.

1950년 6월 25일 6 · 25전쟁이 발발하자 유엔 안전보장이사회는 한반도에 관한 일련의 결의안을 채택하였다. 바로 다음날인 6월 26일, 북한의 행위를 '평화의 파괴행위'로 규정하며 즉각적인 전투중지와 북한군의 38도선 이북으로의 철수 등을 결의하였다. 이 결의안 채택 이후에도 북한군의 남진이 계속되자 6월 28일에는 유엔 안전보장이사회가 유엔 회원국들에게 북한의 침략을 격퇴하는 데 필요한 군사원조를 대한민국에 지원하도록 요청하는 결의안을 통과시켰다. 이에 근거하여 미국을 위시로 한 유엔 회원국들은 한국에 전투 병력을 파견하거나 비전투 요원과 각종 물자 등을 지원하였다. 영국 또한 유엔 안전보장이사회의의 결의안에 따라 6월 30일 극동함대 소속 항공모함 1척, 순양함 2척, 구축함 3척, 호위함 4척으로 편성된 함대를 동해로 파견하여 미 극동해군에 배속시켰다. 이후 8월 28일 육군 제27여단의 부산 상륙을 시작으로, 육군과 공군 외에도 해병대 등의 전투부대를 파견하여 낙동강 방어전투, 북진, 1953년의 고지전 등지에서 전투를 치렀다.

참고문헌

국방부 전사편찬위원회, 『UN군지원사』, 1998.

해당호 전체 정보

118-01 국민회 대표 경무대 예방

상영시간 ㅣ 00분 41초

영상요약 ㅣ 6월 12일 경무대를 예방한 국민회 대의원회의 대의원들과 자유당 여자대표 일행의 소식을 알리는 영상이다. 국민회 대의원회의 대의원 일행은 이기붕 민의원의장의 안내로 경무대를 방문했으며, 자유당 여자대표 일행은 자유당 중앙정치훈련원에서 훈련을 받고 경무대를 방문했다.

118-02 권농일

상영시간 ㅣ 00분 03초

영상요약 ㅣ 모내기하는 모습을 담은 영상이다.

118-03 육사 졸업식

상영시간 ㅣ 01분 49초

영상요약 ㅣ 6월 12일 태릉 육군사관학교 연병장에서 열린 제3기 정규사관생 졸업식 및 임관식을 알리는 영상이다. 이승만 대통령을 비롯한 많은 귀빈이 참석한 가운데 열린 행사에서 이승만 대통령은 일일히 졸업생도들과 악수를 나누었으며 이날 총175명의 졸업생이 배출되었다.

118-04 영국군 이한식

상영시간 ㅣ 00분 43초

영상요약 ㅣ 6·25전쟁 때 참전했던 영국군 부대의 일부가 한국을 떠나면서 6월 13일 이한식을 가졌다. 이한식에는 이승만 대통령을 비롯한 내외 귀빈이 다수 참석했으며 사열, 엘리자베스 여왕 탄신축하행사 등이 함께 거행되었다.

118-05 해병대 상륙작전 훈련

상영시간 ㅣ 01분 18초

영상요약 ㅣ 해병대 창군 이래 최대 규모의 한미 연합 상륙작전훈련이 6월 14일 포항 영일만 인근에서 개시되었다. 행운의 범이라는 작전명으로 시행된 본 훈련은 적군이 남부지역으로 침투하는 것을 대비하여 이뤄졌다.

118-06 해병 포항기지 군기 수여식

상영시간 ｜ 00분 30초

영상요약 ｜ 1957년 6월 14일 이승만 대통령이 해병대 모의상륙작전에 참관차 포항을 방문하여 포항 해병기지사령부 군기수여식에 참석했다.

118-07 전국통신 경기 대회

상영시간 ｜ 00분 30초

영상요약 ｜ 1957년 6월 12일 체신부 주체로 서울중앙전신국에서 제1회 전국통신기관 대항 통신경기대회가 개최되었는데, 1등 체신부, 2등 교통부, 3등 국방부 순으로 입상했다.

118-08 미국의 밤

상영시간 ｜ 00분 32초

영상요약 ｜ 미국 앨라배마 주의 버밍엄 시에서 3월 5일에 거행한 서울 시민을 위한 음악회에 보답하여 서울특별시에서 서울 시공관에서 "미국의 밤"이라는 이름으로 음악회를 주최했다.

118-09 형무소 작품전시회

상영시간 ｜ 00분 46초

영상요약 ｜ 1957년 6월 13~14일에 걸쳐서 국립형무관학교에서 제1회 전국형무작업전시회 및 수감자의 문예작품전시회가 개최되었다.

118-10 어름공장을 찾아서

상영시간 ｜ 01분 06초

영상요약 ｜ 인조빙의 제조과정과 전국의 얼음생산량에 대해 소개하고 있다. 그리고 보건사회부에서 위생상 좋지 않은 천연빙의 사용을 금지하고 있으니 인조빙을 사용하도록 권장하는 내용이다.

'한국의 집' 개관 (1957년 6월 30일)

제작정보
출   처 : 대한뉴스 120호
제 작 사 : 공보처
제 작 국 가 : 대한민국

영상정보
제 공 언 어 : 한국어
컬   러 : 흑백
사 운 드 : 유

영상요약

1957년 6월 24일에 개관한 '한국의 집'에 대해 소개하는 영상이다.

내레이션

공보실에서는 6월 24일 이 민의원의장, 각부 장관, 주한 각국 대사, 공사를 비롯한 내외 귀빈들과 문화계인사들이 참석한 가운데 '한국의 집' 개관식을 성대히 거행했습니다. 서울시내 필동에 자리 잡고 있는 이 한국의 집, 코리아 하우스는 주한 외국인들과의 친선을 도모하고 우리나라의 문화 풍속 등을 소개함으로써 한국에 대한 이해를 증진시키기 위해서 마련된 외국인의 휴식처입니다. 공보실에 의해서 운영되는 이 한국의 집은 앞으로 널리 외국인에게 개방돼서 그들이 한국을 이해하는 일을 돕고 서울을 비롯한 관광여행도 안내할 것이라고 합니다.

화면묘사

00:00 자막 "한국의집 개관 6월 24일". 한국의 집 외관과 개관식에 참석한 관계자들의 모습
00:11 게시판에 붙어있는 "한국의집" 포스터와 이것을 보고 있는 외국인들
00:17 무엇인가를 적고 있는 이기붕 민의원의장
00:23 무엇인가를 적고 있는 외국인 여성
00:26 개관식장에 모여 있는 행사 참석자들
00:31 개관식 행사장에 열을 맞춰 앉아있는 참석자들
00:36 어린이합창단의 공연 모습과 이를 보고 있는 참석자들의 모습
00:40 공연이 끝나고 박수를 치고 있는 참석자들

연구해제

'한국의 집'은 1957년 6월 24일 공보실에서 외국인들에게 한국의 문화와 풍습을 소개하기 위해 세운 한국문화 홍보관이다. 서울 필동의 조선호텔 옆에 위치한 한국의 집은 일명 코리아 하우스로 불렸으며, 일제시대에는 총독부 정무총감 관저로 사용되다 해방 후에는 미군의 귀빈관(貴賓館)이자 밴 플리트(James A. Van Fleet) 장군의 숙소 등으로 이용되어 왔던 건물을 개조하여 개관하였다. 개관 당시 한국을 방문한 외국 군인들을

위한 시설로 탁구대, 당구대, 도서실, 음악실, 장기, 바둑 등이 준비되어 있었으며, 이 외에도 한국을 소개하는 가재도구나 공예품들이 전시되어 있었고, 한국 전통무용 및 전통음악공연도 자주 열렸다. 개관 초기에는 외국인들의 위락시설로 주로 이용되다가 점차 한국의 문화를 압축적으로 보여줄 수 있는 시설로 내용을 채워나갔던 것으로 보인다. 1958년 이후의 신문기사도 주한 외국공사 및 한국을 방문한 외국 각계 인사들이 코리아 하우스를 방문하여 전통 공연을 관람하는 등 한국문화를 체험하는 내용들이 등장한다.

1978년 문화공보부는 코리아 하우스를 개보수 하여 전통문화전당으로 만들 계획을 세우고 공사에 착수하였다. 총 2년의 기간 동안 20여억 원의 비용을 소요한 끝에 1981년 1월 20일 '한국의 집'이 새로운 모습으로 개관하였다. 3채의 한옥 건물이 신축되었는데, 그중 본관 건물인 해린관에는 다수의 사람들이 식사를 할 수 있는 한정식 식당과 관람석 100석과 무대를 갖춘 민속극장이 마련되었다. 이 극장에서는 매일 저녁 1시간 동안 인간문화재 및 이수자들을 비롯, 국립무용단원과 국립국악원 악사들이 한국 고유의 춤과 음악을 선보였다. 또한 다른 건물에는 관광객들에게 한국의 민예품을 소개하고 판매하는 전시관도 마련되어 있었다. 이처럼 새롭게 개관한 한국의 집은 외국인들만을 대상으로 했던 코리아 하우스와는 달리 한국인들에게도 개방되었으며, 국내외 한국문화에 대한 인식과 전승의 폭을 넓히고자 했다. 한국의 집은 현재까지도 전통문화체험 공간으로 운영되고 있다.

▌ 참고문헌

「한국의 집」, 『경향신문』, 1958년 9월 23일.
「전통문화 보고 익힐 한국의 집 20일 개관」, 『동아일보』, 1981년 2월 18일.

해당호 전체 정보

120-01 에반스 영국 대사 신임장 봉정
상영시간 | 00분 40초

영상요약 | 휴버트 존 에반스 주한 영국 대사가 영국 여왕 엘리자베스 2세의 신임장을 이 승만 대통령에게 전달하고, 조정환 외무부장관의 안내로 의장대를 사열했다.

120-02 신임 유엔군 사령관 덱커 내한
상영시간 | 00분 29초

영상요약 | 1957년 6월 29일 신임 UN군총사령관 조지 덱커 장군이 내한했고, 기자회견에 서 주한미군과 한국군의 원자무기훈련에 대한 소감을 피력했다.

120-03 故 이상재 선생 묘비 건립
상영시간 | 00분 41초

영상요약 | 1957년 6월 28일 양주군 장흥면 삼하리에서 거행된 월남 이상재 선생의 묘비 제막식에 이승만 대통령, 이기붕 민의원의장, 김병로 대법원장 등의 요인과 학생들이 참석했다.

120-04 6·25의 날
상영시간 | 02분 35초

영상요약 | 6·25전쟁 발발 7주년을 맞이해서 서울, 부산, 대구에서 거행된 기념행사를 소 개하고 있다. 그리고 서울시립극장에서 25, 26일에 진행된 반공예술전에 대해 서 소개하고 있다.

120-05 한국의 집 개관
상영시간 | 00분 46초

영상요약 | 1957년 6월 24일에 개관한 한국의 집에 대해 소개하는 영상이다.

120-06   부산에 대화재

상영시간 ㅣ 00분 30초

영상요약 ㅣ 1957년 6월 23일에 발생한 부산 대화재에 대해 보도하는 영상이다.

120-07   유행성독감을 막자

상영시간 ㅣ 00분 59초

영상요약 ㅣ 한국에 상륙한 유행성독감 인플루엔자를 예방하기 위한 정부의 대책을 소개
          하는 영상이다.

120-08   원양 출어하는 지남호

상영시간 ㅣ 00분 22초

영상요약 ㅣ 1957년 6월 26일에 부산 제2부두에서 원양출어하는 지남호의 출항식에 대해
          소개하는 영상이다.

120-09   우리나라 유리공예

상영시간 ㅣ 01분 08초

영상요약 ㅣ 대한민국의 유리공예 산업에 대해 소개하는 영상이다.

120-10   제3회 서울학생수상경기

상영시간 ㅣ 00분 45초

영상요약 ㅣ 1957년 6월 23일부터 25일까지 진행된 제3회 서울특별시 남녀학생수상경기대
          회를 소개하는 영상이다.

전국 학도호국단 대표 경무대 예방 (1957년 10월 20일)

제작정보

출　　처　:　대한뉴스 136호
제 작 사　:　공보처
제 작 국 가　:　대한민국

영상정보

제 공 언 어　:　한국어
컬　　러　:　흑백
사 운 드　:　유

영상요약

1957년 10월 21일 전국 학도호국단 대의원 회의에 참석했던 전국 학도호국단 대표일행이 경무대를 방문해 이승만 대통령을 만났다. 정병준 서울대학교 대표는 이승만 대통령 앞에서 국가번영에 노력할 것을 맹세했다.

내레이션

전국 학도호국단 대의원 회의에 참석했던 전국 학도호국단 대표일행이 10월 21일 고문 교부 차관의 안내로 경무대 관저로 이 대통령을 예방했습니다. 이날 대통령께서는 이순 신 장군의 호국정신을 본받아 열심히 공부하라고 말씀하시었고 이에 대해서 정병준 서 울대학교 대표는 우리의 모든 정성을 국가번영에 바치겠다고 맹세했습니다.

화면묘사

00:00   자막 "전국 학도호국단 대표 경무대 예방 10월 19일"
00:04   이승만에 인사를 하는 학도호국단 대표일행
00:09   학도호국단 대표 앞에서 연설하는 이승만
00:21   이승만과 악수를 하는 정병준 서울대학교 대표
00:25   단체사진 촬영

연구해제

이 영상은 1957년 10월 19일 전국 학도호국단 대표들이 경무대를 예방하는 장면을 보 여주고 있다. 9월 24일 '감군 반대운동' 동원에 가담한 학도호국단 대표들을 이승만이 경무대로 불러 치하한 것을 촬영한 것으로 추측된다. 양복을 차려입은 학생 대표단이 경무대 내부의 넓은 강당에 질서정연하게 서서 "이순신 장군의 호국정신을 본받아 열심 히 공부"하라는 이승만의 연설을 들었다. 이후 학생 대표단은 화려한 강당에서 이승만 과 함께 기념사진을 찍었다. 영상 속의 학도호국단 대표들은 단정하고 지적인 모습으로 비춰지고 있다. 그렇지만 실제 1950년대의 학도호국단의 모습은 이와 괴리되어 있었을 것으로 추정된다.

1950년대 내내 학생들은 수많은 행사와 관제데모에 동원되었다. 그리고 이 동원의 중 심에는 학도호국단이 있었다. 학도호국단은 1948년 여순사건 당시 좌익탄압이 고조된 사회 분위기하에서 학원에 대한 감시체제를 강화하기 위한 의도로 만들어졌다. 그렇지 만 6·25전쟁이 시작되면서 학도호국단은 학생들을 동원하고 생활을 규제하는 형태로

변화했다. 1950년대 학도호국단은 학생의 자율적인 참여를 막고, 정부가 주도하는 행사에 일률적으로 복종해야 하는 조직구도라는 점에서 당대에도 많은 비판을 받았다. 정부는 도의교육과 반공교육을 강화하면서 학생들을 규율하고 이러한 비판을 막아보려고 했지만, '학도를 도구로 이용하지 말라'는 사회의 비판을 막을 순 없었다. 또한 1960년 4월혁명 국면에서는 학생들이 학도호국단이라는 전국적 조직을 이용하여 시위를 모의하는 사례도 찾아 볼 수 있다.

참고문헌

연정은, 「감시에서 동원으로, 동원에서 규율로」, 『죽엄으로써 나라를 지키자』, 선인, 2007.

오제연, 『1960~1971년 대학 학생운동 연구』, 서울대학교 박사학위논문, 2014.

해당호 전체 정보

136-01 이 대통령 기자회견

상영시간 ㅣ 00분 24초

영상요약 ㅣ 10월 16일 이승만 대통령이 경무대 관저에서 내외 기자단과 가진 정례회견을 통해 정부시책을 천명하였다.

136-02 전국 학도호국단 대표 경무대 예방

상영시간 ㅣ 00분 30초

영상요약 ㅣ 10월 21일 전국 학도호국단 대의원 회의에 참석했던 전국 학도호국단 대표일행이 경무대를 방문해 이승만 대통령을 만났다. 정병준 서울대학교 대표는 이승만 대통령 앞에서 국가번영에 노력할 것을 맹세했다.

136-03 "청새치" 경무대로

상영시간 ㅣ 00분 25초

영상요약 ㅣ 10월 16일 9척 길이에 무게 50파운드에 달하는 청새치가 이승만 대통령에 증정되었다. 이 청새치는 부산수산대학 어로과 졸업반의 원양실습도중에 어획되었다.

136-04 월남한 청소년 기자회견

상영시간 ㅣ 01분 08초

영상요약 ㅣ 10월 18일 휴전선 북쪽에서 반공운동을 하다 월남한 청소년 14명이 기자회견을 가졌다. 이들은 북한에서 지하혁명단을 조직하여 활동하다 발각되어 탈출을 감행한 것으로 알려졌다.

136-05 제6회 국전

상영시간 ㅣ 00분 53초

영상요약 ㅣ 10월 15일 제6회 국전이 경복궁 미술관에서 열렸다. 이승만 대통령 및 많은 내외귀빈이 참석했으며, 대통령상에 임직순, 부통령상에 천명애가 입상하였다.

136-06 미 제24사단 기갑사단과 교체

상영시간 | 00분 52초

영상요약 | 10월 15일 미 제24사단의 예비부대 편입 및 미 제1기갑사단과의 교체식이 열렸다. 미 제24사단은 6·25전쟁 때 참전하여 활동하였으며 랄프 쥑카 소장이 사단장을 맞고있다. 랄프 쥑카 소장은 이날 기갑사단장에 취임하였다.

136-07 군관 합동 사방공사

상영시간 | 00분 02초

영상요약 | 군인과 공무원이 합동으로 사방 공사에 협력하였다.

136-08 세계 상이 군인 연맹총회 한국대표 출발

상영시간 | 00분 16초

영상요약 | 10월 19일 한국 상이군인대표 4명이 제7차 상이군인 연맹 총회에 참석하기 위해 김포공항을 통하여 서부독일로 출발했다.

136-09 전국 통신 경기 대회

상영시간 | 01분 23초

영상요약 | 10월 18~19일 전국 제4회 통신경기대회가 열렸다. 단체부문에서 서울체신청이 우승을 차지하였다.

136-10 제38회 전국 체육대회 개막

상영시간 | 02분 26초

영상요약 | 10월 18일부터 24일까지 부산공설운동장에서 전국 체육대회가 개최되었다. 이기붕 민의원장을 비롯하여 많은 체육계 인사들과 전국에서 모여든 선수 5,569명이 참석하였다. 10월 9일 강화도 마니산 참성대에서 점화한 횃불을 18일에 부산공설운동장에 점화하는 것으로 개막되었으며, 11종목에서 신기록이 갱신되었다.

유엔 한국대표 출발 (1957년 10월 28일)

제작정보
출   처 : 대한뉴스 137호
제 작 사 : 공보처
제 작 국 가 : 대한민국

영상정보
제 공 언 어 : 한국어
컬   러 : 흑백
사 운 드 : 유

영상요약

1957년 10월 21일 제12회 유엔총회에 참석할 한국대표단이 출발하였다. 한국대표단에는
민관식 의원, 김형근 서울신문사 사장, 김영주 외무부정무국장이 포함되었다.

12회 유엔총회에 참석할 국회대표 김법린 의원과 민관식 의원 그리고 민간대표로서 김형근 서울신문사 사장, (…)으로 김영주 외무부 정무국장 등 한국대표단 일행이 10월 21일에 많은 내외인사들의 전송을 받으면서 김포공항을 출발 장거에 올랐습니다.

화면묘사

00:00   자막 "유엔 한국 대표 출발 10월 21일"
00:03   사람들의 전송을 받으며 비행기에 오르는 대표단들

연구해제

이 영상은 1957년에 개최된, 한반도 문제가 논의되는 제12차 유엔총회에 참석하기 위해 출국하는 한국 대표단의 출국 모습을 담은 26초의 짧은 영상이다.

'한반도 문제'란 곧 6·25전쟁 이전 유엔에서 논의된 한반도의 독립과 6·25전쟁 이후 통일문제를 지칭하는 것이다. 당시엔 유엔의 영향력도 컸지만 우리에게는 매우 중요한 의미를 지닌 회의이니만큼 대한뉴스에도 소개되고 있음을 알 수 있다.

소위 '한반도 문제'는 1947년 미국에 의해 유엔에 상정된 이후 매년 총회에서 논의되었다. 1954년 4월~6월에는 한국의 평화적인 통일방안을 모색하기 위해 유엔참전국을 비롯한 19개국 외상들이 모인 제네바회담도 개최되었다. 그러나 제네바회담은 「16개국 공동선언문」을 끝으로 결렬되었고, 6·25전쟁 참전국은 한반도 문제를 유엔으로 이관했다.

1954년 제9차 유엔총회 이후 총회에서 결의안이 확정되는 과정은 기득권을 유지하기 위한 자유진영과 이것을 해체하기 위한 공산진영 간의 각축장(角逐場)이었다. 미국은 대한민국 대표를 한반도 문제 토의 중에 투표권 없이 참가하도록 초청할 것을 결정한다는 '남한 단독 초청안' 결의안을, 이에 반해 소련은 조선민주주의인민공화국 및 대한민국 대표단이 한반도 문제 토의 중에 투표권 없이 참가하도록 초청할 것을 결정한다는 '남북한 무조건 동시 초청안' 결의안을 제출했다. 하지만 유엔에서 우위에 서 있었던 미

국의 영향력으로 남한 대표만이 초청되어 연설을 할 수 있었고, 통일방안으로 '유엔감시 하의 남북한 토착 인구비례에 의한 자유총선거안'이 채택되었다.

그러나 유엔 회원국들은 냉전 문제였던 한반도 문제에 대한 표결에 참석하지 않으려 하고, 유엔에서 미국의 영향력이 감소하면서 자동적으로 한국에 불리한 요구들이 표출 되었다. 결국 1973년 박정희 정부는 '6 · 23 평화통일외교정책선언'을 통해 '유엔 동시 가 입'을 주장하며 두 개의 한국을 공식화했다. 이후 남북한은 1991년 유엔에 동시 가입했 다.

▌ 참고문헌

국회도서관입법조사국, 『유엔의 한국문제처리 및 투표상황(1947~1972)』, 1973.
이주봉, 「국제사회의 한반도 문제 인식과 5 · 16군사정부의 유엔정책」, 『역사와 현실』 82, 2011.

ICA 기술 강습회 개강 (1957년 10월 28일)

제작정보		영상정보	
출　　처 :	대한뉴스 137호	제 공 언 어 :	한국어
제 작 사 :	공보처	컬　　러 :	흑백
제 작 국 가 :	대한민국	사 운 드 :	유

영상요약

대한방직협회는 ICA자금으로 유엔기사를 초청하여 1957년 10월 22일 중앙공업연구소에서 원면의 품질을 선택하는 기술강습회를 열었다. ICA는 미국의 원조기구로서 한국에 기술원조를 중심으로 경제원조를 제공했다.

내레이션

대한방직협회에서는 원면의 품질을 선택하는 기술강습회를 ICA자금으로 유엔기사를 초청해서 10월 22일 중앙공업연구소에서 개최했습니다.

화면묘사

00:00   자막 "ICA 기술 강습회 개강 10월 22일"
00:04   강습 장면. 기술을 가르치는 기사와 이를 배우는 사람들

연구해제

대한방직협회에서는 1957년 10월 22일 중앙공업연구소에서 원료 품질을 결정하는 기술 강습회를 개강하여 국제협조처(ICA: International Cooperation Administration)자금으로 유엔기술자를 초청했다. 이 영상은 외국인 기술자의 시범을 보고 따라하며 기술을 습득하는 학생들의 모습을 보여주고 있다.

1950년대 면방직 산업은 쌀, 설탕과 함께 소위 삼백산업을 이루며 제조업을 기반으로 한 경제안정 정책 속에서 육성되던 분야였다. 면방직 산업에 종사하던 기업들은 대한방직협회를 조직하여 원조기구 및 정부와의 협상에서 유리한 위치를 차지하는 등 원료카르텔을 형성하였고, 저금리, 원료의 배분 등 각종 제도의 특혜를 받을 수 있었다. 영상에서 제시되는 바와 같이 대한방직협회는 유엔기술자를 초청하여 기술강습회를 개최하기도 했다.

1950년대 경제원조는 시설재 도입을 중심으로 한 계획원조와 소비재·원자재를 중심으로 한 비계획원조, 기술과 지식 이전을 목적으로 한 기술원조로 구분할 수 있다. 앞서의 계획원조와 비계획원조가 대규모의 예산이 투여되는 물질적 공여를 의미했다면, 기술원조는 인적교류와 교육, 연구를 통한 장기적인 기술발전 사업이었다. 제2차 세계대전 이후 세계 각국에 엄청난 원조를 쏟아 부은 미국은 장기적으로 원조의 비용을 점차 줄이면서도 그 실효성을 보증할 수 있는 보다 세련된 경제 원조 운용 방식을 모색했다. 특히 기술원조훈련계획은 미국의 경제원조를 피원조국이 제대로 수용할 수 있도록 현

지의 인적자원을 육성하는데 목표가 있었다. 아이젠하워 정권 이후 무분별한 대외 원조에 대해 미국 내에서 비판이 제기되자, 미국은 원조의 비용은 줄이면서도 그 효과는 담보할 수 있는 수단을 강구했다.

기술원조훈련계획은 대부분 미국으로 파견하거나 유학하는 형식으로 시행되었는데, 이처럼 기술강습회를 개최하는 경우도 있었다. 영상에서 대한방직협회의 기술강습을 위한 자금을 지원했던 ICA는 1955년 7월 미국행정기구의 개혁으로 해체된 대외활동본부 (FOA: Foreign Operation Administration)의 뒤를 이어 1955년부터 1961년에 이르는 시기의 대한원조를 담당했던 기구였다. ICA는 재정안정계획을 최우선으로 수행하고 재건 및 부흥계획은 재정안정계획 내에서 시행할 것을 주요 골자로 하였다.

영상이 제작되었던 1957년 당시 미국의 원조는 미국의 상호방위법(MSA: Mutual Security Act)에 따라 운용되었다. ICA 역시 MSA에 따라 원조물자를 운영하였다. MSA는 군사원조, 방위지원, 개발차관기금 및 기술원조로 구성되어 있었다. MSA는 그 규모에 있어서나 수원시기에 있어서 해방 후 한국이 수입한 원조의 중심을 이루었다. MSA에 따른 미국의 대한원조의 특징은 방위를 위한 군사원조를 중심으로 부수적으로 경제원조를 행하였다는 것이다. MSA에 의한 경제원조는 그 원조가 목적하는 바에 따라 자본시설에 집중하기 보다는 당면한 경제안정에 집중하는 방향으로 전개되었다. 한국에 대한 기술원조 역시 이같은 대한원조 방향에 의거하여 시행된 것이었다.

█ 참고문헌

한진금, 「1950년대 미국 원조기관의 대한 기술원조훈련계획 연구」, 『한국사론』 56, 2010.
홍성유, 『한국경제와 미국원조』, 박영사, 1962.

해당호 전체 정보

137-01 제12회 유엔데이

상영시간 Ⅰ 01분 54초

영상요약 Ⅰ 10월 24일 제12회 유엔대회 경축식이 거행되었다. 이날을 기념하여 거리에는 꽃으로 장식된 전차가 운행되었으며, 미8군 의장대와 중고등학생들이 시가행진을 벌이기도 했다. 이승만 대통령 내외는 부산의 유엔묘지를 방문해 전몰장병을 추도했으며 유엔군인들을 위한 잔치가 베풀어지기도 했다.

137-02 유엔 한국대표 출발

상영시간 Ⅰ 00분 26초

영상요약 Ⅰ 10월 21일 제12회 유엔총회에 참석할 한국대표단이 출발하였다. 한국대표단에는 민관식 의원, 김형근 서울신문사 사장, 김영주 외무부정무국장이 포함되었다.

137-03 크리스마스 씰을 삽시다

상영시간 Ⅰ 00분 03초

영상요약 Ⅰ 크리스마스 씰을 사자는 자막.

137-04 경찰의 날 12돌

상영시간 Ⅰ 01분 50초

영상요약 Ⅰ 10월 21일 서울 시공관에서 국립경찰 창설 12주년 기념식이 열렸다. 백선엽 육군참모총장 등에게 감사장을 수여하고, 역대 내무부장관 및 치안국장에게도 기념품이 증정되었다.

137-05 제2군 창설 3주년

상영시간 Ⅰ 00분 57초

영상요약 Ⅰ 10월 26일 육군 제2군 창설 3주년 기념식이 대구 종합운동장에서 열렸다. 이승만 대통령을 비롯하여 데커 유엔군 사령관 및 내외귀빈과 시민들이 참석한 가운데 성대하게 거행되었다.

137-06 이 대통령 양녕대군묘 성묘

상영시간 ㅣ 00분 26초

영상요약 ㅣ 10월 27일 이승만 대통령 내외가 양녕대군 묘지를 성묘하고 부근 고속도로를 시찰하였다. 이날 성묘길에는 이승만 대통령의 양아들인 이강석도 함께했다.

137-07 ICA기술 강습회 개강

상영시간 ㅣ 00분 14초

영상요약 ㅣ 대한방직협회는 ICA자금으로 유엔기사를 초청하여 10월 22일 중앙공업연구소에서 원면의 품질을 선택하는 기술강습회를 열었다. ICA는 미국의 원조기구로서 한국에 기술원조를 중심으로 경제원조를 제공했다.

137-08 제1회 교육전시회

상영시간 ㅣ 00분 19초

영상요약 ㅣ 10월 21일부터 30일까지 10일간 서울 덕수궁에서 제1회 전국 교육전시회가 열렸다. 이날 전시회에는 각 도 교육자 및 학생들의 작품 1637점이 전시되었고, 많은 사람들의 발길이 이어졌다.

137-09 재일교포 교육시찰단 내한

상영시간 ㅣ 00분 17초

영상요약 ㅣ 10월 23일 재일교포 교육시찰단이 이기붕 민의원의장을 방문하였다. 이들은 앞으로 1주일 동안 국내 각계를 시찰할 계획을 갖고 있다.

137-10 독서주간

상영시간 ㅣ 00분 26초

영상요약 ㅣ 국민들의 독서율을 촉진하기 위하여 10월 20일부터 26일까지 독서주간으로 설정되었다. 이는 전국 도서관협회와 문교부에서 함께 주관한 것으로 도서전시회, 어린이 도서관, 좌담회 등 다채로운 행사를 거행했다.

137-11 공보관 소식

상영시간 ㅣ 00분 47초

영상요약 ㅣ 공보관에서 개최된 생화전시회, 조류전시회, 관광포스터 전시회를 소개한다. 이날 전시된 금난조는 시가 10만 원이며, 관광포스터는 주로 서유럽 국가들의 관광지를 소개하는 내용으로 이루어졌다.

137-12 제4회 방송 어린이 콩쿨

상영시간 ㅣ 00분 33초

영상요약 ㅣ 10월 26일, 27일 양일간 서울 KBS홀에서 제4회 방송 어린이 음악콩쿨이 개최되었다. 10월 27일에는 콩쿨 입상자들이 연주를 선보였는데 독창에 신명선 어린이, 피아노에 문명희 어린이, 바이올린에 황도엽 어린이의 연주가 진행되었다.

137-13 제38회 전국대회속보

상영시간 ㅣ 00분 33초

영상요약 ㅣ 10월 18일부터 24일까지 전국 종합체육대회가 부산 공설운동장에서 열렸다. 축구경기에서는 청주 상업고등학교팀과 경남 상업고등학교 팀이 결승전에 올랐는데 청주 상업고등학교 팀이 1 대 0으로 승리했다.

문경시멘트 경무대로 (1957년 11월 25일)

제작정보

출 처	:	대한뉴스 141호
제 작 사	:	국립영화제작소
제 작 국 가	:	대한민국

영상정보

제 공 언 어	:	한국어
컬 러	:	흑백
사 운 드	:	유

영상요약

문경 시멘트공장에서 생산한 시멘트가 처음으로 서울에 입하되어 경무대 관저에 증정되었다. 이날 입하된 시멘트는 4,800개이며 판매가격은 1,400환으로 책정되었다.

내레이션

서울에 처음으로 입하된 문경시멘트가 동(同)공장의 모형도와 같이 경무대 관저에 증정되었습니다. 이날 처음으로 입하된 4,800개의 시멘트는 서울 시내에서 개당 1,400환으로 판매될 것이라고 합니다.

화면묘사

00:00 자막 "문경시멘트 경무대로"
00:02 문경시멘트 모형도를 바라보는 이승만 대통령
00:10 시멘트를 보고 일행과 대화하는 이승만 대통령

연구해제

해방 후 남한에 남아있던 시멘트 공장은 식민지시기에 건설된 삼척 시멘트 공장(1956년 회사명을 동양시멘트공장으로 변경)이 전부였다. 하지만 시멘트 소비량은 6·25전쟁 이후 더욱 늘어났고, 시멘트 산업의 건설이 급박해졌다. 이에 따라 1954년 6월 2일 상공부와 유엔한국재건단(UNKRA: UN Korean Reconstruction Agency)는 시멘트 공장 신설에 따른 장소와 자금계획 등에 합의를 보고 원조자금 투입을 결정했다.

이를 통해 건설된 공장이 동 대한뉴스 영상에 등장하는 문경시멘트공장이다. 당초 공장의 신설 장소로는 문경과 단양이 논의되었으나, 결국 문경으로 정해졌다. 공장건설 계약은 1955년 2월 4일 UNKRA측 대표와 국제입찰에 의해 건설 공사를 담당케 된 덴마크의 F.L. Smidth회사 측 간에 체결되었는데, 연 20만 톤의 시멘트를 생산하는 공장을 건설한다는 것이었다. 기공식은 1955년 11월 30일에 거행되었다.

건설공사와 발맞추어 1956년 10월 26일에는 자본금 1억 2,500만 원으로 대한양회공업 (주)이 설립되어 문경공장의 운영권을 단일입찰자로 일반경쟁입찰을 통해 정부로부터 인계받았다.

공장은 1957년 9월 26일 준공을 보았다. 외자 899만여 불과 내자 2억 5,000여만 원의 공사비가 들었고, 연산 능력 24만 톤의 용량으로 화입되었다. 그 첫 생산품이 경무대로 전달되어 이승만 대통령에게 선보인 것이 이 영상의 내용인 것이다.

이로써 국내 시멘트 공급은 1957년까지 동양시멘트가 독점해왔으나 대한시멘트의 문경 공장이 본격적으로 가동된 1958년부터 두 회사가 공급을 양분하게 되었다. 그러나 국내수요도 대폭적으로 증대되어 여전히 수급균형은 잡히지 않았고, 오히려 1958년도에는 30만 톤 이상을 수입해 와야 했다. 이에 따라 두 시멘트 공장은 증설을 시도하였고, 여타 업자들 역시 1960년대 들어 시멘트 공장을 신설하게 되면서, 시멘트 산업의 규모는 더욱 커지게 된다.

참고문헌

『한국의 시멘트산업』, 한국양회공업협회, 1974.

상공회의소 건물 준공 (1957년 11월 25일)

제작정보

출　　　처 : 대한뉴스 141호
제 작 사 : 공보처
제 작 국 가 : 대한민국

영상정보

제 공 언 어 : 한국어
컬　　러 : 흑백
사 운 드 : 유

영상요약

1957년 11월 21일 있었던 서울 상공회의소의 준공식을 다룬 영상이다.

내레이션

6·25동란 때 파괴되었던 서울 상공회의소가 새로운 현대식 건물로 개조되어 11월 21일 그 준공식을 보게 되었습니다. 이 대통령을 비롯해서 많은 내외 귀빈들이 참석한 이날 식전에서 이 대통령께서는 서울상공회의소 건물 준공에 공헌한 사람들을 치하하시면서 국내 상공업자는 개인의 이익을 버리고 공동 이익을 추구하라고 강조하셨습니다.

화면묘사

00:00   자막 "상공회의소 건물준공" 테이프 커팅하는 이승만
00:02   식장으로 들어가는 이승만 일행과 모여있는 사람들
00:11   단상 위에 앉아 있는 이승만과 내외귀빈들
00:17   연설하는 이승만과 모여 앉은 사람들 모습
00:27   상공회의소 전경과 밖으로 나온 이승만 일행

연구해제

이 영상은 1950년 6·25전쟁으로 파괴되었던 대한상공회의소를 현대식으로 개축하고 준공식을 개최했다는 소식을 전하고 있다. 1957년 11월 21일 개최된 준공식에는 이승만 대통령을 비롯한 관계인사들이 참석했다. 영상에서는 이승만 대통령이 연설을 통해 개인의 이익을 버리고 공동의 이익을 추구하라고 강조했다는 점을 소개하고 있다. 대한상공회의소 건물의 복구는 1954년 대외활동본부(FOA: Foreign Operation Administration) 자금에 의해 공공건물복구계획의 일환으로 1956년 8월 착공되었다. 새로 준공된 대한상공회의소 건물은 소공동에 위치하고 있었으며, 5층으로 이루어진 건물이었다.

대한상공회의소는 1884년 설립된 한성상업회의소를 전신으로 한다고 볼 수 있다. 한성상업회의소는 1915년 10월 1일 조선상업회의소령이 발포되면서 당시 조선에서 활동하고 있던 일본인 상업회의소와 통합되었다. 이후 1930년 11월 15일 상공회의소로 변경되었다가 해방 이후 1948년 7월 '대한상공회의소'로 다시 한 번 명칭이 바뀐 이후 현재까지 사용되고 있다.

1952년에는 상공회의소법안이 발의되어 통과되면서 그 역할이 공식화되었다. 상공회의소법안의 내용은 상공업의 개선발달을 위하여 대한상공회의소를 법인으로 하고, 상공업에 관한 사항에 대하여 정부에 건의하는 동시에 정부의 자문에 응하도록 되어 있다. 또한 소관사업으로는 상공업에 관한 통계 조사와 연구, 계획조사 및 장려, 통보와 연락, 선전, 중개 또는 알선, 조정 및 중재, 증명하는 업무와 함께 일반상공인의 복리증진, 상공업의 진흥을 위한 시설, 상공장려관 설치, 국제통상의 진흥 및 국제친선 또는 관광에 관한 사업, 기타 상공업의 개선발달에 필요한 사업 등으로 규정되었다.

이는 결국 재계의 이익을 대변하고 대정부 압력단체 역할을 수행하는 단체라고 할 수 있다. 이 같은 성격의 단체는 대한상공회의소 외에도 전국경제인연합회, 한국무역협회, 중소기업중앙회가 있는데 이들을 일반적으로 '경제4단체'라고 일컫는다.

▌참고문헌

「조선상공회의소령 시행규칙의 발포」, 『동아일보』, 1930년 11월 19일.

「민의원 상공회의소 법안 독회」, 『동아일보』, 1952년 11월 13일.

조재곤, 「일제강점 초기 상업기구의 식민지적 재편 과정－1910년대 상업회의소와 조선인 자본가－」, 『한국문화』 31, 서울대 한국문화연구소, 2003.

해당호 전체 정보

141-01   문경시멘트 경무대로

상영시간 ｜ 00분 21초

영상요약 ｜ 문경시멘트가 생산한 시멘트가 처음으로 서울에 입하되어 경무대 관저에 증정
되었다. 이날 입하된 시멘트는 4,800개이며 판매가격은 1,400환으로 책정되었다.

141-02   유엔군 친목의 날

상영시간 ｜ 00분 55초

영상요약 ｜ 11월 21일과 22일 유엔군 장병들을 위한 친목의 날 행사가 마련되었다. 유엔
군 장병들은 경무대 관저를 찾아 이승만 대통령을 만났으며 이기붕 민의원의
장을 비롯한 많은 명사들 집에 초대되었다. 또한 한국의 집에서는 유엔군을
위한 행사를 개최하여 우리나라 고전무용, 아악, 어린이 무용 등을 선보였다.

141-03   상공회의소 건물 준공

상영시간 ｜ 00분 32초

영상요약 ｜ 11월 21일 6 · 25전쟁 때 파괴되었던 서울 상공회의소의 준공식이 거행되었다.
상공회의소는 상공업자들의 연합회와 같은 기구인데, 이날 이승만 대통령은
사익을 버리고 공익을 추구하라고 강조하였다.

141-04   반공 학생의 날

상영시간 ｜ 00분 29초

영상요약 ｜ 제1회 반공 학생의 날 행사가 서울운동장에서 열렸다. 이날 월남 청소년 14명
을 비롯하여 한강 반공 투사 및 월남한 민간선원에게 꽃다발과 기념품을 증정
하였다.

141-05   새로 도입된 통계기

상영시간 ｜ 00분 20초

영상요약 ｜ 11월 20일 보건사회부에서 새로 도입된 통계기의 시동식이 있었다. 이번에 도

입된 통계기는 자동으로 구멍을 뚫는 기계, 검공기, 자동분류기이다.

141-06 한강주교 개통
상영시간 ㅣ 00분 31초
영상요약 ㅣ 한강 인도교가 완공될 때까지 이용될 한강 주교가 개통했다. 이 주교는 육군 야전 공병대가 가설하였으며, 이전에 가설한 부교가 한강에 얼음이 얼면 철거 하게 되어 새로 가설한 것이다.

141-07 서울 근교에 최신 아파트
상영시간 ㅣ 00분 51초
영상요약 ㅣ 서울 종암동에 서부독일 기술자의 설계로 현대식 아파트가 준공되었다.

141-08 부산 - 서울 간 대 역전 마라톤
상영시간 ㅣ 01분 12초
영상요약 ㅣ 11월 19일 9.28수복을 기념하는 부산-서울 간 역전 마라톤 대회가 열렸다. 제 1구간인 부산-밀양 코스는 공군팀이 1등으로 도착하였으며, 밀양-대구 지역 은 육군 특무부대가 1착하였다. 마라톤대회는 24일 해병대 팀의 문민덕 선수 가 1등으로 서울에 도착하며 종료되었다. 최종적인 우승은 27시간 4분 15초 기록을 세운 육군 특무부대팀이 차지하였고, 2등은 해병대 팀이었다.

141-09 해외소식
상영시간 ㅣ 04분 46초
영상요약 ㅣ 미국의 플로리다 파트릿크 공군기지에서는 미국의 장거리 유도탄 스나크가 발사되었다. 프랑스에서는 새로 만든 잠수함의 진수식이 있었고, 영국에서는 '로드 다인'이라는 신형 비행기가 개발되었다. 오스트리아의 교회에서는 십자 가가 파손되어 헬기를 통해 철거작업을 보였는데, 신자들 사이에서는 신의 뜻 을 거스른 것이라는 말이 나오기도 했다. 남미에서는 수해를 입은 밭에 물고 기와 새우 등이 밀려와 이를 대신 수확하였다. 미국의 커디스 르메이 장군은 미국과 아르헨티나 사이의 무착륙 비행에 성공하였으며, 영국의 수상보트 선 수 도널드 함멜이 대회에서 신기록을 세웠다.

김병로 대법원장 퇴임 (1957년 12월 16일)

제작정보

출   처 : 대한뉴스 144호
제 작 사 : 공보처
제 작 국 가 : 대한민국

영상정보

제 공 언 어 : 한국어
컬   러 : 흑백
사 운 드 : 유

영상요약

1957년 12월 16일 김병로 전 대법원장의 퇴임식이 열렸다. 김병로 대법원장은 50여 년에
걸친 법조계 생활을 마치며 아쉬움을 담은 퇴임사를 전달했고, 김두일 대법관이 이에
송별사로 답했다.

10월 15일로써 정년 퇴임한 김병로 전 대법원장이 12월 16일 퇴임인사차 경무대로 이 대통령을 예방했습니다. 한편 이날 대법원에서 거행된 퇴임식에서 김병로 전 대법원장은 50여 년에 걸친 법조계 생활을 회고하면서 9년간 아무것도 한 일이 없이 자리를 떠나게 되니 더욱 가슴 아프다는 요지의 퇴임사에 이어서 김두일 대법관의 송별사가 있었으며 김병로 씨의 초상화 제막으로 노 대법관을 보내는 이날의 식전은 엄숙하게 끝났습니다.

■ 화면묘사

00:00 경무대에서 만난 이승만 대통령과 김병로
00:06 김병로의 퇴임사와 김두일 대법관의 송별사 모습
00:26 초상화 제막과 식전에 참석한 사람들

■ 연구해제

이 영상은 1957년 12월 16일 거행된 대한민국 초대 대법원장 김병로의 퇴임식 장면과 식을 마친 후 경무대를 방문하여 이승만과 환담하는 김병로의 모습을 담고 있다.

가인(街人) 김병로는 1988년 1월 27일 전라북도 순창군 복흥면 하리에서 출생하였다. 1904년 16세에 처음으로 목포 일신학교에서 신학문을 배웠으나 을사늑약에 분개해서 귀향하여 1906년 18세에 순창에서 최익현의 의병에 가담하였다. 이후 1911년 가을에 일본 유학길에 올라 1912년 3월 명치대학 법과 3학년에 편입하였다.

1915년 김병로는 귀국해서 경성전수학교 법학 조교수로 발령받고, 보성법률상업학교에도 출강하였다. 1919년에는 부산지방법원 밀양지원 판사에 취임했으나 1년 뒤인 1920년 4월 17일 판사를 사임하고 변호사 자격을 얻었다.

그는 일제하 대동단사건, 보합단사건, 제1차 조선공산당사건, 6·10만세운동 참여자 변호 등의 독립운동과 옥구군 소작쟁의 등의 소작쟁의 변호를 담당하였다. 또한 독립운동에도 직접 참여하여 조선물산장려운동과 조선민립대학 설립 운동, 그리고 신간회에

서 활동하였다. '만주사변'이 발발한 후인 1934년 일제를 피해 경기도 양주군 노해면 창동으로 온가족이 이주하여 은거했는데, 이 시기 그는 수양동우회사건 관련자들을 변호하거나 잡지에 글을 발표하는 것 외에 일체 활동을 하지 않았다.

해방 이후 김병로는 한국민주당 창당에 관여했고 송진우 암살 이후 한국민주당 수석총무직을 받았다. 그는 신탁통치 정국하에서 반탁의 입장을 견지하였다. 김병로는 1946년에 미군정청 사법부장에 취임하였다. 그리고 1946년 10월 21일 토지개혁 문제를 둘러싸고 한민당의 정책에 반대해 탈당하였다. 이후 그는 김규식을 위원장으로 하는 민족자주연맹결성준비위원회에 일원으로 참가하기도 하였다.

김병로는 1948년 8월 5일 대한민국 초대 대법원장에 임명되었다. 특히 그는 민족반역자 처단을 위한 반민족행위 특별조사위원회 특별재판부 재판장으로 임명되었는데, 반민특위 활동에 관한 이승만 대통령의 담화를 반박하기도 하였다. 또한 그는 대법원장 시절 사사오입 개헌 처리에 대한 반대 등 이승만 대통령에 대한 반대의사를 피력하기도 하였다.

대법원장 퇴임 이후 김병로는 진보당 사건, 국가보안법 파동, 부정선거 등 이승만 정부를 강하게 비판하였다. 1963년 군정으로 정지되었던 정치활동이 재개되자 김병로는 창당 활동에 들어가 국민의당에 참석하여 대표최고위원이 되었다. 그러나 이후 병석에 누워 1964년 1월 13일 인현동 자택에서 영면하였다. 그는 영상에서 보는 것처럼 자그마한 체구에도 소신이 있는 법관이었으며, 청렴하고 강직하였던 것으로 평가받고 있다.

▌참고문헌

김학준, 『가인 김병로 평전』, 민음사, 1988.

144-01 서울방송국 신 국사 낙성

상영시간 | 02분 28초

영상요약 | 12월 10일 서울방송국 신국사 낙성식이 열렸다. 서울방송국 신국사는 현대식
건물로 최신식 음향시설을 갖추고 있으며 남산 일각에 건축되었다. 낙성식을
기념하기 위해 미국의 유명한 하프연주자 에드워드 비토와 플룻 연주자 아서
로라가 출연한 연주회가 열렸다.

144-02 레드포드 제독 내한

상영시간 | 00분 38초

영상요약 | 래드포드 전 미국 합동참보본부의장이 부인과 함께 12월 15일 내한하였다.

144-03 프란체스카 여사 구호물자 전달

상영시간 | 00분 15초

영상요약 | 12월 13일 프란체스카 여사가 경무대를 방문한 극빈자들에게 구호물품을 나
누어 주었다. 이는 고재봉 전 서울시장의 안내로 이루어졌는데, 구호물품에는
양말, 스웨터 등이 포함되어 있었다.

144-04 인권옹호주간

상영시간 | 00분 33초

영상요약 | 1957년 12월 10일부터 일주일 동안 인권옹호주간으로 설정되어 기념행사들이
열렸다. 12월 10일은 제9회 세계인권공동선언일이기도 한데, 국제인권옹호한
국연맹에서는 서울 시공관에서 성대한 기념식을 거행했다.

144-05 김병로 대법원장 퇴임

상영시간 | 00분 35초

영상요약 | 1957년 12월 16일 김병로 전 대법원장의 퇴임식이 열렸다. 김병로 대법원장은
50여 년에 걸친 법조계 생활을 마치며 아쉬움을 담은 퇴임사를 전달했고, 김

두일 대법관이 이에 송별사로 답했다.

144-06 해외소식

상영시간 ｜ 04분 54초

영상요약 ｜ 가벼운 졸도로 병석에 있던 아이젠하워 미 대통령이 회복 후 장로교회에 나와 예배를 보았다. 예배 후 아이젠하워 대통령은 국무회의 참석차 교회를 떠났다. 미국의 뉴욕에는 아이들와일드 공항이 확장 신축되었다. 시애틀에서 열린 모터보트 전시회에는 소형보트, 어린이 보트, 58년식 고급보트 등 다양한 보트가 전시되었다. 레이크 워싱턴에서 열린 수상보트 대회에서 수상모터보트의 신기록이 수립되었다. 뉴올린언즈에서는 베네수엘라가 기증한 남미 해방가 시몬 볼리바의 동상 제막식이 열렸다. 미군의 마스코트 곰 '테디'의 퇴임식이 열렸다. 로스앤젤레스에서는 송아지 다루기 경기가 열렸다. 뉴욕에서 열린 휴일용 모자전시회에는 벨벳모자, 백조모자, 터번 등 다양한 디자인의 모자들이 선보여졌다.

인천 판유리공장 (1958년 1월 7일)

제작정보

출　　　처 : 대한뉴스 146호
제 작 사 : 국립영화제작소
제 작 국 가 : 대한민국

영상정보

제 공 언 어 : 한국어
컬　　러 : 흑백
사 운 드 : 유

▍ 영상요약

인천 판유리 공장에서 판유리 13만 상자와 변형유리 1만 상자를 생산했다. 인천 판유리 공장은 유엔한국재건단(UNKRA)의 원조로 건설되었다. 우리나라는 판유리의 원료가 되는 천연자료가 풍부하기 때문에 머지않아 수출실적 증강에 도움이 되는 품목으로 성장하게 될 것이다.

▍ 내레이션

우리 일상생활에 많이 쓰이고 있는 판유리도 우리들의 힘으로 연간 14만 상자를 생산하게 되었습니다. 지난해 운크라 원조로 성공을 보게 된 인천 판유리 공장에서는 연간 판유리 13만 상자와 변형 유리 1만 상자를 생산하고 있습니다. 그런데 이 판유리는 70퍼센트의 모래와 석회석, 해운, 해사, 토사로 만들어지는 것입니다. 판유리의 주원료인 모래, 석회석 등 천연자원을 무진장으로 가지고 있는 우리나라 판유리는 머지않아 해외수출의 총화로써 등장하게 될 것입니다.

▍ 화면묘사

00:00 판유리 공장의 전경
00:04 제작된 판유리를 바닥에 눕히는 인부들
00:12 판유리의 재료를 가공하는 기계가 돌아가는 모습
00:20 원료를 가열하는 기계의 모습
00:28 제작과정을 지켜보고 있는 외국 인사
00:30 계량기의 모습
00:32 판유리를 들어 눕히는 인부들
00:46 완성된 판유리를 옮기는 인부들
00:51 판유리를 들어 수레에 싣는 인부들
00:56 완성된 판유리를 재단하는 인부들
01:01 유리가 이동 중에 깨지지 않게 짚으로 싸는 장면

연구해제

이 영상은 1957년부터 가동하기 시작한 인천 판유리 공장의 생산 현장을 담고 있다.

해방 후 국내수요는 날로 증가했지만 생산공장이 없어 전량을 해외에서 수입하고 있던 판유리는, 6·25전쟁 이후 전후복구가 본격화하면서 수입량이 전쟁 전에 비해 2배가량 급증하였다. 매년 평균 100만 달러 이상의 외화가 이에 소비됨에 따라, 정부는 같은 사정에 처한 시멘트, 비료공장과 더불어 외자 지원에 의한 판유리 공장 건설을 계획하였다. 정부는 미국 및 UNKRA 측과 협의하여 건설을 위한 원조자금을 약속받았고, 1954년에서 1956년에 이르는 동안 공장부지 및 건설업자의 선정, 공사계약의 체결, 공사 착공 등 일련의 과정이 진행되었다. 파나마 건설업체는 인천시 만석동을 공장 부지로 정하고 1956년 2월 14일 기공을 시작, 1957년 9월 30일 준공하였다. 연 생산규모는 판유리 12만 상자, 망입판유리 1만 상자였고, 총건설비는 외화 320만 5,871불, 환화 7억 4,421만 1,387환이 소요되었다.

이 영상에서는 판유리 공장이 건설되어 우리 힘으로 판유리가 생산되는 과정을 보여주며 산업인프라가 구축되고 있음을 국민들에게 홍보하고 있다.

한편 판유리 공장은 정부의 주도로 건설되면서도 기업민영화 원칙에 따른 민유·민영이 전제로 되어 있었다. 당시 인천 판유리 공장의 공매입찰에는 많은 재계인사들이 관심을 가지고 있었는데, 그중 최태섭(한국유리공업주식회사)이 약 23억 5,000만 환에 낙찰 받았다. 하지만 실제 매매계약은 3억 5,000만 환으로, 자기자금은 14.9%만 소요되었고, 나머지는 산업은행에 의한 장기 할부상환 방식의 융자에 의해 뒷받침 받았다. 이처럼 한국 내 유일 업체인 인천 판유리를 특혜 인수한 최태섭은 1961년 현재 총자산 규모가 53억 환에 달하는 재계 10위권의 거대 자본가로 성장할 수 있었고, 독점 업체로서의 입지를 강화해 갔다.

참고문헌

김성조, 「1950년대 기간산업공장의 건설과 자본가의 성장」, 연세대학교 석사학위논문, 2003.

해당호 전체 정보

146-01 미 제1기갑사단장 랄프쥑커소장에게 훈장
상영시간 ｜ 00분 19초

영상요약 ｜ 랄프 W. 즈위커 미제1기갑사단장이 태극무공훈장을 받았다. 랄프 즈위커는
미제24사단장도 역임하고 있다.

146-02 경찰 시무식
상영시간 ｜ 00분 40초

영상요약 ｜ 1월 6일 서울운동장에서 경찰국에서 주최한 시무식이 거행되었다. 이 자리에
는 내빈을 비롯한 경찰간부, 5,000여 명의 경찰관과 300여 명의 소방관이 참석
한 가운데 성대하게 진행되었다.

146-03 체신부 케이블 공사
상영시간 ｜ 00분 43초

영상요약 ｜ 체신부의 케이블 증선으로 서울시내 시민들이 이용할 수 있는 전화가 늘어나
게 될 예정이다. 이는 ICA자금으로 시행된 것이며 2월 초순경부터 서울 시민
이 사용할 수 있게 될 것으로 보인다.

146-04 인천 판유리공장
상영시간 ｜ 01분 08초

영상요약 ｜ 인천 판유리 공장에서 판유리 13만 상자와 변형유리 1만 상자를 생산했다. 인
천 판유리 공장은 유엔한국재건단(UNKRA)의 원조로 건설되었다. 우리나라는
판유리의 원료가 되는 천연자료가 풍부하기 때문에 머지않아 수출실적 증강
에 도움이 되는 품목으로 성장하게 될 것이다.

146-05 해외소식
상영시간 ｜ 06분 45초

영상요약 ｜ 아이젠하워 미국 대통령이 파리에서 열린 NATO회의에 참석하였다. 파리의 수

많은 시민들의 환영을 받으며 도착한 아이젠하워는 북대서양 동맹군 사령관 로스코트, 프랑스 대통령 푸치, 딜레스 미 국무부장관을 비롯해 15개 북대서양 회원국 수뇌부들과 회담을 가졌다. 잠수복 실험과 스키대회, 빙상경기, 자동차 경주, 오토바이 경주, 경마, 장애물 경마, 다이빙 대회와 수상스키 등 각종 해외경기가 개최되었다.

나주 비료공장 건설 조인식 (1958년 2월 5일)

제작정보

출   처 : 대한뉴스 150호
제 작 사 : 공보처
제 작 국 가 : 대한민국

영상정보

제 공 언 어 : 한국어
컬   러 : 흑백
사 운 드 : 유

영상요약

1월 31일 서독간의 나주 비료 공장 건설계약 조인식이 열렸다. 서독간의 협의는 오랫동안 지속되었고 김일환 상공부장관이 대표로 참석하여 협약서에 사인하였다.

█ 내레이션

오랫동안 우리나라와 서부독일 간에 진지한 협의가 계속되어 오던 나주 비료 공장 건설 계약이 드디어 1월 31일 상공부 장관실에서 양국대표들이 모인 자리에서 체결됐습니다.

█ 화면묘사

00:00 계약서에 사인하는 모습
00:10 악수하는 김일환 상공부장관과 서독대표들

█ 연구해제

이 영상은 1958년 1월 31일 서독과 체결한 나주 비료 공장 건설 조인식을 다루고 있다. 영상에서는 상공부 장관실에서 김일환 상공부장관, 김현철 재무부장관과 서독의 건설관계 5개사를 대표한 '뤼디거(Rüdiger)' 박사가 계약서에 사인을 하는 장면과 서로 악수하는 장면을 볼 수 있다.

1953~1954년부터 정부는 '3대 기간산업 공장(문경시멘트공장, 인천판유리공장, 충주비료공장)'의 건설·불하계획을 통해 자본을 육성하려고 하였다. '3대 기간산업'이란 건축과 농업증산의 필수재인 시멘트·판유리·비료 등 3개의 중점산업을 지칭하던 용어이다. 이들은 전력·탄광업 등 에너지산업과 함께 전후경제건설에 가장 절실하게 필요했던 기초중화학공업 부문이었다. 6·25전쟁으로 모든 산업 기반시설이 파괴된 상황에서 각종 산업시설과 주택, 교량, 도로, 수리시설 등과 같은 경제부흥의 토대를 마련하려면 시멘트·판유리와 같은 건축자재의 공급이 시급했던 것이다. 그리고 무엇보다도 식량자급과 곡가안정을 위한 농업생산의 증대도 매우 시급한 형편이었다.

비료는 농업생산과 직접 관련되는 품목이고, 당시 국내 총생산에서 농업이 차지하는 비율이 압도적이었던 만큼 문제가 특히 심각했다. 일제시기 비료 총생산량의 90%를 차지하고 있던 '흥남비료공장'은 북한에 소재하고 있었다. 남한에 있던 소규모 비료 공장은 시설이 빈약할 뿐 아니라 기술부족, 원료난, 전력난 등으로 해방 후 휴업상태에 놓여 있었다. 더욱이 6·25전쟁으로 인해 빈약한 국내시설마저 파괴됨으로써 정전 후에는 인천의 '조선화학비료주식회사'와 삼척의 '북삼화학공사'만 남아있었다. 결국 남한의 비료 수요량은 그 전량을 수입비료에 의존하지 않을 수 없었고 1951년에서 1960년까지 연간 평균 70만 톤을 수입하였다. 이에 따라 미국의 총경제원조액에 대한 비료 수입액의 비율도 1954년에서 1957년까지 평균 19%에 이르는 상황이었다.

이 상황에서 비료의 확보가 절대적으로 필요했는데, 그 수요의 증가추세에 비해 국내 공급은 절대적으로 부족한 상태였고 빠른 시일 내에 국내생산기반을 구축할 필요가 있었던 것이다. 영상에서 볼 수 있는 나주 비료 공장은 이러한 상황에서 꼭 필요한 산업 시설로 2,350만 달러와 환화 25억 환의 투자로 건설되는, 질소질 44%를 포함한 요소비료를 연간 85,000톤 생산하는 대규모의 공장으로 계획되었다.

▌ 참고문헌

「羅州肥料工場 오늘建設契約」, 『동아일보』, 1958년 1월 31일.
「34個月內에完成」, 『동아일보』, 1958년 2월1일.
김성조, 「1950년대 기간산업공장의 건설과 자본가의 성장」, 연세대학교 석사학위논문, 2003.

해당호 전체 정보

150-01 미 제1군단장 이임식 및 원자포 전시

상영시간 ㅣ 02분 11초

영상요약 ㅣ 2월 3일 미 제1군단장 투르도 준장의 이임식 및 어니스트 존 원자포 전시가
개최되었다. 이 자리에는 김정렬 국방부장관, 다울링 주한미대사, 카밀 이들
터키대사 등이 참관하였다.

150-02 미국 '미네소타주' 백년제 민간사절 내한

상영시간 ㅣ 00분 47초

영상요약 ㅣ 1월 29일 미네소타주 미네아폴리스 스타앤드트리뷴 신문사의 배달원 윌리엄
베반이 민간사절의 자격으로 한국을 방문했다. 베반은 어린이들의 열렬한 환
영을 받으며 입국했으며 이승만 대통령에게 명예시민증과 백년제 기념 초청
장을 전달했다.

150-03 일본인 어부 석방

상영시간 ㅣ 01분 30초

영상요약 ㅣ 1958년 1월 31일 평화선 불법 침입으로 부산수용소에 억류되어 있던 일본인
어부들이 석방되었다. 이들은 버스를 통해 항구로 이동하여 평택호에 승선,
일본으로 향했다. 이들은 평화선의 타당성을 역설하며 이를 준수할 것이라고
맹세했다.

150-04 나주 비료공장 건설 조인식

상영시간 ㅣ 00분 19초

영상요약 ㅣ 1월 31일 서독간의 나주 비료 공장 건설계약 조인식이 열렸다. 서독간의 협의
는 오랫동안 지속되었고 김일환 상공부장관이 대표로 참석하여 협약서에 사
인하였다.

150-05   해외소식

상영시간 ｜ 04분 37초

영상요약 ｜ 식량난을 겪고 있는 인도의 봄베이시에는 역사상 보기 힘든 기근이 발생했으
며 이에 미국 전역을 비롯한 정부의 양곡이 대량으로 방출되고 있다. 이에 반
해 대만에서는 풍년이 들어 풍부한 양곡이 생산되었다. 파키스탄, 중국, 홍콩,
베트남 등 동양 각국의 스타일의 옷이 선보여 서구인들의 시선을 끌었다. 원
형주택이 개발되어 선보였는데, 캡슐처럼 생긴 집안에 들어서면 부엌, 침실
등이 꾸며져 있다. 유럽에서 가장 험난하다고 알려진 코스에서 스키대회가 열
렸다.

반공회관 개관 (1958년 2월 12일)

제작정보

출   처 : 대한뉴스 151호
제 작 사 : 공보처
제 작 국 가 : 대한민국

영상정보

제 공 언 어 : 한국어
컬   러 : 흑백
사 운 드 : 유

영상요약

1958년 2월 5일 서울 세종로에 자리한 반공회관이 개관하였다.

내레이션

그동안 한국아세아반공연맹에서 마련 중에 있던 반공회관이 말쑥한 단장을 하고 드디어 2월 5일 개관을 보게 되었습니다. 이날 세종로에 자리 잡고 있는 반공회관에서 이민의원의장에 의해서 테이프가 끊어지자 개관식에 참석한 수많은 인사들은 동 회관에 전시된 아시아 반공국가의 명랑한 생활들과 민주생활과 공산치하의 암흑생활을 비교하는 가지가지의 사진과 대남간첩들의 무기와 지령문 등을 참관했습니다. 그런데 이 반공회관은 공산치하의 암흑상을 생생하게 드러냄으로써 국민의 반공사상을 보다 더 철저히 하며 멸공의욕을 고취하는 온갖 사업에 널리 공개될 것입니다.

화면묘사

00:00 자막 "반공회관 개관" 깃발이 나부끼는 반공회관 정면
00:04 반공회관 앞에 세워져 있는 맥아더 장군 동상
00:07 포스터 등이 전시되어 있는 반공회관 내부모습
00:10 '자유를 위하여'라는 제목의 벽에 붙여진 사진들
00:13 테이프를 끊는 이기붕 민의원의장과 내부를 관람하는 참석자들
00:25 전시된 포스터, 동상, 사진 등
00:30 철장 안에 전시된 사진들. 공산주의 국가 사람들의 모습

연구해제

이 영상은 1958년 2월 5일 서울 세종로에 문을 연 반공회관 개관식을 보여준다. 반공회관은 전 '여자경찰서' 건물(현 KT 광화문 사옥)을 개수하여 만든 것으로, 건물 앞에는 맥아더 장군 동상과 '아세아민족반공연맹' 회원국들의 국기가 게양되었다. 이날 열린 개관식에는 이기붕 민의원 의장을 비롯하여 각 부 장관, 3군 참모총장, 외국 사절 등이 참석했다. 반공회관은 '아세아반공연맹'의 한국본부로 사용되었으며, 공산주의에 대한 연구 및 반공 간행물들의 출판과 전시가 이루어졌다.

개관 이후 반공회관에서는 이승만 탄생일 기념 반공미술전시회, 건국 10주년 기념 반

공전시회, 9·28수복 기념 반공전시회, 교육전시회, 아동미술전시회 등이 개최되었다. 또한 반공투쟁위원회 등 반공단체들이 이 건물에 입주를 하기도 하였다.

1960년 4·19혁명이 일어나자 시위대는 자유당 정권의 앞잡이를 그대로 둘 수 없다며 반공회관과 서울신문사에 방화를 하였다. 이 소식을 들은 주미대사 양유찬은 "학생들이 무엇 때문에 반공회관을 공격하였는가? 왜 그들은 거대한 맥아더 장군의 동상을 파괴하려 하였는가?"라고 하면서 학생들의 시위를 북한과 연관시키고자 하였다. 그러자 학생들은 "공산침략의 격퇴자"라고 쓴 커다란 화환을 맥아더 동상에 걸어 놓았다. 이에 대해 당시 『경향신문』은 "남한 군중이 반공회관에 불을 놓고 맥아더 장군의 동상을 파괴하였다고 양유찬 대사가 꾸며댔는데, 이것은 반공을 차용했었으나 실은 정치테러 집단인 반공청년단이 불탔던 것이며 맥아더 장군의 동상은 오히려 이렇게 숭앙을 받았던 것이다"라고 기사를 썼다.

이후 반공회관과 그 앞에 세워져 있던 맥아더 동상은 1961년 정부청사를 새롭게 준공하면서 도시계획선 안에 들어가 이전되었다.

▌ 참고문헌

「반공회관 개관」, 『경향신문』, 1958년 2월 6일.
「반공회관 개관」, 『동아일보』, 1958년 2월 6일.
「반공회관 서울신문 전소」, 『동아일보』, 1960년 4월 20일.
「학생데모에 공산선동 운운」, 『동아일보』, 1960년 4월 25일.
「자유혁명의 꽃다발」, 『경향신문』, 1960년 4월 30일.
「반공연맹회관 이전 맥아더장군 동상도」, 『경향신문』, 1961년 8월 20일.

해당호 전체 정보

151-01 '밴' 장군 내한
상영시간 ｜ 00분 44초

영상요약 ｜ 2월 6일 전 미 제8군 사령관 제임스 A. 밴 플리트 장군이 내한했다. 밴 플리트 장군은 밝은 모습으로 입국했으며 이승만 대통령을 만나 반가운 표정을 지으며 얘기를 나누었다.

151-02 '트루도' 장군 훈장 수여
상영시간 ｜ 00분 27초

영상요약 ｜ 2월 4일 이승만 대통령은 트루더 중장에게 은성태극무공훈장을 수여했다. 트루더 중장은 이승만 대통령에 인디안의 초상화를 선물하였고, 이승만 대통령은 그에게 대한민국에 이바지한 공로를 치하했다.

151-03 신임 미 제1군단장 경무대 예방
상영시간 ｜ 00분 16초

영상요약 ｜ 2월 5일 신임 미 제1군단장 트래프넬 중장이 이승만 대통령을 예방하였다. 이 자리에는 다울링 주한미대사, 미제8군 부사령관 파머 중장과 김정렬 국방부장관이 함께 참석하였다.

151-04 반공회관 개관
상영시간 ｜ 00분 58초

영상요약 ｜ 1958년 2월 5일 서울 세종로에 자리한 반공회관이 개관하였다.

151-05 자유문학상수상
상영시간 ｜ 00분 23초

영상요약 ｜ 4290년도 제5회 아시아 자유문학상 시상식이 반도호텔에서 열려 한무숙, 김성한, 유치환 등 4명이 수상했다. 이 자리에는 국내외 귀빈을 비롯한 많은 문인들이 참석했다.

151-06 새 봄의 옷차림

상영시간 ┃ 01분 16초

영상요약 ┃ 1958년 2월 8일 반도호텔 다이나스티홀에서 봄옷전시회가 열렸다. 이날 전시회에서는 신진 디자이너들의 다양한 종류의 옷이 선보였다. 이날 패션쇼에는 총 27점이 선보였는데 어린이의 색동 옷차림과 한복 웨딩 드레스가 가장 이목을 끌었다.

151-07 해외소식

상영시간 ┃ 04분 57초

영상요약 ┃ 미국에서는 제2차 인공위성 발사를 위한 주피터 C호의 준비가 완료되었다. 주피터 C호는 발사 후 비행에 성공하여 우주에 대한 과학적 소식을 연구소에 전하고 있다. 영국에서 유행할 봄 옷차림에는 나일론 옷, 모네크 모자 등을 소개할 수 있다. 샌프란시스코 동물원의 동물들은 진료를 받고 있는데 하마는 충치를 치료하였다. 또한 침팬지 미키 존 걸리버는 무이 부인과 그녀의 딸 쉐리와 함께 가정집에서 보육받고 있다.

강제 납북된 승객을 반환시키기 위한 국민총궐기대회

(1958년 2월 25일)

제작정보

출   처 : 대한뉴스 153호
제 작 사 : 공보처
제 작 국 가 : 대한민국

영상정보

제 공 언 어 : 한국어
컬   러 : 흑백
사 운 드 : 유

영상요약

1958년 2월 16일 여객기 납북사건을 규탄하며 납북자 송환을 요구하는 궐기대회가 열렸다. 판문점에서 납북자 송환을 위한 회담이 진행되고 있는 가운데 납북자 가족 대표 김기완 대령의 부인이 눈물섞인 목소리로 이승만 대통령 및 국제사회에 호소했다. 22일에는 시가행진 후 시청 앞 광장에 모여 궐기대회를 열었다.

내레이션

승객과 탑승원 34명을 실은 대한국민항공 소속 국내 정기여객기 창랑호가 부산을 출발하여 서울로 향하던 도중 괴뢰 간첩의 음모로 강제 납북된 놀라운 사건이 2월 16일 발생되었습니다. 비무장한 민간항공기와 선량한 승객들을 총기로 위협해서 납북한 공산 간첩의 강도적 만행을 규탄하는 국민의 분노는 전국 각지를 휩쓸었고 판문점에서는 군사 휴전위원단을 통해서 즉시로 괴뢰의 만행을 규탄하고 여객기와 승객을 즉시 송환하라고 강력하게 요구했습니다. 여러 탑승원 송환문제가 얘기되고 있는 2월 20일 중앙청 광장에서는 공산간첩의 강도행위를 저주하는 수만 군중은 시위행렬에 앞서 울부짖는 납북자 가족을 에워쌌고 납북여객기 탑승자 송환여부 국민 총궐기대회를 열었습니다. 이날 궐기대회에서 유가족 대표 김기완 대령 부인이 눈물섞여 목메인 소리로 이 대통령께 메시지를 낭독했으며 이어서 국제사무총장, 미국국제적십자사 총재, 아이젠하워 미국 대통령, 아데나워 서부독일 수상 그리고 유엔군 총사령관에게 보내는 메시지를 낭독하고 북한 괴뢰집단의 강도행위를 규탄한다는 등 다섯 가지 구호를 제창한 다음 프랑카트를 들고 시위행렬을 했습니다. 또한 22일에는 문화인들이 시청 앞 광장에서 모여서 궐기대회를 열고 공산괴뢰의 만행을 규탄하고 이어서 시가를 행진하면서 납북인사들과 여객기를 100시간 이내로 돌려보내라고 절규했습니다.

화면묘사

00:00   자막 "납북여객기와 승객을 즉시 반환하라!"
00:04   여객기가 서 있는 모습. 승객과 탑승원의 사진
00:08   납북 비행사와 승무원들의 사진 장면
00:18   판문점에 모인 각국 대표들
00:38   중앙청 앞 궐기대회에 모인 수많은 사람들을 위에서 촬영한 장면
01:01   눈물을 흘리며 낭독하는 김기완 대령 부인과 눈물을 훔치는 참석자들

01:10 "북한괴뢰는 납북항공기를 즉각 송환하라"는 플래카드를 들고 시가행진을 하는 교복을 입은 학생들

01:19 "송환하라 납북승객"이라는 플래카드와 시가행진하는 학생들

01:26 "국민의 총력으로 북한간첩을 밀어내자"라는 플래카드를 들고 시가행진하는 군중들

01:30 시청 앞에서 각종 플래카드를 들고 궐기대회를 연 문화계 인사들

01:37 태극기를 배경으로 마련된 단상

01:43 시가행진하는 문화계 인사들 및 군중들

01:51 구호를 외치며 손을 흔드는 사람들과 행진하는 모습

01:58 관악대를 선두로 하여 행진하는 궐기대회 참석자들

▌ 연구해제

  이 영상은 대한국민항공 소속 창랑호가 북한으로 납북되어 간 소위 '창랑호 납치사건'에 관한 것이다. 1958년 2월 16일 부산발 서울행 대한국민항공사 소속 창랑호(기종: 더글러스 DC-3)는 승객과 승무원 등 총 34명을 태우고 오전 11시 30분 이륙한 후, 경기도 평택 상공에서 납치되어 평양 순안 국제공항에 강제 착륙하였다.

  이 사건이 벌어지자 유엔군 사령부는 즉각 북한에 송환을 요구하였으며, 이 문제를 논의하기 위해 2월 18일 군사정전위원회 연락장교회의가 판문점에서 열렸다. 이날 회의 소집을 요청한 유엔 측 연락장교단 대표 킬 해군 대령은 여객기와 화물의 반환 및 여객기에 탑승한 승객과 승무원을 즉각 송환할 것을 요구하였다. 이에 대해 북한 측 연락장교 대표 김준경 상좌는 "대한국민항공사 소속 여객기는 의거 입북한 것인 만큼 이 회의에서는 논의될 대상이 되지 못하며 남북 사이에 논의할 문제"라고 말했다. 그러자 킬 대령은 "이번 사건은 공산 측 인원에 의하여 강제로 납치된 것이며 군사정전위원회가 이 문제를 토의할 수 없다는 것은 어불성설"이라고 반박하고, 여객기의 화물과 승객들을 즉시 송환하라고 재차 요구하였다.

  한편 이 사건을 규탄하기 위해 2월 16일, 영상에서 보여주듯이 중앙청 광장에서는 납북여객기 탑승자 송환을 위한 국민총궐기대회가 열렸다. 이날 궐기대회에서 탑승자 가족을 대표하여 김기완 대령의 부인이 이승만 대통령, 유엔 사무총장, 미국 국제적십자

사 총재, 아이젠하워 미 대통령, 서독 수상, 유엔군 총사령관에게 보내는 메시지를 낭독했다. 대회 참가자들은 "북한 괴뢰집단의 강도행위를 규탄 한다"는 등의 플래카드를 들고 시위행진을 진행하였다. 2월 22일에는 시청 앞 광장에서 문화인들이 궐기대회를 열고 북한의 만행을 규탄하고 시가행진을 진행하였다.

1958년 3월 6일 26명의 KNA 탑승자들은 납치를 주도한 사람들을 제외하고 판문점을 통해 서울로 귀환하였다. 18일 만에 귀환한 이들은 눈물로 환영하는 가족들과 서울에 이르는 연도에 운집한 각계각층의 환영을 받았다.

▌참고문헌

「KNA 여객기 월북을 확인」, 『경향신문』, 1958년 2월 18일.
「여객 등 송환에 답변 회피」, 『동아일보』, 1958년 2월 19일.
「국민의 분노 절정」, 『경향신문』, 1958년 2월 22일.
「문화인도 궐기대회 오늘 시청앞서」, 『경향신문』, 1958년 2월 22일.
「피랍인사 26명 6일 밤 10시 25분 서울에 귀환」, 『경향신문』, 1958년 3월 7일.

해당호 전체 정보

153-01 강제 납북된 승객을 반환시키기 위한 국민총궐기대회

상영시간 ｜ 02분 03초

영상요약 ｜ 1958년 2월 16일 여객기 납북사건을 규탄하며 납북자 송환을 요구하는 궐기대회가 열렸다. 판문점에서는 납북자 송환을 위한 회담이 진행되고 있는 가운데 납북자 가족 대표 김기완 대령의 부인이 눈물섞인 목소리로 이승만 대통령 및 국제사회에 호소했다. 22일에는 시가행진 후 시청앞 광장에 모여 궐기대회를 열었다.

153-02 미 국무성 극동차관 내한

상영시간 ｜ 00분 11초

영상요약 ｜ 2월 17일 내한한 미 국무성 극동담당 국무차관보대리 파이슨이 18일 이승만 대통령을 방문했다. 파이슨은 조정환 외무부장관의 안내로 경무대로 이승만 대통령을 예방했다.

153-03 예술인 경무대 예방

상영시간 ｜ 00분 13초

영상요약 ｜ 2월 23일 약 40명의 예술인들이 경무대로 이승만 대통령 내외를 예방했다. 이승만 대통령은 줄을 맞추어 서 있는 예술인들 앞에서 연설을 했다.

153-04 연날리기 대회

상영시간 ｜ 00분 27초

영상요약 ｜ 2월 22일 한국일보사가 주최하는 제3회 전국 연날리기 대회가 열렸다. 500여 명의 선수들과 시민 다수가 참석한 가운데 개막된 이 대회에는 이승만 대통령 내외, 다울링 미국대사, 원 경제조정관이 참관했다.

153-05　제2회 예술사절단 동남아시아로

상영시간 ｜ 01분 17초

영상요약 ｜ 2월 18일 반공국가간 친목도모를 위한 동남아시아 예술사절단의 음악연주회
가 열렸다. 이 연주회는 서울방송국 남산 연구소에서 열렸다. 2월 22일에는
반공회관 앞에서 사절단을 위한 상임식이 개최되었다. 이들은 인천항에 도착
해 엘레스티 호를 타고 항도에 올랐다.

153-06　해외소식

상영시간 ｜ 05분 03초

영상요약 ｜ 프랑스 루르드 사원 100주년 기념 순례식에는 전세계에 있는 60,000여 명의
신도 및 프랑스 고위 성직자를 비롯한 수많은 순례자들이 참석했다. 미국에서
는 최초의 우주비행자인 '도널드 휘돌'이 우주여행을 위해 시험용 비행기에 탑
승해 모의실험에 성공했다. 이탈리아에서는 사육제가 성대하게 개최되었는데,
가장행렬 및 퍼레이드 등 다채로운 행사가 화려하게 진행되었다. 북극의 장날
에는 모카신 등 겨울용품도 있지만 냉동기, 재봉틀 등 근대물품들도 교환되고
있다. 뉴욕의 메디슨 스퀘어 공원에서는 개 전시회가 열렸는데, 엄격한 심사
끝에 포텐크로 후보가 우승하였다.

독립문 수축 완료 (1958년 3월 4일)

제작정보

출   처 : 대한뉴스 154호
제 작 사 : 공보처
제 작 국 가 : 대한민국

영상정보

제 공 언 어 : 한국어
컬   러 : 흑백
사 운 드 : 유

영상요약

2월 28일 독립문의 수축 개소식이 열렸다.

2월 28일 독립문의 수축 개소식이 내빈 다수와 시민들이 참석한 가운데 엄숙하게 거행되었습니다. 이날 식전은 선열을 추모하며 우리민족의 민주적 발전을 약속하듯이 웅장하고 거대한 독립문의 위용을 더욱 빛내게 했습니다.

██ 화면묘사

00:00	자막 "독립문 수축 완료"
00:03	수축된 독립문
01:13	개소식에 참석한 사람들
01:16	독립문 앞에 태극기를 걸고, 음식을 차려놓고 선열들에게 절을 올리는 참석자들
00:23	착석하여 개소식을 진행하는 모습
00:26	흰 두루마기를 입은 사람의 주도하에 만세하는 참석자들

██ 연구해제

1958년 2월 28에 열린 독립문 복원공사 기공식을 촬영한 영상이다.

독립문은 독립협회가 중국의 사신을 맞아하던 영은문과 모화관 자리에 "조선의 독립된 것을 세계에 광고도 하며, 또 조선 후생에게도 이때 조선이 영원히 독립된 것을 전하기 위해서 세운 문"이다. 독립문의 건립은 서재필에 의해 주도 되었다. 독립협회 조직을 활용하여 국민들의 성금을 모아 건축에 필요한 비용을 확보하였으며, 1896년 11월 21일 독립문 정초식(定礎式)을 했고, 만 1년 후인 1897년 11월 완공하였다. 15m 높이에 파리 개선문을 본뜬 독립문의 설계는 당시 독일공사관에 근무하던 스위스 기사가 하였으며, 공역(公役)은 한국인 기사 심의석이 담당하였고, 노역은 주로 중국인 노무자를 동원했다고 한다.

독립문은 6·25전쟁 당시 포화로 인해 훼손 되었는데, 석공들을 모아 보수공사를 시작하여 1958년 2월말 경 완료한 것으로 보인다. 영상에서는 이 공사를 기념하며 2월 28

일 독립문 앞에서 진행한 행사를 보여주고 있다. 내레이션에서는 "선열을 추모하고 우리 민족의 민주적 발전을 기원하기 위해 독립문을 수축했다"고 이야기한다. 아울러 영상 속에는 한복차림의 남성들이 만세삼창을 하는 모습이 등장하고 있다. 이것은 독립문이 개화기 반청의식의 상징물로 지어졌지만, 식민지기를 거치면서 일제로부터의 독립을 기념하는 상징으로 전환되었음을 유추할 수 있게 한다. 독립문은 이후 1979년 성산대로의 고가도로 공사로 인해 원 위치에서 서북쪽으로 약 70m 떨어진 곳으로 이전되어 오늘에 이르고 있다.

▌ 참고문헌

「석수 정 끝에 정성과 긴장」, 『경향신문』, 1958년 2월 19일.
고려대학교 한국사연구소 편, 『한국사』, 새문사, 2014.
문화유산답사회 저, 『답사여행의 길잡이』 15, 돌베개, 2004.
박은봉, 『한국사 상식 바로잡기』, 책과 함께, 2007.

해당호 전체 정보

154-01   파머중장에 훈장수여
상영시간 ㅣ 00분 39초
영상요약 ㅣ 2월 27일 미 제6군단 사령관으로 영전하는 찰스 파머 중장에게 이승만 대통령
　　　　　이 은성태극무공훈장을 수여하였다.

154-02   케어 학용품 전달식
상영시간 ㅣ 00분 18초
영상요약 ㅣ 2월 28일 프란체스카 여사가 경무대에서 아이들에게 미국 구제단체가 전해온
　　　　　케어 학용품을 전달하였다.

154-03   제1군 기동훈련
상영시간 ㅣ 01분 39초
영상요약 ㅣ 2월 22일부터 제1군 산하의 기동연습이 개막되었다. 26일에는 이승만 대통령
　　　　　일행의 시찰이 있었다.

154-04   독립문 수축 완료
상영시간 ㅣ 00분 33초
영상요약 ㅣ 2월 28일 독립문의 수축 개소식이 열렸다.

154-05   트랙터 인수식
상영시간 ㅣ 00분 48초
영상요약 ㅣ 2월 25일 미국 원조기금으로 조성된 14대의 트랙터가 한국에 인수되었다.

154-06   해외소식
상영시간 ㅣ 03분 57초
영상요약 ㅣ 뉴욕에 귀환한 미국 남극 탐험선, 말디그라 축제, 미스 차이나타운 선발, 해이
　　　　　스의 피겨 우승, 하이레이에서의 경마 소식 등이 담겨있다.

5·2 총선거 (1958년 5월 2일)

제작정보
출　　　처 : 대한뉴스 162호
제 작 사 : 공보처
제 작 국 가 : 대한민국

영상정보
제 공 언 어 : 한국어
컬　　러 : 흑백
사 운 드 : 유

5월 2일 제4대 민의원 총선거가 전국 7,423개 투표소에서 시작되었다. 아들 이강석을 동반한 이승만 대통령 내외도 종로구 자하동 제1투표소에서 투표를 하였다. 오후 5시 선거가 종료됨에 따라 투표함은 봉인되었고 무장경찰의 경비와 함께 개표소로 이동되었다. 개표는 밤늦게까지 계속되었으며 많은 시민들이 개표결과에 관심을 가졌다.

내레이션

233명의 제4대 민의원을 뽑아내는 총선거가 5월 2일 오전 7시를 기해 전국 7,423개구 투표소에서 일제히 개시됐습니다. 우리의 참되고 올바른 일꾼이며 대변자를 우리 깨끗하고 귀중한 한 표로서 선택한다. 유권자들은 투표시간이 되자 가장 정직한 표정을 지으며 자기의 권리행사의 마당인 투표장으로 나아가 자기 (…)에게 신성한 한 표를 던졌습니다. 또한 이 대통령 내외분께서도 영식 이강석 군을 데리고 이날 오전 7시 6분 종로갑구 자하동 제1투표소에서 첫 번째로 투표를 하셨습니다. 조금도 서툴러보이지 않고 능숙한 투표광경이 우리나라 민주주의의 발전을 표시하고 있습니다. 이리하여 5월 2일 오후 5시 정각으로 역사적인 총선거의 투표는 끝났습니다. 시간이 되자 전국방방곡곡의 투표소에서는 일제히 문을 닫고 선거위원 전원의 입회와 각 입후보자를 배제한 참관인들의 빈틈없는 감시 속에 투표함에는 이들의 봉인이 찍혔으며 모든 국민들의 이목을 집중시킨 가운데 대망의 날 제4대 민의원 총선거는 그 막을 내렸습니다. 굳은 봉인이 찍힌 투표함은 무장경관들의 삼엄한 경비와 참관인의 엄중한 보호를 받으면서 일로 각 선거구 개표소로 이동되어갔습니다. 이렇게 개표소에 도착한 투표함은 선거 참관인의 입회하에 엄밀히 검사한 정보위원이 이상이 없다는 선언을 하자 투표함의 뚜껑이 열리어 수많은 투표지가 우수수 개표대 위에 쏟아지고 우선 접은 채로 50장씩 모아서 표 수를 검사하여 일단 확인한 다음에 침착하고 재빠른 개표원의 솜씨는 각 입후보자들의 득표를 헤아리고 있으며 이들은 밤을 새워가며 개표를 하고 있습니다. 한켠에서는 시민들은 전국적인 개표상황의 속보를 들으려고 보도판 앞에 운집해서 그 중간발표에 눈을 집중시키고 있습니다. 개표소에서는 밤이 깊어가는 것을 잊고 개표 위원들은 한 장 한 장 당락의 운명을 결정하는 그 숫자에 혈안이 되어 재빠른 업무가 진행되어갔으며 참관인들은 나타나는 숫자에 (…) 밤이 깊도록 개표를 알리는 라디오 방송에 관중은 흥분에 싸이고 이렇게 해서 우리나라의 민주정치는 이러한 과정 속에 무럭무럭 자라고 있습니다.

화면묘사

00:00 자막 "5.2총선거", 투표장으로 향하는 주민들
00:04 투표장 입장을 기다리는 주민들
00:11 투표자 명부 확인 중
00:23 투표장에 입장하고 퇴장하는 주민들
00:28 기표소에 들어가는 주민들
00:42 종로갑구 사하동 제1투표소에서 투표하는 이승만 대통령 내외와 양아들 이강석
00:53 투표하는 주민들
01:05 참관인의 입회하에 투표함을 봉인하는 선거위원들
01:32 무장경관의 경비와 선거위원과 참관인의 보호하에 선거구 개표소로 이동 중인 투표함
01:59 개표소에 도착한 투표함들
02:03 선거참관인의 입회하에 시작된 개표
02:26 개표 상황을 확인하기 위해 보도판에 모인 시민들
02:33 밤늦게 계속되는 개표

연구해제

이 영상은 1958년 5월 2일에 있었던 민의원 선거일의 모습을 담고 있다. 영상에는 질서 정연하게 투표하는 시민들의 모습과 양아들 이강석을 대동한 이승만 내외의 투표 모습, 그리고 개표상황 등이 담겨있다. 내레이션을 통해서도 선거관리가 엄정하게 집행되고 있음을 크게 강조하고 있다.

그러나 1958년 5·2선거는 영상의 내용과는 완전히 달랐다. 이승만과 자유당은 1960

년의 정부통령선거가 1956년의 정부통령선거처럼 되어서는 안 된다고 생각했다. 그러기 위해서는 전초전인 1958년의 5·2민의원 선거를 잘 치르는 것이 중요했다. 개헌선을 확보하기 위해 반드시 민의원 선거에서 대승을 해야 했기 때문이다.

1957년 자유당은 여러 가지로 대비책을 세웠다. 국민반 조직의 강화도 그중 하나였다. 자유당 통·반 조직을 새로 정비하고, 국민회, 노총, 부인회 등 외곽단체와 국영기업체 등의 간부를 열성당원으로 교체하라는 지시도 내려갔다. 자유당은 특히 선거법 개정에 힘을 쏟았다. 선거법을 통해 선거공영제라는 미명 아래 선거운동원이 크게 제한되었고 호별 방문 등도 금지되어 여당만이 자유롭게 선거자금을 사용하고 선거운동을 할 수 있게 만들었다. 50만 환 기탁금제도도 혁신계나 무소속의 출마를 어렵게 했다.

5·2 민의원선거에는 도지사, 군수, 면장, 이장, 학교장, 교사 등 여당이 동원할 수 있는 공직자들이 대거 동원되었다. 전국 각처에서 폭력배가 동원되는 등 관권과 폭력이 노골적으로 결탁했다. 선거일에 지방에서는 3인조, 5인조 집단 투표가 실시되었다. 개표 도중 전기를 끄고 개표하는 올빼미 개표, 여당표 다발 중간에 야당표와 무효표를 끼워 넣는 샌드위치표, 야당 참관인에게 수면제를 먹게 하고 임의 개표한 닭죽개표, 개표 종사자가 야당표에 인주를 묻혀 무효표로 만든 빈대잡기표 등 부정방법도 갖가지였다.

그럼에도 선거 결과 자유당은 360만여 표(42.1%)로 126석을 차지했고, 민주당은 293만여 표(34.2%)로 79석을 차지했다. 무소속은 27석 밖에 안 되었다. 자유당은 개헌선에 못 미친 반면 민주당은 호헌선을 확보했다. 자유당으로서는 개헌선을 확보하기는커녕 전보다 강력한 야당 출현에 직면한 것이다. 무소속이 대폭 약화되어 양당정치가 가능하게 되었다고 볼 수 있지만, 진보세력이 배제된 상태에서의 보수양당제였다.

▌ 참고문헌

서중석, 『이승만과 제1공화국』, 역사비평사, 2007.

해당호 전체 정보

162-01 5·2총선거

상영시간 ㅣ 02분 59초

영상요약 ㅣ 5월 2일 제4대 민의원 총선거가 전국 7,423개 투표소에서 시작되었다. 아들 이강석을 동반한 이승만 대통령 내외도 또한 종로구 자하동 제1투표소에서 투표를 하였다. 오후 5시 선거가 종료됨에 따라 투표함은 봉인되었고 무장경찰의 경비와 함께 개표소로 이동되었다. 개표는 밤늦게까지 계속되었으며 많은 시민들이 개표결과에 관심을 가졌다.

162-02 경무대 소식

상영시간 ㅣ 00분 27초

영상요약 ㅣ 4월 29일 이승만 대통령은 정전위원회 유엔 측 수석대표였다가 귀국하는 올라프·H·키스터 소장에게 태극무공훈장을 수여했고, 지난 28일에는 정긍모 해군참모총장의 안내로 영국 극동해군 사령관 그라드스톤 제독과 만났다.

162-03 원자포실탄 시범

상영시간 ㅣ 01분 05초

영상요약 ㅣ 5월 1일 남한에 새롭게 도입된 로케트포 오네스트존과 280미리 원자포, 8인치 곡사포의 발사 시범이 미 제1군단 세인트바바라 사격장에서 실시되었다. 여기에는 이승만 대통령, 이기붕 민의원의장, 김정열 국방부장관, 데커(George H. Decker) 유엔군 총사령관 등 한미고위장성들이 참석했다.

162-04 아세아 반공회의 대표단 귀국

상영시간 ㅣ 00분 14초

영상요약 ㅣ 5월 1일 방콕에서 열린 아세아민족 반공연맹 연례회의에 백낙준, 공진항 대표들이 참석했고 올해 의장국 책임을 맡았다.

162-05 기동훈련 참관단 도라오다

상영시간 | 00분 14초

영상요약 | 5월 1일 방콕에서 실시된 기동훈련을 참관하고 김형일 소장 등 일행 4명이 귀국했다.

162-06 스프라이 장군의 충의소년단 시찰

상영시간 | 00분 39초

영상요약 | 5월 4일 소년단 국제연맹 사무국장인 E.C. 스프라이 장군은 인천 소년형무소 충의 소년대를 시찰했다. 소년대의 시범 훈련 행진은 칭찬을 받았다.

162-07 해외소식

상영시간 | 04분 33초

영상요약 | 부럿슐즈에서 국제박람회가 열려 여러 공장 생산품들을 전시하고 있다. 영국 마거릿 공주가 서인도 연방을 방문해서 국회를 승인했다. 여름방학을 맞아 미국 여학생들이 멕시코 여행을 하면서 자신의 패션을 뽐내고 있다. 미국 댈러스에서 소형자동차 경기가 열렸다.

인도네시아 의용군 지원 궐기대회 (1958년 5월 17일)

제작정보

출　　　처 : 대한뉴스 164호
제 작 사 : 공보처
제 작 국 가 : 대한민국

영상정보

제 공 언 어 : 한국어
컬　　　러 : 흑백
사 운 드 : 유

영상요약

1958년 5월 17일 반공회관 광장에는 인도네시아 혁명군을 지원하자는 반공궐기대회가
개최되었다.

내레이션

인도네시아 혁명군 만세, 반공진영의 혁명군 궐기하라. 5월 17일 반공회관 북쪽 광장에서 공산군의 세력을 막으려고 봉기한 인도네시아 혁명군을 지원하자는 궐기대회가 개최되었습니다. 식이 끝난 다음에 이들 반공청년들은 인도네시아 혁명군의 지원을 외치며 열광적인 데모를 계속했습니다.

화면묘사

00:00 자막, "인도네시아 의용군 지원 궐기 대회", 인도네시아 혁명군을 지원하자는 벽보
00:01 나무에 여기저기 붙어있는 벽보와 지켜보는 사람
00:07 반공회관 북쪽 광장에서 인도네시아 혁명군 지원 궐기대회 행사가 열리는 모습
00:14 트럭을 타고 데모를 계속하는 사람들

연구해제

이 영상은 1958년 5월 17일 반공회관 광장에서 열린 인도네시아 혁명군 지원 궐기대회의 모습이다. 영상에는 궐기대회 사전에 서울시내에 붙은 벽보들과 궐기대회 모습, 그리고 대회 이후 차량행진을 하는 모습 등이 담겨 있다.

이 대회를 보도한 5월 18일자 『경향신문』에 따르면, 17일 오전 서울 거리에는 "인도네시아 혁명군 만세", "가자 인도네시아 반공전선으로", "반공진영의 청년은 궐기하라"라는 벽보가 애국청년의 이름으로 나붙었으며, 오전 10시경부터 태평로 반공회관 옆 광장에서는 수많은 반공청년이 참가하여 궐기대회를 열고 시위를 전개하였다.

이후 5월 24일 서울시청 앞 광장에서는 남녀 고등학생 1만여 명도 인도네시아 반공혁명군을 돕자는 궐기대회를 개최하였다. 이날 학생들은 "인도네시아로 의용군을 보내자", "공산마수에서 인도네시아를 건져내자"는 등의 수많은 플래카드를 내걸고 궐기대회를 진행하였다. 학생들은 결의문을 채택하고 나서 이승만 대통령, 아이젠하워 미 대통령, 함마숄드 유엔 사무총장, 인도네시아 반공혁명군 사령관, 덱커 유엔군 총사령관에게 각

각 의용군 파견을 호소하는 메시지를 보냈다. 이후 학생들은 각 학교 악대를 선두로 하여 구호를 외치면서 시가행진에 들어갔다.

인도네시아는 1949년 네덜란드로부터 독립한 이래 1957년까지 정치적으로 가장 자유로운 의회민주주의 시기를 경험하였다. 이 시기 다양한 정치세력들은 정치권력을 획득하기 위한 경쟁을 펼쳤다. 1955년에는 인도네시아 최초로 선거를 통해 국회를 구성하고 대통령 선출 및 정부내각을 구성함으로써 민주적이며 합법적인 정치권력의 정통성을 확보할 수 있었다.

그러나 경제적으로는 네덜란드의 식민지배에 의한 수탈적 경제구조와 1940년대 말 독립전쟁으로 인한 국가시설 및 국토의 황폐화 상태를 벗어나지 못한 채 사회간접자본의 미비와 전문기술 인력의 부족으로 장기적인 침체와 불황을 벗어나지 못하였다. 게다가 초기 의회민주주의 시기의 원자화된 정당정치에 기인하여 국회와 내각의 파행이 거듭되고 경제침체가 지속되자, 수카르노 대통령은 1957년 3월 비상사태령을 선포하고 국회해산, 선거와 정당정치의 금지 등을 내걸었다. 이른바 '교도 민주주의'라고 불린 수카르노의 통치체제는 초기 민족주의 세력, 이슬람 세력, 공산주의 세력 3자의 상호 견제와 균형을 통해 정치적 안정을 유도해 나가고자 했다. 그러나 수카르노의 공산주의 세력에 대한 편향적 선호가 심화되면서 군부와의 사이에 갈등이 초래되었다.

이러한 상황에서 영상에서 보듯 수카르노에 대항하는 수마트라 반란이 일어났다. 1958년 2월 15일 수마트라 반란군은 '인도네시아 혁명정부'를 설립하고 수카르노가 인도네시아를 공산주의로 이끌어 간다고 비난하면서, 외부 세계에 자신들을 인도네시아 신정부로 승인해 줄 것을 호소하였다. 이에 대해 대만 정부가 즉각적인 지지를 나타내기도 하였다. 그러나 시간이 흐르면서 '인도네시아 혁명정부'는 초기의 열기와는 다르게 인종적, 종교적 배경이 다른 반란집단과 갈등하며 불협화음이 노출되기 시작하였다. 반란군들은 군사적으로 정부군보다 열세였으며, 반란집단 간의 반목으로 사기도 높지 못하였다. 1958년 2월 말부터 정부군의 본격적인 토벌작전이 개시되자 반란군들은 많은 인명 피해를 입었으며, 같은 해 5월 이후 정부군과 정면 대결을 피하여 게릴라전에 들어가게 되었다. 반란군 잔존 세력들은 반란을 일으킨 후 3년까지 게릴라 활동을 전개했으나 1958년 5월 이후에는 그 세력이 미약해졌다.

참고문헌

「반공청년궐기 대회 인니혁명군 만세를 절규」, 『경향신문』, 1958년 5월 18일.

「시내 만 여 학도 궐기 인니혁명군 지원을 절규」, 『경향신문』, 1958년 5월 25일.

양승윤, 『인도네시아 현대정치론』, 한국외국어대학교출판부, 1998.

이동윤, 「인도네시아의 정치권력과 정치체제 변동」, 『국제정치논총』 43(2), 한국국제정
치학회, 2003.

해당호 전체 정보

164-01 스텀[ ]관 경무대 예방

상영시간 | 00분

영상요약 | 5월 [   ]릴릭스 B. 스텀프 제독은 다울링 주한미국대사 등 일행과 함께 경무대로 [   ]만 대통령을 예방했다.

164-02 야쓰기 [ ]본특사 내한

상영시간 | 00분 [ ]

영상요약 | 5월 1[   ] 일본수상의 개인사절 야쓰기 가즈오(矢次一夫)는 유태하 주일공사와 내한[   ], 경무대에서 이승만 대통령을 예방했다.

164-03 공관장[ ]의

상영시간 | 00분 [ ]초

영상요약 | 5월 1[ ]일 공관장 회의가 정부수립 후 처음으로 경무대에서 개최되었다. 이후 2차, [ ]차 회의는 중앙청에서 이어졌으며, 3차 회의 참석자는 조정환 외무부장관, [ ]청열 국방부장관, 송인상 부흥부장관, 김현철 재무부장관, 최재유 문교부장[ ], 김일환 상공부장관, 정재설 농림부장관, 오재환 공보실장였다.

164-04 아세[ ]올림픽 대회 우리대표 결단식

상영시간 | 00[   ]03초

영상요약 | 영[   ] 없음. 오류.

164-05 제[ ]회 IOC대회

상영시간 | [   ]분 44초

영상요약 | [   ] 7일 이기붕 대한체육회장과 그의 부인 박마리아는 국제올림픽 총회에 참[   ]하기 위해 출국했다. 일본 하네다 공항에서는 임병직 주일대사와 일본체육[   ]에서 이기붕 내외를 맞았다. 5월 14일 IOC총회는 NHK홀에서 개회되었고 제[   ]곡호텔에서 회의가 계속되었다. 이기붕 회장은 에이버리 브런디지 IOC총회

회장 및 각국 대표와 인사한 후 총회에 참석했다.

164-06   한강 인도교 복구 준공

상영시간 ㅣ 00분 45초

영상요약 ㅣ 전쟁 중 파괴되었던 한강대교가 복구 준공되어 5월 15일 준공식 행사를 했다. 이 행사에서 이승만 대통령은 경축사를 하면서 반공의식을 강조했다. 대통령과 함께 윌리엄 E. 원(William E. Warne) 경제조정관이 테이프 커팅을 했다.

164-07   미군의 날

상영시간 ㅣ 00분 53초

영상요약 ㅣ 미군의 날을 맞아 중앙청 광장에서 유엔군 의장대의 시범훈련과 야전후방 시설이 전시되었다. 이승만 대통령 내외는 동두천에 주둔해 있는 미 제7사단의 행사에 참석하여 경축사를 했다. 이후 미군에 의해 건설된 동두천 국민학교를 시찰했다.

164-08   인도네시아 의용군 지원 궐기대회

상영시간 ㅣ 00분 22초

영상요약 ㅣ 5월 17일 반공회관 광장에는 인도네시아 혁명군을 지원하자는 반공궐기대회가 개최되었다.

164-09   모터싸이클 발대식

상영시간 ㅣ 00분 23초

영상요약 ㅣ 서울시 경찰국은 5월 13일 중앙청 광장에서 모터싸이클 발대식을 거행했다.

165-10   제8회 등산경기대회

상영시간 ㅣ 00분 30초

영상요약 ㅣ 5월 18일 한국산악회 주최로 제8회 단체등산경기대회가 개최되었다.

165-11   서울시 문화상 시상

상영시간 ㅣ 00분 22초

영상요약 | 5월 15일 서울특별시 문화상 수상식이 서울대학교 강당에서 진행되었다.

165-12 미 육군 군악대 연주회

상영시간 | 00분 26초

영상요약 | 5월 18일 중앙청 야외음악당에서 미 육군 군악대의 공연이 진행되었다. 이날 행사에 이승만 대통령 내외와 수많은 시민들이 참여했다.

164-13 해외소식

상영시간 | 02분 47초

영상요약 | 2차 세계대전에서 공습을 받아 파괴된 영국 런던의 세인트폴 대성당(Saint Paul's Cathedral)의 복구 기념 미사가 진행되었다. 이 미사에 엘리자베스(Elizabeth II) 여왕과 필립(Philip Mountbatten) 공이 참석했다. 글라드 발레 무용학교에서는 어린이들이 발레 무용수가 되기 위해서 조기 교육을 하고 있다. 스페인 마드리드 운동장에서 1만 명이 넘는 기계체조 선수가 대단위 매스게임을 했다. 이 행사에 프랑코(Francisco Franco) 장군이 참석했다. 맨체스터 유나이티드와 볼튼 원더러스의 영국 축구 컵대회 결승경기가 열렸다. 1 대 0으로 볼튼이 승리했다.

한자 간판을 한글로 (1958년 8월 17일)

제작정보
출   처 : 대한뉴스 176호
제 작 사 : 공보처
제 작 국 가 : 대한민국

영상정보
제 공 언 어 : 한국어
컬   러 : 흑백
사 운 드 : 유

영상요약

한글 전용 추진의 한 가지 방법으로 전국 중요도시의 거리에 있는 상점들의 간판들을 교체하는 작업이 진행되었다. 한문간판을 한글간판으로 교체하는 이 작업은 내무부와 문교부의 지도 아래 진행되었다.

내레이션

한글 전용을 추진하는 또 한 가지 방법으로 전국 중요도시를 비롯한 거리거리에 번잡하게 걸려있는 한문자 간판을 우리 한글로 고쳐 쓰는 운동이 지금 한창 진행되고 있습니다. 이 명랑한 풍경은 내무부와 문교부의 지도를 받아서 시민들의 적극적인 협조 밑에 이루어지고 있습니다. 우리의 자랑인 한글로서 산뜻하게 단장되는 도심지의 점포들은 더욱 활기를 띠고 건설의 빛이 넘쳐 흐르는 거리거리에서 또한 간판 업자들은 또한 즐거운 비명을 울리고 있습니다.

화면묘사

00:00 자막, "한자 간판을 한글로", 한자간판이 걸린 거리의 모습
00:03 "高麗商會(고려상회)" 간판 클로즈업
00:06 페인트통 클로즈업 후 한글간판 제작하는 다양한 모습
00:14 간판의 "고" 클로즈업
00:20 한글간판 제작 모습, 간판에 "건원기업주식회사"
00:23 한글간판 제작모습, 간판에 "주식회사"
00:26 한글간판 제작모습, 간판에 "제일주식회사"
00:29 상점 유리에 붙은 한자 클로즈업, "美(미)"
00:31 한글간판이 걸린 거리 모습
00:35 한글간판 보여줌, "미양사", "타이프"
00:37 한글간판이 걸린 거리의 모습
00:41 한글간판 보여줌, "다방 맞나리 2층", "다방 시림", "담배"
00:43 한글간판 보여줌, "동서상공사"

연구해제

　해방 이후 한국 사회는 식민지기 한글이 지녔던 민족주의적 상징성으로 인해 한글 사용에 대한 의지가 높았다. 1948년 8월 문교부는 '한자 안 쓰기 이론'을 간행하였고, 10월

9일 국회는 '한글 전용에 관한 법률'을 제정하였다. 또한 1957년 12월 6일 국무회의에서는 한글 전용을 보다 강력히 추진하도록 하는 내용의 안건을 의결하였다. 이에 따라 각종 간행물과 서적, 공문서, 사무용 인쇄물과 유인물, 각 기관에서 사용하는 관인(官印)까지도 한글을 사용하도록 권장되었다.

당시 '한글 전용 운동'은 사회의 전폭적인 지지를 받았고, 또한 실천을 하기 위해 새로운 움직임이 필요하다고 인식되었던 것 같다. 1958년 8월 『동아일보』의 사설에서는 한글 전용에 대해 '오랜 전통을 깨뜨리고 보다 나은 영역을 개척하려는 일종의 문화혁명'이라고 평가하고 있다. 그렇지만 한글 전용을 완전히 달성하는 일은 결코 쉽지 않았던 것으로 보인다. 한글 전용에 대해 긍정적인 평가를 내리고 있는 위의 사설에서도, 한글 전용이 이후 사회에 끼칠 영향이 막대한데도 불구하고 관료들은 이 운동에 무성의하게 참여하고 형식에만 치중하고 있다는 비판을 발견할 수 있다. 공문서를 작성하면서 한문 문장을 음역만 해 한글로 쓰는 것과 같은 무성의한 일들이 비일비재하다고 지적하는 것이다.

본 영상에서는 이와 관련하여 한글 전용을 달성하기 위해 추진한 '한글 간판 달기 운동'에 대해서 다루고 있다. 1958년 문교부와 내무부장관이 건국 10주년을 맞이하는 8월 15일까지 모든 간판을 한글로 바꾸도록 시달하였고, 경찰이 주도적으로 나서서 이 운동을 진행했다. 영상에는 1950년대 도시 상점들의 간판 이모저모를 보여주는데 한자로 쓰인 간판이 눈에 많이 띈다. 업자들은 오랜 기간 사용해 왔던 것으로 보이는 한자 간판들을 하나하나 떼어 냈고 그 자리에 한글간판을 새로이 달았다. 그런데 새롭게 만들어지는 한글 간판들은 대체로 넓은 합판에 페인트를 칠해 엉성하게 만들어져 있다. 이것은 주어진 기간 동안 반강제적으로 간판을 빠르게 바꿔야 하는 만큼 상인이나 가게 주인에게는 또다른 부담이 되었을 것으로 인지되는, 강요된 행정처리의 한 단면을 보여주는 부분이라 하겠다.

참고문헌

「한글전용의 올바른 추진을 위하여」, 『동아일보』, 1958년 8월 7일.

해당호 전체 정보

176-01 경무대 소식

상영시간 ｜ 02분 32초

영상요약 ｜ 경무대 소식은 4가지 뉴스를 담고 있다. 첫 번째는 미국 해군 관계자들과 주
한미대사, 유엔군 사령관 등이 경무대를 방문하고 이승만 대통령을 예방한 것
이다. 두 번째는 재미교포동지회가 이승만 대통령을 만난 것이다. 세 번째는
재일교포학생야구단의 경무대 방문 소식이며 마지막으로는 산림녹화운동에서
하는 일 중 하나인 고목 제거를 이승만 대통령이 실행하는 소식이다.

176-02 중앙의료원 직원 입국

상영시간 ｜ 00분 19초

영상요약 ｜ 1958년 8월 4일 국립중앙의료원에서 근무할 덴마크, 노르웨이, 스웨덴 출신의
의사와 간호원 일행이 입국했다.

176-03 어류전시회

상영시간 ｜ 00분 36초

영상요약 ｜ 정부수립 10주년 기념행사의 일환으로 1958년 8월 15일부터 일주일 동안 공보
실 중앙공보관에서 어류전시회가 열렸다.

176-04 한자 간판을 한글로

상영시간 ｜ 00분 46초

영상요약 ｜ 한글 전용 추진의 한 가지 방법으로 전국 중요도시의 거리에 있는 상점들의
간판들을 교체하는 작업이 진행되었다. 한문간판을 한글간판으로 교체하는
이 작업은 내무부와 문교부의 지도 아래 진행되었다.

176-05 해외소식

상영시간 ｜ 05분 01초

영상요약 ｜ 해외뉴스는 총 4개의 뉴스로 구성되어 있다. 그 구성은 원자 잠수함, 아르헨티
나의 홍수, 원숭이의 재주, 에스터 월리암스, 여자 다이빙 선수권 대회이다.

청계천 덮개 공사 (1958년 8월 24일)

제작정보

출　　처 ： 대한뉴스 177호

제 작 사 ： 국립영화제작소

제 작 국 가 ： 대한민국

영상정보

제공언어 ： 한국어

컬　러 ： 흑백

사 운 드 ： 유

영상요약

1958년 6월부터 청계천 덮개공사가 시작되었으며 첫 단계로 광교부터 450m까지의 공사가 진행되었다. 이 공사는 서울시 건설국이 주관하며 약 20만 명의 노동력이 동원되었다.

내레이션

우리의 수도 서울의 호화스러운 중심부를 흐르고 있는 청계천을 덮는 공사가 진행되고 있습니다. 도심지의 교통과 대지의 확장에 도움이 되는 이 덮개 공사는 4291년 6월에 시작해서 오는 11월말에는 그 첫 단계로서 광교로부터 450미터 지점까지 완성될 것입니다. 서울시 건설국이 주관하는 이 공사에는 근 20만의 노동력이 동원되고 있으며 시멘트와 자갈이 뭉쳐짐에 따라서 서울의 중심지는 새롭게 건설되어 나가고 있습니다.

화면묘사

00:00 자막 "청계천 덥게공사", 청계천 덮개공사 전경
00:03 기초 공사 단계에 있는 청계천 덮개공사 현장을 멀리서 보여줌
00:06 공사자재를 어깨에 올리고 걷는 인부의 모습
00:09 덮개공사 중인 여러 인부들의 모습을 멀리서 보여줌
00:12 공사자재를 클로즈업
00:16 나무판자를 덮는 모습
00:20 올린 나무판자를 다른 나무판자와 고정하는 망치질 클로즈업
00:22 공사현장의 다양한 모습을 멀리서 보여줌
00:31 공사장 인부들의 작업모습
00:33 펌프로 물을 빼내는 장면
00:35 공사장 인부들의 작업광경

연구해제

이 영상은 1958년 6월부터 시작한 청계천 복개 공사 현장을 보여주고 있다.

사실 청계천 본류 부분의 복개를 본격적으로 시작한 것은 1937년부터였다. 군수물자의 신속한 수송을 위한 교통로 확보를 위해 일제가 서울의 중앙부를 가로지르는 청계천을 복개하여 도로를 확장하고자 한 것이다. 이에 1937년부터 광화문우체국 앞의 대광통교에서 청계천의 물줄기가 하나로 합류되는 광통교까지 복개공사를 추진하여 1942년 완성했다. 일제는 계속해서 나머지 구간에 대한 복개계획도 수립하였으나 8·15해방과 함께 이뤄지지 않았다. 더욱이 1937년 중일전쟁, 1941년의 태평양전쟁이 일어나면서, 국고와 시 재정의 악화, 노동력의 절대부족 요인 등이 겹쳐 준설을 못하게 되면서, 하천의 오염은 급격히 악화되었다.

해방 후의 혼란 속에서 방치된 청계천에는 토사와 오물이 쌓여갔다. 특히 6·25전쟁 후부터 들어서기 시작한 판잣집 무리가 청계천 일대를 에워싸면서 이들이 버린 배설물은 하천바닥에 그대로 흘렀고 악취가 진동했다.

이에 따라 1958년 서울시장 허정을 중심으로 4년간의 계속사업으로 청계천 복개가 결정되었다. 1958년 9월 10일 착공하여 광통교에서 장교까지의 450미터, 방산시장 앞 30미터가 복개되었다. 이 영상은 바로 그 공사가 진행되는 현장을 보여주고 있다. 허정 시장이 시작한 복개공사는 임흥순, 장기영, 김상돈 시장으로 이어지면서 계속되었다.

1961년 5·16쿠데타로 집권한 군사정권 역시 복개를 계속 이어갔고, 1961년 12월 5일 완공하여 동대문 남쪽 오간수교 자리에서 개통식을 거행하였다. 이후에도 청계천 복개는 오간수문에서 끝나지 않고 동쪽으로 계속 연장되다가 1970년대 초에 이르러 마장동까지 가서 끝을 맺었다. 복개공사가 진행되면서 수많은 무허가 판잣집도 함께 철거되었다. 청계천의 모든 지류는 복개되었고, 그 밖의 개천들도 복개되었다.

그로부터 30~40년이 흐른 후, 청계천은 2000년대 들어 다시금 복개를 걷어내는 복원공사를 거쳐 현재의 모습에 이르고 있다.

참고문헌

손정목, 「청계천 복개공사와 고가도로 건설」, 『도시문제』 37-10, 2002.

해당호 전체 정보

177-01 육군 보병학교 졸업식

상영시간 ㅣ 00분 53초

영상요약 ㅣ 1958년 8월 23일 140회 육군보병학교 졸업식이 있었다. 졸업식에는 이승만 대
통령 내외와 이기붕 민의원의장 내외, 김정렬 국방부장관 등이 참석했다. 이
날 임관된 사관생도들 중에는 이승만 대통령의 양자인 이강석도 포함되어 있
다.

177-02 펠트제독 내한

상영시간 ㅣ 01분 14초

영상요약 ㅣ 1958년 8월 21일 미 태평양지구 총사령관 해리 D. 펠트 제독이 내한했다. 펠
트 제독은 미리 이승만 대통령을 예방하고 22일 미 8군 사령관 데커 대장과
백선엽 육군참모총장과 함께 제6군단을 방문했다. 제6군단장 백인엽 중장과
펠트 제독, 데커 대장, 백 참모총장은 의장대의 사열과 시범을 지켜보았다. 또
한 이들은 586고지와 휴전선을 둘러보았다.

177-03 활약하는 학생농촌계몽반

상영시간 ㅣ 00분 49초

영상요약 ㅣ 조선일보사의 후원을 받아 구성된 55명의 학생농촌계몽반은 농촌으로 출발하
기 전 중앙청에 모여 오재경 공보실장으로부터 훈시를 받았다. 남녀 대학생
10반으로 구성되어 있는 학생농촌계몽반은 각 농촌에서 의료활동과 공회당
건축활동에 참여하였다.

177-04 주미교포 환영 예배

상영시간 ㅣ 00분 24초

영상요약 ㅣ 정부수립 10주년 경축 행사에 맞춰 입국한 재미교포 대표들을 환영하는 음악
예배가 1958년 8월 24일 영락교회에서 열렸다. 이날 음악예배에는 조용순 대
법원장을 비롯한 많은 인사들과 신자들이 참여하였다.

177-05   제10회 고등고시

상영시간 ㅣ 00분 19초

영상요약 ㅣ 1958년 8월 18일부터 22일까지 제10회 고등고시 필기고시가 서울대학교 고시
장에서 열렸다.

177-06   행정도표 전시회

상영시간 ㅣ 00분 17초

영상요약 ㅣ 정부수립 10주년을 기념하는 행사중의 하나로 개최된 행정도표 전시회가 1958
년 8월 23일부터 일주일간 중앙공보관에서 열렸다.

177-07   청계천 덮개 공사

상영시간 ㅣ 00분 41초

영상요약 ㅣ 1958년 6월부터 청계천 덮개공사가 시작되었으며 첫 단계로 광교부터 450m까
지의 공사가 진행되었다. 이 공사는 서울시 건설국이 주관하며 약 20만 명의
노동력이 동원되었다.

177-08   해외소식

상영시간 ㅣ 04분 41초

영상요약 ㅣ 해외소식은 총 3가지의 뉴스로 구성되어 있다. 그 내용은 미 대통령 유엔에서
연설, 노틸러스호 영국에 기항, 어린이 자동차 경기이다.

국가보안법 개정안 국회 통과 (1958년 12월 23일)

제작정보

출   처 : 대한뉴스 194호
제 작 사 : 공보처
제 작 국 가 : 대한민국

영상정보

제 공 언 어 : 한국어
컬   러 : 흑백
사 운 드 : 유

영상요약

민의원 의회장에서 국가보안법 개정안에 대하여 자유당 측과 민주당 측의 찬반 논의 끝에 법조사위원회가 통과시킨 개정안이 국회에서 통과되어 공포하는 날로 즉시 발효 시행되었다.

내레이션

12월 17일 민의원 의회장에서는 국가보안법 공청회가 베풀어져 많은 방청객들이 모여들었습니다. 이날 공청회에는 국가보안법 개정안을 기초한 법조계인사를 비롯한 자유당 측 찬성인사와 민주당이 선정한 반대인사들이 이 법안의 시비를 논했습니다. 북한 괴뢰의 간첩들이 교묘한 세균처럼 침투한 이 무렵에 이 법안의 공청회는 청중들로 하여금 시국에 대한 인식을 새롭게 한 바 있습니다. 그리하여 12월 24일 오전 국회본회의에서 이 국가보안법 개정안은 앞서 법조사법위원회가 통과시킨 것 중 17조 2항과 5항이 수정되어서 통과되었습니다. 이로써 국가보안법 개정법률은 정부에서 공포하는 날로써 즉시 발효 시행되었습니다.

화면묘사

00:00	자막 "국가보안법 개정안 국회 통과"
00:03	국회 앞 바리케이트 뒤로 몰려있는 인파
00:07	공청회에 참석하기 위해 표를 들고 줄을 서있는 사람
00:10	국회 안 좌석에 앉아 공청회를 지켜보는 시민들
00:16	단상 위 마이크 앞에서 공청회를 진행하는 관계자
00:21	좌석에 앉아 공청회를 바라보는 국회의원들의 모습
00:25	단상 위에서 발표하는 국회의원
00:30	발표 내용을 기록하는 기자들
00:33	단상 위에서 국가보안법 개정안을 발표하는 국회의원
00:38	좌석에 앉아 박수를 치는 공청회 참석자들
00:40	단상 위에서 발표하는 국회의원
00:47	좌석에 앉아 박수 치는 공청회 참석자들 사이로 경찰이 지나다니는 모습
00:50	국회 본회의에 참석한 국회의원들의 모습
00:54	국회의장 석 아래에서 국가보안법 개정안을 상정하는 국회의원
00:57	좌석에 앉아 있는 국회의원들의 모습
00:58	국회의장 석 아래에서 수정된 개정안을 발표하는 국회의원

▌연구해제

제정된 지 반세기가 넘는 국가보안법은 한국현대사에서 가장 많은 논란을 가지고 있는 법이라 하겠다. 이 영상은 특별한 정보를 담고 있지는 않으나, 1948년 남북이 분단된 상태로 남과 북에 각각 독립된 정부가 수립되어 대치국면에 접어들면서 제정된 국가보안법이 자유당과 이승만의 권력욕으로 인해 개정되는 시점의 상황을 보여주고 있다.

1950년대 후반, 지속적으로 권력을 유지하고자 하는 자신들의 입지가 점차 어려워지고 있음을 간파하고 있던 이승만과 자유당은 다양한 방법으로 국민과 언론을 압박하였다. 그러나 언론에 재갈을 물리려던 '협상선거법'(1958년 1월 1일 통과) 내 언론조항이 의도했던 것과는 달리 언론의 비판적 논조를 꺾지 못하자, 1960년 정부통령 선거를 앞두고 좀 더 원칙적으로 야당의 공세와 언론의 비판에 쐐기를 박고자 하였다. 그러던 중 당시 검찰 일각에서 1948년 제정된 국가보안법이 북한의 대남공작에 대응하는 데 미비한 점이 많으므로 새로운 보안법을 제정해야 한다는 주장이 대두되었다. 자유당은 기존의 국가보안법보다 독소 조항이 더 많이 포함된 '국가보안법 개정안'을 1958년 8월 5일 국회에 제출하였다. 이적행위 방지에 주목적을 두고 있는 개정안에는 죄형법정주의에 위배되는 심각한 문제 조항도 있고, 국가기밀의 범위를 확대하였으며, 특히 예비음모를 기수범과 같이 중벌에 처하도록 함으로써 심각한 국가보안법 남용을 초래하였다. 수많은 1970-1980년대 민주화운동가들은 대개 이 조항의 적용을 받아 국가보안법 위반자가 되었다.

그러나 그 주 대상이 진보세력일 것이라고 보아 크게 문제 삼지 않던 언론과 야당이 새 개정안이 11월 18일 국회에 제출되자 벌떼같이 일어났다. 이 개정안에 "공연히 허위의 사실을 허위인 줄 알면서 적시 또는 유포하거나, 사실을 고의로 왜곡하여 적시 또는 유포함으로써 인심을 혹란케 하여 적을 이롭게 한 자는 5년 이하의 징역에 처한다"라는 조항이 들어간 것이다. 또한 대통령, 국회의장 등 헌법상 기관에 대해 명예를 훼손하는 자를 처벌한다는 조항도 비판의 표적이 되었다. 주요 일간신문들과 언론단체들의 반대성명이 줄을 이었고, 야당도 투쟁 강도를 높였다. 1958년 11월 27일에는 민주당과 무소속의 범야 단일세력으로 '국가보안법 개악 투쟁위원회'가 구성되었다.

그런데도 정부와 여당은 국가보안법 통과에 총력을 기울였다. 치안국장은 모든 옥외집회를 금지한다고 발표하였고, 개정 반대투쟁에 '반공'이란 이름으로 위협을 가하였다. 그리고는 이 법안에 대해 질의 토론이 있을 예정이던 12월 19일, 야당 의원들이 점심 식사를 하기 위해 자리를 비운 사이 자유당 의원만이 참석한 가운데 국회 법사위원회를 열어 '3분'만에 국가보안법 개정안을 날치기 통과 시켰다. 이에 격분한 민주당과 일부 무소속 의원 80여 명은 이날 오후부터 국회 본회의장에서 무기한 철야농성에 들어갔다.

1958년 12월 24일, 한희석 국회부의장은 경호권을 발동하여, 유도, 검도 등 무술에 능한 300여 명의 경위들로 하여금 농성 의원 80여 명을 무자비하게 구타하고, 국회 본회의장에서 끌어낸 후 지하실에 감금하였다. 그리고는 자유당 의원들만으로 30여분 만에 국가보안법 개정안을 통과시키고, 이어 시·읍·면장 임명제를 골자로 한 지방자치법 개정안, 예산안, 각종 세법 등을 무더기로 통과시켰다.

이에 대해 민주당은 12월 27일 "국가보안법 통과는 무효"라는 내용의 성명을 냈으며, 1959년 초 전국적으로 반대데모를 기도하였다. 그러나 민주당이 1959년에 전개된 재일교포북송반대운동에 합류하면서 신국가보안법투쟁은 흐지부지되었다.

이 영상은 국가보안법 개정안에 대한 공청회의 모습을 담고 있으며, 내레이션으로 국회에서 개정안이 통과되었다는 사실을 설명해주고 있다. 영상만을 보면 국가보안법이 여야의 물리적 충돌 없이 마치 민주적인 토론을 거쳐 통과된 것처럼 보일 수 있다. 즉, 대한뉴스를 통해 이승만 정부가 보여주고 싶은 모습, 즉 민주적인 과정을 거쳐 국가보안법이 통과되었다고 홍보한 것이다.

█ 참고문헌

민주화운동기념사업회 연구소 엮음, 『한국민주화운동사』 1, 돌베개, 2008.
서중석, 『이승만과 제1공화국』, 역사비평사, 2007.

해당호 전체 정보

194-01   경무대 소식

상영시간 ㅣ 00분 48초

영상요약 ㅣ 우리나라 공군시설을 시찰하기 위해서 미 공군참모 총장 토마스 화이트 대장
이 내한하여 이승만 대통령을 예방하였다.

194-02   국가보안법 개정안 국회 통과

상영시간 ㅣ 01분 11초

영상요약 ㅣ 민의원 의회장에서 국가보안법 개정안에 대하여 자유당 측과 민주당 측의 찬
반 논의 끝에 법조사위원회가 통과시킨 개정안이 국회에서 통과되어 공포하
는 날로 즉시 발효 시행되었다.

194-03   건설의 새소식

상영시간 ㅣ 01분 11초

영상요약 ㅣ 공군사관학교에서 건평 6,800평으로 1955년에 착공하여 환화 5억 8,000만 원과
47만 5,800달러의 공사 원조금을 들여 교사를 신축하고 낙성식을 거행하였다.

194-04   문화계 소식

상영시간 ㅣ 01분 29초

영상요약 ㅣ 12월 17일부터 열흘 동안 우리나라 출판물전시회가 화신백화점 화랑에서 열
렸다.

194-05   국군용사들을 따뜻히 위문하자

상영시간 ㅣ 00분 26초

영상요약 ㅣ 크리스마스와 새해를 맞이해 각부 장관, 차관 부인일행이 일선 장병들에게 보
낼 위문품을 준비하였다.

194-06　해외소식

상영시간 ｜ 04분 55초

영상요약 ｜ 프랑스 파리에서 북대서양 조약기구 연차회의 예비회담이 개최되었다.

개발차관기금 협정 조인 (1959년 1월 12일)

제작정보

출　　　처 : 대한뉴스 196호
제 작 사 : 공보처
제 작 국 가 : 대한민국

영상정보

제 공 언 어 : 한국어
컬　　러 : 흑백
사 운 드 : 유

영상요약

한국의 시멘트 생산시설을 증가시키기 위하여 시멘트 개발에 투자될 미국 개발차관기금 214만 불의 자금 차관 약정서 조인식이 중앙청 회의실에서 열렸다.

정부에서는 이번에 미국 개발차관 당국으로부터 214만 달러의 자금을 빌려 우리나라 시멘트 생산시설을 증가시키게 되었는데, 그 자금의 차관 약정서 조인식이 1월 7일 중앙청 회의실에서 거행되었습니다. 이 자금은 강원도 삼척에 있는 동양시멘트회사에 융자되어서 연간 15만 톤의 시멘트를 증산하는 시설을 건설하는데 사용될 것입니다.

화면묘사

00:00   자막 "개발 차관 기금 협정 조인"
00:00   중앙청 회의실에서 회의를 진행 중인 한미관계자들. 화면 오른쪽에는 한국 측 관계자들이 보이고 왼쪽으로 미국 측 관계자들이 앉음
00:06   한국 측 자리에서 관계자가 일어서 발언하고 있음
00:10   회의 내용을 적고 있는 미국 측 관계자들
00:12   차관 약정서에 사인하는 관계자 주변으로 여러 참석자가 둘러싸고 사인 장면을 바라보고 있음
00:30   악수를 하고 있는 한미 관계자들의 모습

연구해제

이 영상은 1959년 1월 7일 미국 개발차관기금(DLF: Development Loan Fund)에 의한 한국 최초의 차관협정 조인식을 담은 영상이다. 이 조인식은 중앙청 국무회의실에서 이뤄졌으며 총 214만 불의 자금 도입을 약정하였다. 영상에서는 조인식에 참석한 경제조정관 윌리엄 원(William E. Warne)과 송인상 부흥부장관을 볼 수 있다. 이 자금은 강원도 삼척에 있는 동양시멘트에 융자되어 연간 15만 톤의 시멘트를 증산하는 시설을 건설하는데 사용되어 질 것이었다. 동양시멘트에 대한 DLF 제공은 1958년도에 이미 합의된 내용이었다.

이승만 정부는 외화를 절약하고, 미국의 원조감소에 대비하기 위한 방안으로 기간산업을 고려하였는데, 시멘트 산업은 기초 중화학공업으로서 산업연관효과가 높아 주변

산업의 발전을 이끌고, 원조가 단절되었을 때 그전과 다름없는 생활을 영위하기 위한 최소한의 기반으로 간주되었다. 기간산업 및 중화학공업을 기반으로 하는 경제부흥은 이승만 정부 수립 초기부터 주장되어 온 기조였으며 경제안정을 기반으로 한 미국의 기조와 대립되는 지점이기도 했다. 따라서 1950년대 초중반 미국의 원조정책하에서 한국에 대한 시설투자 및 중공업 진흥은 거의 이뤄지지 않았다. 이승만 정부는 1957년 긴축정책 등을 통한 재정안정화를 달성한 이후에야 미국으로부터 산업개발을 위한 계획을 승인받을 수 있었다. 이에 이승만 정부는 장기개발계획을 수립하기도 했는데, 이는 DLF를 염두에 둔 것이기도 했다.

　DLF는 미국이 1957년을 기점으로 대한원조를 축소할 것을 계획하면서 그 원조부문을 충당하기 위해 설치한 자금이다. 미국의 원조 축소는 미국 국내에서 대외원조의 규모에 대한 비판이 지속적으로 제기되고 있었기 때문에 시행된 것이었다. 미국은 1958년도부터 상호방위법(MSA: Mutual Security Act)계획에 DLF원조를 신설하였으며, 시설투자자금은 가급적 DLF를 통해 충당하도록 규정하였다. 즉 대규모의 자금투입이 필요한 시설 및 생산 부분에 대해서는 차관의 형식으로 원조한다는 것이었다. 이때 차관의 규모와 상환방식은 계약주체의 합의에 따라 달라질 수 있었다. DLF의 경우 산업화가 본격적으로 전개되는 1960년대 이후 더욱 확대 제공되었다.

▌ 참고문헌

「동양시멘트 수락」, 『경향신문』, 1958년 8월 3일.
「미, 이백만불 차관」, 『동아일보』, 1959년 1월 7일.
정진아, 『제1공화국기(1948~1960)이승만정권의 경제정책론 연구 : 국가 주도의 산업화 정책과 경제개발계획을 중심으로』, 연세대학교 박사학위논문, 2007.

해당호 전체 정보

196-01   리 대통령 당인리 발전소 시찰
상영시간 ㅣ 00분 33초
영상요약 ㅣ 1월 6일 이승만 대통령이 이스트우드를 대동하고 한강 기슭에 있는 당인리 화
　　　　　 력발전소 시찰하였다.

196-02   4292년의 첫 국무회의
상영시간 ㅣ 00분 32초
영상요약 ㅣ 새해 첫 국무회의가 1월 8일 중앙청 국무회의실에서 개최되어 국무위원들이
　　　　　 회의실에 모여 회의하였다.

196-03   충북선 개통식
상영시간 ㅣ 00분 43초
영상요약 ㅣ 충북선 목행역과 중앙선 봉양역간의 약 30Km를 잇는 충북선 개통식이 현지에
　　　　　 서 열림으로써 중부 산간 지대에 산업과 문화 발전에 획기적인 도움을 줄 것
　　　　　 으로 기대한다.

196-04   개발차관기금 협정 조인
상영시간 ㅣ 00분 41초
영상요약 ㅣ 한국의 시멘트 생산시설을 증가시키기 위하여 시멘트 개발에 투자될 미국 개
　　　　　 발차관기금 214만 불의 자금 차관 약정서 조인식이 중앙청 회의실에서 열렸
　　　　　 다.

196-05   국방부장관 터어키 향발
상영시간 ㅣ 00분 31초
영상요약 ㅣ 터키 국방부장관의 초청을 받은 김정렬 국방부장관이 터키대사와 3군 장성들
　　　　　 의 환송을 받으며 터키로 출국하였다.

196-06 국가보안법 운영 실무자 회의

상영시간 ㅣ 00분 14초

영상요약 ㅣ 홍진기 법무부장관의 주재로 국가 보안법 운영에 관한 실무자 회의가 대검찰
청 회의실에서 이루어졌다.

196-07 겨울의 식물원

상영시간 ㅣ 00분 36초

영상요약 ㅣ 영하의 날씨에도 창경원의 식물원에는 푸른 야자수와 꽃, 오렌지 등이 피어나
고 있다.

196-08 주한 미군 방송국에 텔레비전 스튜디오

상영시간 ㅣ 00분 33초

영상요약 ㅣ 서울 시내 남산에 자리 잡은 주한 미군 방송국에 새롭게 텔레비전 변환 스튜
디오가 개소되어 유엔군 사령관을 비롯한 손님들에게 스튜디오 기능을 공개
했다.

196-09 해외소식

상영시간 ㅣ 05분 10초

영상요약 ㅣ 미국의 아이젠하워 대통령이 백악관에서 알라스카를 미합중국의 주로 승격시
킨다는 성명서에 서명하였다.

대한반공청년단 발족 (1959년 1월 27일)

제작정보

출　　　처 ： 대한뉴스 198호

제 작 사 ： 공보처

제 작 국 가 ： 대한민국

영상정보

제 공 언 어 ： 한국어

컬　　　러 ： 흑백

사 운 드 ： 유

영상요약

국민회 청년 건설대가 약 800명의 대의원과 이승만 대통령이 참석한 가운데 전국대회를 열고 대한반공청년단으로 개명하고 발족식을 가졌다.

내레이션

국민회 청년 건설대 전국대회가 약 800명의 대의원들이 참석한 가운데 1월 22일 서울 시내 시공관에서 개최되었습니다. 우리의 사명은 반공, 방첩, 그리고 유흥건설이라는 슬로건을 앞세운 이 젊은이들의 모임에는 이 대통령의 유시를 비롯한 각계 인사의 격려 사가 있었고, 이날을 기해서 이 단체는 대한반공청년단으로 그 명칭을 바꾸었습니다. 그리고 그 다음날인 1월 23일, 대한반공청년단 각 도 대표 일행은 반장 김형오 씨의 안 내를 받아 이 대통령을 찾아뵈었습니다.

화면묘사

00:00   자막 "대한반공청년단 발족"
00:00   서울 시공관의 모습
00:04   자리에 착석해 있는 사람들
00:09   발족식을 진행하는 관계자
00:13   자리에 앉아서 발족식을 지켜보는 관중들
00:16   유시를 전하는 관계자
00:19   박수치는 관중들
00:21   발족식을 가지는 모습을 하이앵글로 촬영
00:26   이승만 대통령 앞에서 사열하여 일제히 인사하는 반공청년단 각 도 대표들
00:30   사열해 있는 각 도 대표들
00:33   각 도 대표들 앞에서 훈시하는 이승만 대통령의 모습

연구해제

이 영상은 1959년 1월 22일 시공관에서 열린 '대한반공청년단'의 전신인 국민회 청년 건설대 전국대회에 관한 것이다. 이날 참석자들은 대회를 통해 '대한반공청년단'으로 기 존의 조직을 새롭게 발족시켰다. 전국 대의원 1,242명 중 1,101명이 참가한 이날 대회에 서 이승만 대통령은 조정환 외무장관이 대독한 유시를 통해 "모든 청년은 한데 뭉쳐 책

임을 가지고 일을 해야 할 것이다. 청년조직을 만든다니 기쁜 일이다. 모든 사람이 사심을 버리고 나라를 사랑하는 애국정신으로 일을 해주기 바란다"라고 말했다.

영상에는 대회장면과 함께 1월 23일 김용우 단장을 비롯한 청년단원들이 이승만 대통령을 예방한 모습도 함께 담겨 있다. 이 자리에서 이승만 대통령은 "청년단체가 제일 주장하는 것은 많은 사람들이 한 덩어리가 되어서 나아가야 큰일을 할 수 있다는 것이다"라고 말하였다. 또한 "과거에 이범석, 이청천 양씨가 각각 청년단을 만들었으나 서로 협의가 되지 않고 시비가 나고 해서 나중에는 서로 갈라져 싸움이나 하고 창피한 지경에 이르렀던 것이다"라고 하면서, 이번에 "청년들이 다 한 덩어리가 되어 청년단을 만들어 나가겠다고 하니 대단히 환영하며 치하하는 바이다"라고 말하였다.

새로 발족한 대한반공청년단은 그 시작부터 여당계의 모든 청년단체를 통합할 것이라고 밝혔다. 통합대상인 청년단체는 청년문제연구회, 학도의용군 동지회, 대한반공단, 대한반공청년회, 반공애국청년회 등이었다. 하지만 초대 단장 김용우와 국민회계 간부들 간의 불화로 초대 간부진은 1959년 5월 22일 전원 사퇴하게 된다. 이후 8월 11일, 신도환이 대한반공청년단 단장으로 선출되었다. 신도환은 청년단체들의 통합을 신속하게 진행시키고, 9월 29일 서울운동장에서 2차 전국대회를 열고 서울시단과 경기도단의 결단식을 거행하였다. 또한 지방조직의 결성작업에 착수해 1959년 12월 말까지 청년단의 규모는 135만 명에 이르렀다.

1960년 3월 15일 정부통령선거가 다가오자 자유당의 기간단체인 반공청년단은 본격적으로 부정선거 계획을 모의하고 실행하였다. 선거에 앞서 실시된 영주지역 보궐선거에서는 상대방 후보의 선거운동을 방해하고 공포분위기를 조성하여 자유당 후보에 투표하도록 유권자들을 강압하였다. 3월 2일에는 장면 부통령 후보를 비방하는 사진을 민주당원들이 뜯어내자 이들을 집단 폭행하기도 하였고, 자유당 연설에 이의를 제기한 사람을 흉기로 찔러 살해하기도 하였다. 3월 15일 선거 당일에는 무더기 사전투표 등에 동원되는 등 부정선거에 실질적인 행동대원으로 활동하였다.

▍참고문헌

「반공청년단발족」, 『경향신문』, 1959년 1월 22일.
「환영하며 치하, 이대통령 청년단 각 도 대표를 인견」, 『경향신문』, 1959년 1월 24일.

서준석, 「1950년대 후반의 자유당 정권과 '정치깡패'」, 성균관대학교 석사학위논문, 2010.

해당호 전체 정보

198-01   경무대 소식

상영시간 ㅣ 01분 00초

영상요약 ㅣ 대한상이용사회 각 도 대표 일행이 이승만 대통령을 예방하고 이승만 대통령
　　　　　이 태평로와 저동일대의 상가주택을 시찰하였다.

198-02   프라우다 이 기자 자유대한의 품안으로

상영시간 ㅣ 01분 57초

영상요약 ㅣ 판문점 휴전회담촌에서 소련 공산당 기관지 프라우다의 평양 특파원 한국인
　　　　　기자가 망명하여 미군과 함께 기자회견장으로 들어와 기자회견을 진행하였
　　　　　다.

198-03   리강석 소위 도미 수학

상영시간 ㅣ 00분 24초

영상요약 ㅣ 미국으로 군사학 공부를 하기 위해 출국하는 이승만 대통령의 영식 이강석 소
　　　　　위가 비행장에서 사열한 군인들의 환송을 받으며 비행기를 탔다.

198-04   국제관광 회의 한국 대표 출발

상영시간 ㅣ 00분 24초

영상요약 ㅣ 오재경 공보실장이 태평양지구 관광협회 회의에 참석하기 위해 출국하기에
　　　　　앞서 기자들과 인터뷰를 하고 비행기에 올랐다.

198-05   대한반공청년단 발족

상영시간 ㅣ 00분 43초

영상요약 ㅣ 국민회 청년건설대가 약 800명의 대의원과 이승만 대통령이 참석한 가운데 전
　　　　　국대회를 열고 대한 반공청년단으로 개명하고 발족식을 가졌다.

198-06 잉어 잡이
상영시간 | 00분 39초
영상요약 | 영하의 추위에 한강얼음을 깨고 잉어잡이를 하는 낚시꾼들

198-07 겨울의 동물원
상영시간 | 00분 47초
영상요약 | 추운 겨울 창경원 동물원에 있는 공작새, 원숭이, 물개의 모습을 관람객들이 구경하고 있다.

198-08 스포츠
상영시간 | 01분 03초
영상요약 | 한강에서 동계 체육대회가 열려 스피드 스케이트 등 각종 빙상경기에 200여 명이 참가하여 관중이 지켜보는 가운데 피겨 스케이팅 경기를 시작했다.

198-09 해외소식
상영시간 | 02분 47초
영상요약 | 아이젠하워 미국 대통령과 원자력 위원들이 관계자들이 지켜보는 가운데 워싱턴에서 획기적인 원자 발전기를 공개하고 작동 시범을 보였다..

드레이퍼 조사단 내한 (1959년 2월 10일)

제작정보

출   처 : 대한뉴스 200호
제 작 사 : 공보처
제 작 국 가 : 대한민국

영상정보

제 공 언 어 : 한국어
컬   러 : 흑백
사 운 드 : 유

영상요약

드레이퍼 군사 조사단이 김포공항을 통해 내한하여 이승만 대통령을 예방하고 군사와 경제 원조 계획 전반에 대해 논의하였다. 이어 국방부 브리핑에 참석하고 국군 육군단을 방문하여 합동작전연습을 참관하였다.

내레이션

미국 대통령의 군사 원조 계획 조사위원장 윌리암 드레이퍼씨를 비롯한 대한 군사원조 조사위원단 일행이 2월 6일 김포공항에 도착 입경했습니다. 드레이퍼씨는 전 유엔군총사령관 펄 대장을 동반하고 공항에 내리자 우리는 미국의 우방제국과 상호 안정보장 방위에 따른 제반 군사원조면을 공정하게 분석 검토해서 자유세계 안전방위계획에 이바지 할 것이라고 그의 내한 목적을 피력했으며, 이들은 곧 경무대로 이 대통령을 예방하고 내한의 인사를 드렸습니다. 다음날 7일 일행은 한국군 수재들과 국방부에서 회동해서 한국 군사관계 브리핑에 참석했습니다. 이날 오후 일행은 한국군 제6군단을 방문해서 우리 육군과 공군의 합동작전연습을 참관했습니다. 그리고 9일 드레이프씨 일행은 중앙청 회의실에서 우리 정부각료들과 회동해서 군사와 경제원조 전반에 대해서 토의했습니다.

화면묘사

00:00   자막 "드래이퍼 조사단 내한"
00:00   비행기에서 내리고 있는 드레이퍼 조사단 일행과 펄 전유엔군총사령관
00:10   한국 관계자들과 인사를 나누는 조사단 일행. 기자들이 인사장면을 찍고 있음
00:23   기자들과 인터뷰를 나누는 드레이퍼
00:27   이승만 대통령과 경무대에서 인사를 나누는 조사단 일행
00:38   한국군 관계자들과 악수를 나누는 조사단 일행
00:45   국방부 브리핑에 참석 중인 조사단
00:56   차를 타고 어디론가 이동 중인 조사단과 한국군 관계자
01:01   한국군 헬기에서 내리는 조사단 일행과 한국군 일행
01:05   짚차를 타고 이동 중인 조사단 일행과 한국군 관계자들
01:17   합동군사훈련을 위해 훈련장에 도열해 있는 한국 육군과 공군들
01:27   참관 중인 조사단 일행
01:31   포탄이 터지는 훈련장의 모습
01:51   도열해 있는 한국군 앞에서 발표하는 드레이퍼

02:01   짚차를 타고 다시 떠나는 조사단 일행과 한국군 관계자
02:05   중앙청에서 한국 정부각료들과 회의 중인 조사단 일행

▌ 연구해제

이 영상은 1959년 2월 6일 미국대통령 자문기관인 미 군사원조계획위원회, 일명 '드레이퍼(Draper) 조사단' 일행의 방문에 관한 영상이다. 전(前) 유엔군 총사령관 헐(John E. Hull)과 동행한 조사단은 공항에서 환영인사를 받고 국내 일정을 시작했다. 이들은 경무대에서 이승만을 예방하고 정부인사들을 만났으며, 국방부에서 한국군 수뇌들과 회동하였다. 이후 한국군 육군단을 방문하여 육군과 공군의 합동작전훈련을 지켜봤으며, 군인들에게 연설을 하기도 했다. 뿐만 아니라 중앙청 회의실에서 열린 정부각료들의 회의에 참석하여 군사와 경제관련 사안에 대해 논의하였다.

드레이퍼 조사단은 1947년 9월에도 방한한 바 있다. 1947년 역시 미국의 대한정책이 전환되는 시점으로서 단독정부 수립, 한국문제의 유엔이관, 주한미군 철수 등의 사안들이 중점적으로 제기되던 시기였다. 당시 드레이퍼 조사단의 보고서는 남한의 정치·경제적 안정을 위하여 경제원조가 확대되어야 한다고 강조하였다. 1959년의 드레이퍼 조사단 역시 미국의 원조정책 변화와 관련되어 방문하였다.

1950년대 후반 미국의 대한원조정책의 변화는 두 가지 측면에서 살펴볼 수 있다.

첫째, 경제원조 성격에서 군사원조 성격으로의 변화이다. 미국은 1950년대에 이르러 군사원조의 성격을 강하게 띤 상호안전법(Mutual Defence Assistance Act)을 마련하여 모든 대외원조를 이 법 아래에 통합하였다. 이것은 경제적 수단을 통한 대 사회주의권 봉쇄정책이 군사적 수단으로 전환되었음을 의미하는 것이었다. 특히 6·25전쟁은 이 같은 미국의 대한원조정책이 전환되는 중요한 계기가 되었다. 경제원조만으로는 공산주의의 확장정책을 봉쇄할 수 없다는 판단하에 보다 직접적인 군사원조 정책으로 성격이 변환된 것이다. 1953년 집권한 아이젠하워 정부는 6·25전쟁 이후 나타난 미국의 저개발국 원조정책의 변화, 즉 경제부흥을 위한 원조에서 군사원조로의 변화를 그대로 계승하였다. 둘째, 대외원조의 감축과 민간자본의 동원이다. 미국은 대외원조와 관련한 재정지출에 대해 국회 및 여론으로부터 비판을 받고 있었다. 이와 관련한 문제를 타개하기 위해 미국은 1950년대 중반부터 대외원조 규모의 감축을 언급해 왔고, 구체적으로 민간자

본을 동원한 차관정책을 시행하기도 했다. 원조대상국도 냉전적인 갈등이 첨예한 지역에 한정하였고, 이 지역들도 재조사를 통해 철저하게 관리하였다.

    드레이퍼 조사단은 이 같은 미국의 원조정책의 변화를 반영하여 조직되었고, 1950년대 후반 미국의 대외원조를 재평가하기 위해 한국에 파견된 것이었다. 드레이퍼 역시 내한목적에 대해 "군사원조와 그에 관련된 경제문제를 검토하여 자유세계 방위를 위한 가장 적절한 방법을 건의하는 것"이라고 밝혔다. 드레이퍼 조사단은 방한 전 일본을 방문하여 실태조사를 마친 상태였다. 영상에서도 드러나듯이 드레이퍼 조사단은 한국의 군사원조를 재검토하기 위한 목적에 상응하여 군 수뇌부들과 논의하는 시간을 가졌다. 군사원조 뿐만 아니라 영상이 공개된 2월 10일에는 송인상 부흥부 장관과 함께 당인리 화력발전소, 충주비료공장 등 산업시설을 시찰하였고, 실업인들과 간담회를 갖기도 했다.

▌참고문헌

「드레이퍼 특사의 내한목적」, 『경향신문』, 1959년 2월 7일.
「산업시설을 시찰 드레이퍼씨, 실업인들과 간담」, 『경향신문』, 1959년 2월 10일.
박태균, 『원형과 변용 ― 한국경제개발계획의 기원』, 서울대학교출판부, 2007.
이현진, 『미국의 대한경제원조정책 1948~1960』, 혜안, 2009.

해당호 전체 정보

200-01   새소식을 전하여 200호

상영시간 ㅣ 01분 35초

영상요약 ㅣ 국내외에서 일어나는 소식을 전하던 대한뉴스가 200호가 되어 그간 방송되었던 대한뉴스의 내용을 하이라이트로 영상을 편집하였고, 대한뉴스를 제작하는 모습을 영상으로 편집하여 방송하였다.

200-02   드레이퍼 조사단 내한

상영시간 ㅣ 02분 23초

영상요약 ㅣ 드레이퍼 군사 조사단이 김포공항을 통해 내한하여 이승만 대통령을 예방하고 군사와 경제 원조 계획 전반에 대해 논의하였다. 이어 국방부 브리핑에 참석하고 국군 육군단을 방문하여 함동작전연습을 참관하였다.

200-03   새로 취임한 공보실장

상영시간 ㅣ 00분 24초

영상요약 ㅣ 새로 취임하는 전성천 공보실장의 취임식이 거행되어 공보실장과 공보실관계자들이 모였고, 뒤이어 전성천 공보실장의 기자회견이 이어졌다.

200-04   유럽 공산 피점령국 의회 의장단 내한

상영시간 ㅣ 00분 33초

영상요약 ㅣ 유럽 공산 피점령국 의회 의장단 3명이 내한하여 김일환 내무부장관과 통역을 통해서 서로 대화를 하고 우리나라의 대공투쟁에 감명을 받았다.

200-05   휘발유 제조기

상영시간 ㅣ 00분 31초

영상요약 ㅣ 무연탄으로 휘발유를 제조하는 새로운 기계가 서울대학교 공과대학 이재성 교수에 의해서 만들어져 기자들 앞에서 휘발유 제조기를 조작하는 시범을 보였다.

200-06   해외소식

상영시간 ㅣ 04분 22초

영상요약 ㅣ 자유중국 방위기지로서 미국의 군사원조 계획에 따라 대폭 강화되면서 장개
        석 총통이 군사기지를 시찰하였다. 미국의 초대형 항공모함 인디펜던스호가
        시운전을 위해 뉴욕 이스트강에서 운항했다. 새로운 기상 관측과 예보를 위한
        실험과 연구가 유럽과 대서양 일대의 250개소의 측후소에서 들어오는 보고로
        진행되었다. 이탈리아의 카니발에서 각종 모형장치들의 가두행진이 벌어졌다.

제1회 노동절 (1959년 3월 17일)

제작정보

출   처 : 대한뉴스 205호
제 작 사 : 공보처
제 작 국 가 : 대한민국

영상정보

제 공 언 어 : 한국어
컬   러 : 흑백
사 운 드 : 유

영상요약

대한 노동조합 총연합회 주최로 3월 10일 서울운동장에서 우리나라 첫 번째 노동절을 기념하는 기념식이 서울운동장에서 개최되어 노동자대표의 연설을 시작으로 플래카드를 들고 거리행진을 진행하였다.

3월 10일은 우리나라 근로자의 날인 뜻깊은 노동절이었습니다. 우리나라에서 이날을 노동절로 제정한 후에 첫 번째 노동절 기념대회가 대한 노동조합 총연합회 주최로 서울운동장에서 성대히 베풀어졌습니다. 경인지부에서 모인 2만여 명의 노총회원이 참가한 식에서는 뜻깊은 노동절 선언문이 낭독되었습니다. 식이 끝나자 역사적인 우리나라 첫 번째 노동절을 기념하는 시가행진이 벌어졌습니다. 노동자들은 저마다 어깨에 '빵, 자유, 평화'라는 띠를 메고 반공투쟁의 선봉으로서 이 대통령의 유시를 받들어 조국재건에 몸 바칠 것을 맹세하는 힘찬 구호를 외치면서 거리를 행진해 갔습니다.

화면묘사

00:00   자막 "제1회 노동절"
00:00   노동절 행사장의 전경
00:12   커다란 태극기를 중심으로 운동장을 가득 채운 노동자들
00:17   "나는 보다 더 나은 빵 자유를 위하여 단결한다" 등의 플래카드를 들고 운동장에 집결한 노동자들
00:20   연설하는 노동자 대표와 연설을 듣고 있는 노동자들.
        "(노동절 선언문 낭독)전국의 노동자 동지들이여, 한국의 노동자가 축하하고 기념하며 시위하는 노동자날, 노총창립일인 삼월 십일을 맞이하여 전국노동자의 집합체인 대한노총은 균등사회 건설의 결의를 새롭게 하는 동시에 전체 노동자의 권익보호를 위한 투쟁에 더욱 과감할 것을 만천하에 선언한다."
00:56   거리행진 중인 노동자들의 모습
01:02   "경축 노동절 대한노총 전국 섬유 노동조합연맹" 등의 플래카드를 들고 거리를 행진하는 노동자들

연구해제

이 영상은 1959년 3월 10일 개최된 제1회 노동절 기념행사의 모습을 담고 있다. 1886년

미국의 총파업에서 출발한 노동절은 전세계적으로 매년 5월 1일이었고, 우리나라도 1945년부터 1957년까지 대한노동조합총연합회(대한노총) 주최로 매년 5월 1일 노동절 행사가 진행되었다. 그러나 대한노총이 김기옥 위원장 체제로 들어선 1958년 이후 노동절은 대한노총 창립일인 3월 10일로 변경되었다. 이 영상은 노동절이 변경된 이후 처음으로 개최된 1959년의 공식행사 영상이다.

『동아일보』에 따르면 "5월 1일을 노동절로 정한 것은 공산당들이 노동자들을 다 묶어서 공산당을 만드는데 힘쓰기 위해서 한 것"이므로 노동절을 3월 10일로 변경하였다고 한다. 이처럼 노동절의 변경은 노동운동과 반공주의를 결합하려는 시대상황 속에서 추진되었다. 따라서 영상에서도 대형 태극기가 행사장 정중앙에 위치하고 있으며, 대한노총 산하 노동조합들도 태극문양이 포함된 마크를 사용하고 있다. 또한 공식행사에 참석한 2만여 조합원과 대한노총의 규모를 보여주기 위하여 행사장의 전경을 보여주거나 거리행진의 요소요소를 보여주고 있다.

그러나 영상에서 보이는 대한노총과 산하 노동조합의 규모와 다르게 실제로 대한노총은 지속적으로 파벌대립의 문제를 겪고 있었다. 대한노총은 미군정기부터 시작되어 조직이 붕괴할 때까지 지속되었는데 미군정기에는 구(舊)국민당계, 한독당계, 한민당 · 이승만계 등 정치세력과 관련되어 있었다. 따라서 대한노총의 파벌대립은 각 정치세력과 관계와 노동운동 노선투쟁의 일환으로 해석하는 것이 적당하다. 특히 1950년대 중후반의 대한노총은 이합집산의 성격이 강했으며, 대한노총과 자유당의 관계(대한노총 최고위원을 통한 자유당 간부로 진출), 대한노총의 태생적 한계(반공주의를 강조하면서 나타난 중앙 정치권력과의 친연성)로 인하여 그 대립이 격화되었다.

1957년에 김기옥 위원장의 선출은 대한노총의 파벌대립 속에서 자유당 → 이기붕 → 정대천 → 대한노총 라인이 결과적으로 실패한 사건이었다. 이는 노동당수 전진한의 대한노총 내 지위획득과도 연결되며 이승만으로부터 상대적 자율성을 얻으려는 대한노총 평조합원들의 분위기를 반영하는 것이었다. 그러나 결과적으로 이 시기의 대한노총 내부갈등은 단일한 운동노선이라기보다 사안별 이합집산을 벗어나지 못했다. 1959년 건설된 전국노동조합협의회와 4월 혁명 이후 발생한 광범위한 노동운동은 정부와 반공주의에 포섭되어 노동자운동과 괴리되었던 대한노총의 한계를 명확히 보여주었다.

참고문헌

『동아일보』, 「노동절 첫 잔치 성대」, 1959년 3월 10일.
임송자, 「1950년대 중후반 대한노총 중앙조직의 파벌대립 양상과 그 성격」, 『한국근현
　　　　대사연구』 35, 2005.

해당호 전체 정보

205-01　제1회 노동절

상영시간 ㅣ 01분 37초

영상요약 ㅣ 대한노동조합총연합회 주최로 3월 10일 서울운동장에서 개최로 우리나라 첫
번째 노동절을 기념하는 기념식이 서울운동장에서 개최되어 노동자대표의 연
설을 시작으로 플래카드를 들고 거리행진을 진행하였다.

205-02　구세군 자선의 날

상영시간 ㅣ 00분 28초

영상요약 ㅣ 구세군 대한 본영 사회사업부에서 서울시내 극빈자 1,050세대에 대해 연말연
시 자선기금으로 산 쌀 50가마니와 미국 기독교인들이 보내온 옥수수 가루
300포대와 쌀 등을 골고루 나누어주었다.

205-03　건설의 새소식(전라북도)

상영시간 ㅣ 00분 24초

영상요약 ㅣ 전라북도 김제군 부량면에 길이 370미터, 넓이 6.5미터의 다리가 완공하여 군
포교라고 명명하고 지역 주민들이 지켜보는 가운데 준공식이 진행되었다.

205-04　미국인 관광단 내한

상영시간 ㅣ 00분 58초

영상요약 ㅣ 자유세계 15개국을 순방 중인 미국인 관광단 21명이 경복궁, 덕수궁 등의 서
울 일대의 고궁과 남산 등 서울시내를 관광하였다.

205-05　이태리 오페라단 공연

상영시간 ㅣ 04분 52초

영상요약 ㅣ 음악의 나라 이탈리아의 '리리까 이딸리아나' 오페라단이 한국을 찾아와 서울
시내 대한극장에서 공연하였다.

205-06 해외소식

상영시간 ㅣ 02분 02초

영상요약 ㅣ 미국 인디아나주에 있는 제철공장에서 기차바퀴 및 레일 제조하는 제철공장
의 모습과 제철을 생산하는 노동자의 모습. 독일에서 눈썰매를 타고 내려오는
경기가 개최되어 관객들이 구경하는 가운데 눈썰매 경기가 시작되고 선수들
이 썰매를 타고 내려오고 있다.

티벳 반공의거를 지원하자 (1959년 4월 26일)

제작정보

출   처 : 대한뉴스 211호
제 작 사 : 공보처
제 작 국 가 : 대한민국

영상정보

제 공 언 어 : 한국어
컬   러 : 흑백
사 운 드 : 유

영상요약

티벳 반공의거민에 대한 중공의 만행을 규탄하고 의거민을 지원하자고 대한상이용사회 용사들 총 궐기하고 조계사의 승도들은 축원대회를 열고 가두시위를 하였다.

내레이션

티벳 반공의거에 대한 중공의 만행을 규탄하고 의거민을 지원하자고 4월 22일 대한상이
용사회 상이용사들은 총궐기 했습니다. 한편 4월 23일 서울 시내 조계사에서는 티벳 의
거 성취 축원대회가 많은 불교승들이 참석한 가운데 베풀어졌습니다. 승도들은 제마다
티벳 반공의거의 승리를 기원한 다음, 중공의 만행을 규탄하는 구호를 외치면서 데모를
전개(이하 생략됨)

화면묘사

00:00 자막 "티벳 반공의거를 지원하자"
00:00 시내에서 차량 가두시위를 하고 있는 대한상이용사회 용사들
00:09 조계사에서 절을 하며 기도하는 승도들의 모습
00:27 거리로 나가 시위를 이어가는 승도들의 모습

연구해제

이 영상은 1959년 4월 22일 서울시청 앞 광장에서 개최된 '티벳 의거 지원 상이용사
궐기대회'와 4월 23일 조계사에서 열린 '티벳 의거 성취 축원대회'의 모습이다. 22일의
대회는 약 600여 명의 재경 상이용사들이 참석한 가운데 개최되었다. 대회에서 신동욱
상이용사회 회장은 궐기사를 통해 "우리 상이용사들은 중공에 항거하여 봉기한 티베트
인민을 지원하는데 선두에 나서야 될 것"이라고 외쳤고, 대회 참석자들은 이승만 대통
령, 유엔 사무총장, 달라이 라마, 아이젠하워 미 대통령 등에 보내는 메시지를 만장일치
로 채택하였다. 대회가 끝나자 참가자들은 각기 트럭에 분승하여 시가행진을 하였는데,
이들은 "서장민의 영웅적 투쟁을 지지한다!", "아세아 인민이여 총궐기하여 공산침략을
막아내자!"는 등등의 구호가 적힌 플래카드를 앞세우고 구호를 외쳤다.
  한편 티벳 의거를 지지하는 불교도들은 조계사에서 열린 기원법회에서 "중공의 만행
을 규탄하고 티베트 국민의 자주권과 종교 보전을 지지하라"는 결의문을 채택하고, 이
것을 유엔 및 한미 양국 등 관계요로에 보내기로 하였다. 법회가 끝나자 300여 명의 불

교도들은 조계사를 출발하여 시가행진을 벌였다.

20세기 초반까지 티벳은 외국과의 접촉이 없는 고립된 상태였고 외국인들의 입국이 금지되어 있었다. 이런 폐쇄정책과 근대적인 외교관계 수립의 실패는 티벳을 더욱 국제적으로 고립시켰다. 1950년까지 티벳은 달라이 라마 1인에 의해 다스려지는 세계 유일의 신정사회였다. 그런데 1950년 중국이 '평화해방'이라는 명목으로 티벳을 침입했다. 중국은 티벳을 점령하면서 과거부터 이 지역은 중국의 영토였다고 주장하였다. 그러면서 공산주의자들이 혐오했던 봉건제를 대신해 민주개혁이라고 칭해진 정책을 펼쳤다.

1950년대 중반까지 중국이 티벳민들과 공존할 수 있었던 이유는 티벳의 문화와 종교를 존중한다는 '17조 협정'의 정신 때문이었다. 하지만 1950년대 중반이 되면서 이런 원칙이 점점 지켜지지 않게 되었고, 티벳 내 불만 세력들이 형성되었다. 중국의 정책은 전통적으로 티벳불교의 영향 속에서 살고 있던 티벳인의 역사, 문화, 지리적 특성을 무시하는 것으로 반감을 불러일으켰다. 결국 영상에서 보는 것처럼 1959년 라사의 대폭동으로 이어졌으며 달라이 라마도 인도로 망명하게 되었다.

▌참고문헌

「티베트 의거 지원」, 『동아일보』, 1959년 4월 22일.
「서장 의거 지지 불교도들 시위」, 『동아일보』, 1959년 4월 23일.
한병기, 「1950년대 중국의 대 티벳정책 연구」, 『역사문화연구』 9, 한국외국어대학교 역사문화연구소, 1999.

촉석루 재건용 거목운반 (1959년 4월 26일)

제작정보

출　　　처 : 대한뉴스 211호
제 작 사 : 공보처
제 작 국 가 : 대한민국

영상정보

제 공 언 어 : 한국어
컬　　러 : 흑백
사 운 드 : 유

영상요약

진주시 촉석루 대들보에 사용될 고목을 강원도 인제군 설악산 주억봉에서 구하는 장면을 담고 있다.

사월 중순부터 강원도 인제군에 있는 설악산 주억봉에 수려한 산간에서는 태고의 정적을 깨트리는 폭포 소리와 함께 멀리 경상남도 진주시에 있는 촉석루의 대들보로 사용될 큰나무를 베는 소리가 요란스럽게 들리고 있습니다. 6 · 25동란 때 부러진 촉석루의 건축자재가 될 이 거목들은 육군 삼군단 용사들의 협력으로 거대한 벌목과 하선작업을 거쳐서 진주로 운반됩니다.

화면묘사

00:00   자막 "촉석루 재건용 거목운반"
00:15   설악산 주억봉의 전경
00:21   벌목작업을 하고 있는 군인들
00:25   벌목작업에 넘어가는 나무
00:28   부러진 나무를 옮기는 병사들
00:30   작업을 지시하는 장교들
00:39   기계를 이용하여 거목을 자동차로 운반하는 모습

연구해제

진주 촉석루는 남원 광한루, 밀양 영남루와 함께 한국의 3대 누각으로 알려져 있다. 고려 공민왕 14년(1365)에 세워져 일곱 번의 중수를 거쳤는데, 남장대(南將臺), 장원루(壯元樓)라고 불리기도 했다. 진주성 안에 위치하고 있는 촉석루는 임진왜란이 일어났을 당시 이곳을 지휘본부로 사용했으며, 평시에는 과거 시험장으로 이용했다. 일제시대 동안에는 진주지방의 명승으로 보존되었으며, 해방 이후에는 국보 276호로 지정되어 그 명성을 이어갔다. 그러나 6 · 25전쟁 당시 미군 전투기의 폭격을 받아서 원래의 누각은 완전히 파손되었으며, 현재의 누각은 6 · 25전쟁 때 불타 없어진 것을 1960년 재건한 것이다. 촉석루 재건 논의는 종전 이후 1955년부터 제기되고 1957년부터 본격화된다. 1957년 11월 11일 문교부에서 촉석루를 원형대로 재건할 것을 경남지사에게 지시했고, 곧

재건비 5,800만 환으로 2개년 동안 준공한다는 계획이 세워졌다. 재건공사는 자금난과 자재난을 겪으며 진척에 어려움을 겪었지만, 1959년 10월 10일 대들보 상량식을 올리고 12월 경 완공되었다.

이 영상에서는 1959년 당시 촉석루 재건에 필요한 목재를 확보하고 운반하는 과정을 보여준다. 육군 제3군단의 군인들이 설악산 주억봉에서 대들보로 사용할 나무를 베어 자동차로 운송하기 위해 준비하는 과정을 담고 있다. 목재의 지름이 두껍고 길이도 길어 트럭 두 대가 동시에 운반에 참여할 정도였다. 거목의 크기만으로도 당시 촉석루 재건 공사의 어려움을 짐작해 볼 수 있다. 다른 한편 군인들이 거목 운반 작업에 동참했다는 것을 볼 때, 당시 촉석루 재건사업이 국가의 관심을 받고 있었다는 점을 알 수 있다. 이것은 진주 촉석루가 진주지역에서 일제시대부터 남쪽지역의 중요한 관광지로 알려져 있었던 영향도 있지만, 진주 지역민들의 촉석루에 대한 관심도 크게 작용했던 것으로 보인다.

진주는 한국 지방문화예술제의 효시라고 할 수 있는 개천 예술제(이후 영남 예술제)가 1949년부터 매년 개최되고 있는 만큼 지역문화에 대한 관심도가 높은 곳이라고 할 수 있다. 촉석루가 있는 진주성 일대는 임진왜란 당시 큰 전투가 있었던 지역이며, 그중에서도 촉석루 아래 쪽 의암은 논개가 왜장과 함께 투신한 곳이라는 이야기가 전해지는 곳이기 때문에, '호국의 장소'라는 상징성을 가지고 있다.

▌ 참고문헌

한국구술사학회, 『구술사로 읽는 한국전쟁』, 휴머니스트, 2011.
한국문화유산답사회, 『지리산 자락 : 답사여행의 길잡이』 6, 돌베게, 1996.

해당호 전체 정보

211-01 경무대 소식

상영시간 ㅣ 00분 48초

영상요약 ㅣ 전임하는 유엔 한국군사정전위원회 수석대표 "난" 제독에게 태극무공훈장을 수여하였다. 기독교 대한 감리교회 여 선교회 일행이 이승만 대통령 내외를 예방하였다. 말레이지아 쿠알라룸푸르에서 열리는 제6회 동남아시아 영화제에 참석할 영화인 일행이 이승만 대통령을 예방하고 출발 인사를 하였다.

211-02 티벳 반공의거를 지원하자

상영시간 ㅣ 00분 36초

영상요약 ㅣ 티벳 반공의거민에 대한 중공의 만행을 규탄하고 의거민을 지원하자고 대한 상이용사회 용사들이 총궐기하고, 조계사의 승도들은 축원대회를 열었다.

211-03 핏쉬 대승정 내한

상영시간 ㅣ 00분 40초

영상요약 ㅣ 영국 성공회 핏쉬 대승정이 방한하여 공보실장과 외무부장관이 영접하고, 이어 성 버드관의 정초식에 참석하였다.

211-04 우리 공군 마닐라 공중전시에 참가

상영시간 ㅣ 00분 34초

영상요약 ㅣ 4월 27일부터 1개월간 마닐라에서 있을 공중전시에 참가하기 위해 출발 준비하는 공군의 모습.

211-05 새로 발굴된 국보

상영시간 ㅣ 01분 16초

영상요약 ㅣ 경상북도 칠곡군 동명면에 있는 송림사 5층 탑속에서 쌍거북 돌함에 1,500년 전 신라시대의 유물인 순금으로 만든 정자형 화룡이 발견되고, 금 화룡 속에서는 신라시대의 금구슬, 사리 넣는 유리병, 목조불상 2개, 동불상 1쌍, 상반신만 남은 석조불상 등이 발견되었다.

211-06 촉석루 재건용 거목운반

상영시간 ㅣ 00분 39초

영상요약 ㅣ 강원도 인제군의 설악산 주억봉 산간에 있는 고목을 베어 진주시 촉석루 대들보에 사용할 예정이다.

211-07 해외소식

상영시간 ㅣ 04분 24초

영상요약 ㅣ 달라이라마가 인도에 안착하였다. 오레곤의 인디펜던트시 주민들이 트루만 전 대통령에게 선물하고 시가행진을 하였다. 미국 네바다에서 10개국 대표 조종사들이 참석한 가운데 국제항공 및 우주대회가 개최되었다. 자메이카에서 경마대회가 열렸다.

남산에 세워질 국회의사당 (1959년 5월 18일)

제작정보

출　　　처 : 대한뉴스 214호
제 작 사 : 국립영화제작소
제 작 국 가 : 대한민국

영상정보

제 공 언 어 : 한국어
컬　　러 : 흑백
사 운 드 : 유

▌ 영상요약

내외 귀빈이 참석한 가운데 남산 국회의사당 기공식이 거행되어 이승만 대통령이 국회의사당 터를 관계자들과 둘러보고 행사 참가자들과 함께 기공식을 진행하였다.

▌ 내레이션

서울 시내 남산에 새로 세워질 국회 의사당에 건축 기초공사가 착착 진척되고 있습니다. 이 대통령 각하께서는 틈이 있을 때마다 터를 닦기 시작한 공사 현장에 나오시어 신축기지를 돌아보시는 한편 설계도를 보시면서 일일이 지시도 하셨습니다. 드디어 5월 15일에는 민주 대한의 의정의 전당이 될 국회의사당 신축기지 공사 기공식이 이 대통령 각하를 비롯한 내외 귀빈 다수를 모시고 성대히 거행되었습니다. 이날 제일 먼저 기공의 삽을 드신 이 대통령 각하께서는 조망과 경치 좋은 이곳에 국회의사당을 세우게 되니 매우 기쁜 일이며 여기서는 국사가 더욱 잘 될 것으로 믿는다고 말씀하셨습니다.

▌ 화면묘사

00:00   자막 "남산에 세워질 국회의사당"
00:00   군인으로 보이는 관계자의 설명을 들으며 국회의사당 터를 둘러보는 이승만 대통령
00:04   국회의사당 터의 전경
00:07   설계도를 살펴보는 이승만 대통령과 설명하는 관계자
00:16   국회의사당 신축기지 기공식장의 전경과 식장에 모여있는 사람들
00:18   "경축 구회의사당신축기지기공식"이라고 쓰여진 플래카드 밑에 마련된 단상에서 행사를 진행하는 관계자들
00:22   기공식에 참석한 관계자들이 마련된 자리에 앉아 있는 모습
00:23   단상에서 훈화하는 이승만 대통령
00:26   박수치는 행사 참가자들
00:29   삽으로 흙을 떠서 기공식을 시작하는 이승만 대통령

00:34 박수치는 행사 참가자들

00:36 참가한 행사 관계자에게 삽을 건네 주는 이승만 대통령과 삽을 받아 들고 삽으
로 흙을 퍼내는 관계자

00:44 기계로 터를 닦는 모습

연구해제

한국은 해방 이후 제헌국회가 열린 이래 고유의 국회의사당 건물을 마련하지 못하고
있었다. 그러다가 1958년 11월 제4대 국회운영위원회에서는 남산을 국회의사당 신축부
지로 결정하였다. 이유는 서울의 중심지점으로 지역이 광활하고 전망이 좋으며 주위환
경이 아름답다는 것이었다.

이승만 대통령은 남산 국회의사당 건설을 결정한 직후 육군1201공병사단에게 대지공
사를 지시했으며, 1959년 5월부터 11월 13일까지는 현상공모설계를 실시하여 1등작을
선정하고, 1959년 5월 15일 기공식을 올렸다. 기공식은 본 영상이 보여주는 바와 같이
이승만 대통령의 참석 아래, 식순에 따라 국민의례, 공사개요 보고, 주요 인물들의 축사,
대통령, 국회의장, 대법원장 등의 순서로 삽으로 흙을 뜨는 것으로 진행되었다.

그러나 1차 설계를 완료하고 대지 정지작업과 2차 설계를 진행하던 중 5·16군사쿠데
타로 국회가 해산됨에 따라 공사는 중단되었고, 남산의사당 건립사업자체가 백지화되
었다. 군사정부는 남산이 국회의사당 대지로 부적당한 이유에 대해, 의사당 건립문제는
경제개발5개년계획의 중대성에 비추어 그 비중이 가벼우며 도시계획 상 교통의 집중화
를 피해야 한다는 점을 들었다.

이후 1963년 12월 17일 개원된 6대 국회도 기존의 태평로 의사당을 계속 사용하다가,
청사 부족 문제가 점점 더 심각해짐에 따라 현재의 여의도를 부지로 국회의사당 건립이
추진되었다. 여의도 국회의사당은 1969년 7월 17일 기공식을 거행, 1975년 8월 15일 준
공하였다.

참고문헌

「국회의사당기공식 성대」, 『동아일보』, 1959년 5월 15일.

「시민의 휴식처로」,『동아일보』, 1962년 5월 30일.
송기형,「여의도 국회의사당의 건립배경과 건설과정에 관한 연구」, 한양대학교 석사학
    위논문, 2007.

해당호 전체 정보

214-01   경무대 소식

상영시간 ㅣ 01분 10초

영상요약 ㅣ 주한 노르웨이인 일행이 노르웨이 헌법기념일을 맞이해서 본국에서 가져온 벚나무를 이승만 대통령에게 증정하였다. 서울로 수학여행을 온 부산여자중학교 학생 일행이 경무대 방문하고 이승만 대통령을 예방하고 기념사진을 찍었다. 마닐라에서 열린 제4회 아세아 5개국 농구대회에서 우승한 여자농구 선수단이 이승만 대통령을 예방하여 트로피와 상장을 보여주었다. 해외경기에 참석했던 여자 농구팀, 청소년 축구팀, 소녀 탁구팀의 선수환영식이 개최되었다.

214-02   남산에 세워질 국회의사당

상영시간 ㅣ 00분 49초

영상요약 ㅣ 내외 귀빈이 참석한 가운데 남산 국회 의사당 기공식이 거행되어 이승만 대통령이 국회의사당 터를 관계자들과 둘러보고 행사 참가자들과 함께 기공식을 진행하였다.

214-03   리대통령 각하 육사 시찰

상영시간 ㅣ 00분 23초

영상요약 ㅣ 이승만 대통령이 육군사관학교의 교육 상황, 내무반 시설 등 교내 여러 곳을 시찰하였다.

214-04   미군의 날

상영시간 ㅣ 00분 23초

영상요약 ㅣ 5월 16일 제10회 미군의 날을 맞이하여 미군의 무기를 전시하고, 시민들이 구경하는 앞에서 무기 시범을 보였다.

214-05 영국 극동함대 기항

상영시간 ㅣ 00분 18초

영상요약 ㅣ 2척의 순항함과 2척의 구축함으로 구성된 영국의 극동함대가 인천항에 기항
하여 한국 관계자들이 영국군의 설명을 들으며 함선을 구경하였다.

214-06 우량아 표창

상영시간 ㅣ 00분 41초

영상요약 ㅣ 5월 15일에 우량아 대회가 많은 참석자와 프란체스카 여사와 함께 덕수궁 뒷
뜰에서 열렸다.

214-07 산업계 소식

상영시간 ㅣ 00분 38초

영상요약 ㅣ 화재가 났던 문화연필 공장이 복구가 되어 본격적으로 연필이 생산되고 있는
공장의 모습과 일하고 있는 노동자들의 모습.

214-08 춘향 향토전

상영시간 ㅣ 00분 36초

영상요약 ㅣ 제2회 춘향 향토전이 개최되어 광한루를 중심으로 춘향극, 그네뛰기 등 다양
한 행사가 베풀어져 많은 시민들이 광한루를 찾아 행사에 참여하였다.

214-09 해외소식

상영시간 ㅣ 03분 56초

영상요약 ㅣ 스위스 제네바에서 동·서 외상 회담이 개최되었다. 영국의 처칠 경이 미국을
방문하여 아이젠하워 대통령과 만났다. 벨기에에서 세계 자동차 경주대회가
개최되었다.

안중근 의사 동상 제막 (1959년 5월 25일)

제작정보

출   처 : 대한뉴스 215호
제 작 사 : 공보처
제 작 국 가 : 대한민국

영상정보

제 공 언 어 : 한국어
컬   러 : 흑백
사 운 드 : 유

영상요약

안중근 의사 순국 50주기를 맞아 동상 제막식이 남산에서 열렸다. 동상 제작은 안중근 의사 기념사업회 및 일반의 지원을 통해 이뤄졌다. 이날 제막식에는 조정환 외무부장관이 참석하여 기념사를 하였으며, 이외에도 각계 관련자들이 참석한 모습이 영상에 담겨있다.

내레이션

한국 침략의 원흉 이등박문(伊藤博文: 이토 히로부미)을 하얼빈역도에서 쓰러뜨린 우리의 애국선열 안중근 의사의 동상이 세워져 5월 23일 제막식을 열었습니다. 안 열사의 순국 50주기를 맞이해서 서울시내 남산에 세워진 이 동상은 안 의사 기념 사업회와 전 국민의 협조로써 이뤄졌으며 온 겨레의 애국의 상징으로서 길이 그 모습을 빛내줄 것입니다.

화면묘사

00:00   자막 "안중근의사 동상 제막" (행진곡)
00:02   동상 제막식이 열리는 남산의 전경과 수십 명이 참석한 현장 모습
00:25   조정환 외무부장관의 기념사 및 참석자들 모습

연구해제

안중근은 1909년 10월 26일 하얼빈 역에서 이토 이로부미를 저격하여 사살한 후 일본 감옥에 수감되었다가 사형당한 독립운동가이다. 안중근의 의거는 한국인들은 물론 중국인들과 일본인들의 기억에도 오랜 시간 남아있었다. 그리고 이러한 기억은 35년의 시간이 흘러 1945년 일제가 패망한 이후 '안중근 기념사업'으로 구현되었다.

안중근 동상 설립 논의는 해방 이후 지속적으로 제기되어왔는데, 본격적으로 사업을 진행하기 시작한 것은 1955년부터였으며, 1957년 4월부터는 조각가 김경승에 의해 동상의 제작이 시작되었다. 동상 건립은 전국 학생 · 군인 · 공무원 · 은행원 · 기타 유지들이 바친 성금 2,300여만 환으로 완성되었다. 동상은 안중근이 오른손에 태극기를 잡고 북쪽 하늘을 응시하고 있는 모습이었다. 영상에서 보여주고 있는 동상 제막식은 1959년 5월 23일 남산 기슭에서 거행되었다. 대통령 치사는 외무장관이 대독하였고, 입법부 추념사는 한희석 국회부의장이, 사법부 추념사는 김세완 대법관이 하였다. 이어서 3 · 1만세운동 33인 중 생존자로 이갑성 · 박현숙(자유당) · 조병옥(민주당) · 왕동원 대사(주한외국사절단장)의 추념사가 이어졌다.

안중근 동상 제막식은 대통령, 입법부, 사법부 및 각계각층의 인사들이 관심을 기울인 독립투사 추모행사처럼 보인다. 그렇지만 이 행사의 이면에는 다른 이야기가 숨어 있다. 1950년대는 '성인'들이 광범위하게 창출되는 시기였다. 충무공이나 안중근 같은, 이전 시대에 이미 신성화 된 반일 영웅들과 6·25전쟁 당시 국가를 위해 스스로를 희생한 영웅들을 위한 충혼탑과 기념비 등이 전국 각지에서 조영되고 있었다. 그중 가장 영웅화되고 성화된 인물은 바로 초대 대통령이었던 이승만이었다. 1955년 6월 남한산성에 이승만의 만수무강을 기원하는 송수탑이 건립되었고, 탑골공원과 남산에 이승만의 동상이 세워졌다. 즉 이승만 기념 조형물을 이민족의 침입에 대한 항전의 성지인 남한산성, 그리고 3·1 운동의 발상지라고 알려진 탑골공원, 식민지기 신궁이 있었던 남산에 세움으로써 이승만의 신성성을 강화시키려고 했던 것이다.

본 영상에서 다루고 있는 안중근 동상 역시 해방 이후 대중들이 많이 찾을 수 있는 장충단 공원과 같은 광장에 세울 계획이었다. 하지만 최종적으로는 이승만의 동상이 있는 남산에 건립되었는데, 이것은 독립투사의 이미지를 남산이라는 공간에 불어 넣어 이승만을 더욱 돋보이게 하려는 의도가 반영된 결과였다. 하지만 이승만의 이러한 노력은 실효를 거두지 못하였다. 이승만 동상은 4·19 직후 철거되었고, 현재는 안중근 동상이 김구, 이시영 등의 동상과 함께 남산에 자리하고 있다.

참고문헌

강인철, 「한국전쟁과 사회의식 및 문화의 변화」, 『근대를 다시 읽는다』 1, 2007.
윤선자, 「해방 후 안중근 기념사업의 역사적 의의」, 『한국독립운동사연구』 34, 2009.
조은정, 『대한민국 제1공화국의 권력과 미술의 관계에 대한 연구』, 이화여자대학교 박사학위논문, 2005.

석탄개발 공로자 표창 (1959년 5월 25일)

제작정보

출　　　처　: 대한뉴스 215호
제 작 사　: 공보처
제 작 국 가　: 대한민국

영상정보

제 공 언 어　: 한국어
컬　　러　: 흑백
사 운 드　: 유

영상요약

석탄 개발 공로자들에 대한 표창식 영상이다. 표창식에는 구용서 상공부장관이 참석하
였다. 한편 이승만 대통령은 다음날인 22일에 표창자들을 경무대로 불러 격려하였다.

내레이션

석탄 개발 공로자들에 대한 표창식이 5월 21일 서울시공관에서 시행되었습니다. 이날 구상공부장관, 이 대통령 각하께서 하사하신 근로포상을 은성 탄광에 윤판술 씨 등 10명의 산업전사에 전달했습니다. 다음날 이 대통령 각하께서는 일행을 인견하시어 더욱 힘써 일하라고 격려하셨습니다.

화면묘사

00:00 자막 "석탄 개발 공로자 표창" (행진곡)
00:04 수십 명의 관계자와 시상자 등이 참석한 표창식 전경
00:10 구용서 상공부장관의 표창장 수여 모습
00:19 이승만 대통령의 표창자를 직접 인견하는 모습

연구해제

이 영상은 1959년 5월 21일 시공관에서 열린 '석탄산업개발공로자 표창식'과 수상자들의 22일 경무대 방문을 담은 기록물이다. 정부는 산업발전의 원동력인 석탄개발에 공로가 많은 '산업전사' 43명에게 표창을 수여했다.

표창을 받고 경무대를 방문한 사람은 총 43명이었으나 영상에서는 윤팔술 등 현지 광산노동자들을 중심으로 보여주고 있다. 광산노동자들은 작업복과 작업도구(헬멧 및 헤드랜턴)를 착용한 채 표창식에 참여하였고, 다음날 같은 복장으로 이승만 대통령을 예방했다. 또한 구용서 상공부장관이 표창을 수여하는 장면에서도 광산노동자를 중심으로 보여준다. 이는 1950년대부터 노동자들을 '산업전사'로서 호명하고, 이러한 이미지를 영상을 통해 구현했다는 것을 의미한다.

일제시기부터 개발되었던 석탄산업은 8·15해방 이후 침체기를 거쳐 1950년 석탄공사법 제정, 대한석탄공사 창립으로 본격화되었다. 이승만 정권이 1951년 신광산법을 제정하고 일본 귀속재산을 민간에게 불하하면서 민영탄광이 급증했다. '검은 노다지'를 찾으려는 자본의 집중은 강원탄광(52년), 황지광업소(54년), 함태탄광(55년), 어룡광업소(58

년) 등의 설립으로 이어졌다. 또한 정부는 석탄산업 부흥을 위하여 문경선(55년), 영암선, 함백선(57년) 등 석탄산업철도도 개통하였다.

1950년대 석탄산업의 부흥은 전국 농촌 유휴노동력을 흡수하여 '8도 공화국'이라 불리는 광산공동체를 만들어냈다. 하지만 광산공동체는 경기불황에 따라 임금체불 문제가 심각하여 잦은 이직과 낮은 지역정체성을 보였다. 그럼에도 각 지역에서 몰려든 노동자들로 인해 광산촌에서는 힘자랑, 거친 장난, 싸움, 음주, 성매매, 유흥업소 등 남성중심적 생활문화체계가 형성되었다. 또한 탄광지역은 지역 위치와 교통상 이유로 타지역 보다 20%정도 물가가 높았고, 유흥업 발달 때문에 불안정한 가족생활의 모습을 지녔다. 광산공동체의 주요 공간으로는 사택 공동체도 주목할 필요가 있다. 사택 거주는 광산공동체 내에서 일종의 '특권'으로 간주되어 일부 광산노동자를 포섭, 산업전사로 동일시하는데 활용되었다. 하지만 대다수 광산노동자들의 거주지는 일제시기 목조연립건물을 개조하여 사용하는 수준이었다. 광산노동자와 가족들은 사택 입주를 희망하였으나 사택은 자율적 공간이라기보다 회사에서의 위계(관리직·종업원)가 그대로 관철되는 공간이었다. 이뿐만 아니라 1950년대부터 진폐증 환자가 보고되기 시작하였으나 열악한 의료시설과 낮은 관심으로 인하여 1960년대 이후 석탄산업 황금기의 부작용을 예고하고 있었다.

█ 참고문헌

「영예의 근로포장 43명의 산업전사에」, 『동아일보』, 1959년 5월 21일.
김원, 「광산 공동체 노동자의 일상과 경험－1950년대 광산 노동자를 중심으로」, 『1950년대 한국 노동자의 생활세계』, 한울, 2010.

해당호 전체 정보

215-01 리 대통령 각하 보병 시범훈련 참관

상영시간 ǀ 02분 09초

영상요약 ǀ 보병 37사단 중대시범훈련에 참관하신 이승만 대통령과 국방부장관과 내무부
장관 등을 환영하는 시민들이 훈련을 지켜보았다.

215-02 안중근 의사 동상제막

상영시간 ǀ 00분 32초

영상요약 ǀ 안중근 의사 순국 50주기를 맞아 동상 제막식이 남산에서 열렸다. 동상 제작
은 안중근 의사 기념 사업회 및 일반의 지원을 통해 이뤄졌다. 이날 제막식에
는 조정환 외무부장관이 참석하여 기념사를 하였으며 이외에도 각계 관련자
들이 참석한 모습이 영상에 담겨있다.

215-03 나이팅게일 기장 수여식

상영시간 ǀ 00분 27초

영상요약 ǀ 이 영상은 국제 적십자에서 수여하는 '나이팅게일 기장' 수여식에 관한 영상이
다. 나이팅게일 기장은 나이팅게일상을 수상한 사람에게 주는 메달로 이날은
이금전이 수여 받았다. 한편 영상에는 프란체스카 여사가 참석하여 수상자를
격려하는 모습 등 수여식 일대 전경이 담겨 있다.

215-04 이강석 소위 귀국

상영시간 ǀ 00분 20초

영상요약 ǀ 이승만 대통령의 양자인 이강석 소위가 미국 조지아(Georgia) 주에 있는 포드
베닝 보병학교에서 군사교육을 마치고 귀국했다. 여의도 공항을 통해 귀국한
이 소위를 프란체스카 여사와 친지, 관계자들 등이 마중나왔다.

215-05 석탄개발 공로자 표창

상영시간 ǀ 00분 30초

영상요약 | 석탄 개발 공로자들에 대한 표창식 영상이다. 표창식에는 구용서 상공부장관
이 참석하였다. 한편 이승만 대통령은 다음날인 22일에 표창자들을 경무대로
불러 격려하였다.

215-06   한국 건설협회 결성

상영시간 | 00분 29초

영상요약 | 교통부회관에서 열린 한국건설협회 창립총회 영상이다. 이날 총회에는 협회
회원을 비롯 정부 관계자가 참석하였다. 이 건설협회의 대표들은 이튿날 경무
대로 이승만 대통령을 예방하였다. 이승만 대통령은 건설사업에 대한 적극적
추진 의사를 표방하며 이들을 격려하였다.

215-07   발명의 날

상영시간 | 00분 41초

영상요약 | 제3회 발명의 날을 맞이하여 발명품을 고안한 과학자들을 표창하는 기념식 영
상이다. 한편 뒤이어서 이날을 기념하여 서울 시내의 상공 장려관에서는 발명
품 전시회가 열렸고 많은 시민들과 관계자들이 참석한 모습이 담겨있다.

215-08   1960년도 미스코리아 선발

상영시간 | 00분 43초

영상요약 | 1960년도 미스코리아 선발대회 영상이다. 이날 대회는 서울운동장 내 수영장
에서 열렸고 수십 명의 관람객이 참석하였다. 대회 당선자로 미스코리아에는
서울 출신 오현주, 준 미스에는 미스 경북 정옥이, 미스 경남 서정희가 당선되
었다. 이날 수상자들에게는 세계미인대회 출전권이 부여되었다.

215-09   불란서 발레단

상영시간 | 01분 47초

영상요약 | 프랑스 자닌느샤라 발레단의 내한공연 관련 영상이다. 이 발레단은 이화여자
대학교 대강당에서 로미오와 줄리엣, 파리의 외국인을 공연하였다. 내레이션
에서는 이번 내한 공연은 한국과 프랑스의 문화교류의 계기가 되었다라고 평
가하고 있다.

215-10 해외소식

상영시간 | 02분 09초

영상요약 | 이 영상은 세 가지 해외 뉴스를 묶은 것이다. 먼저 아이젠하워 미국 대통령이 참석한 세계 산업박람회 영상이다. 미국 뉴욕에서 열린 이 박람회는 세계 63개국이 참가하였다. 다음으로 영국 런던에서 열린 나토(NATO)창설 10주년 파티와 참석자인 엘리자베스 2세와 부군인 필립공의 모습이다. 이날 파티에서 필립공의 연설장면과 음성을 부분적으로 보여주고 있다. 내레이션을 통하여 필립공의 연설의 주요 내용을 전달하고 있는데 골자는 '나토가 방위기구로서의 정체성을 가지고 있다는 것'이다. 마지막으로 영국령인 중앙아프리카 카리브해 댐 건설과 관련하여 해당 지역의 동물들을 수몰지역에서 이주시키는 영상이다. 원주민과 백인 자선가로 설명되는 사람들이 동물들을 생포하여 이주작업을 진행하고 있다.

운전사의 날 (1959년 6월 14일)

제작정보

출   처 : 대한뉴스 218호
제 작 사 : 공보처
제 작 국 가 : 대한민국

영상정보

제 공 언 어 : 한국어
컬   러 : 흑백
사 운 드 : 유

영상요약

삼일당에서 열린 제1회 운전사의 날 기념 행사 관련 영상이다. 최인규 내무부장관, 김일환 교통부장관 등이 치사, 참석한 이날 행사에서는 무사고 운전자, 선행 운전자, 교통경찰 등을 표창했다.

내레이션

시민의 발인 자동차를 움직이는 운전사들은 새벽부터 밤늦게까지 손을 들어 흔드는 우리를 싣고 네거리 복잡한 교통망을 뚫고 안전하게 우리들을 가고 싶은 데까지 데려다 주는 고마운 일꾼들 입니다. 서울시에서는 수고많은 이들을 위해서 6월 11일 운전사의 날로 정하고 이날 서울시내 삼일당에서는 10년 이상의 무사고 운전수와 선행 운전수에 대한 표창식을 수여하였습니다. 10년을 한결같이 아무 사고 없이 시민에 봉사해온 김창* 씨 외 64명의 운전사들이 영예의 표창을 받았고 또한 공이 많은 교통경찰에게도 표창장이 수여되었습니다.

화면묘사

00:00   자막 "운전사의 날" 뒤로 남대문 앞 거리 모습과 거리 일대
00:15   삼일당에서 열린 운전사의 날 기념식 행사 전경과 표창장 수여식 현장

연구해제

이 영상은 제1회 운전사의 날 행사 장면을 담고 있다. 영상에서는 거리의 자동차들, 남대문 앞 거리 모습. 자동차와 사람들로 복잡한 거리의 모습과 최인규 내무부장관의 치사 장면, 행사에 참석한 김일환 교통부장관의 모습, 공로자들에게 표창을 하는 장면 등을 볼 수 있다.

1950년대 중반 서울에서는 시내버스를 비롯한 자동차 교통이 대중적으로 등장하였다. '운전사'라는 직업은 첨단 기술직으로 인정받는 인기직종이 되었다. 또한 교통의 발달에

따라 도시 내 원심적 이동이 촉진되고 주거지의 분화도 서서히 진행되었다. 한편, 도시 교통의 발달은 사고의 위험과 더불어 교통안전 문제를 사회문제로 부상시켰다. 해마다 교통사고가 늘어나고 교통사고로 사망하는 사람들의 수가 증가하자 이를 해결하기 위해 교통정리 평가대회, 교통안전 시범, 교통안전영화선발대회 등 각종 교통안전 캠페인이 잇따라 열렸다. 1959년에는 처음으로 '운전사의 날'이 제정되어 무사고운전자에 대한 표창이 있었고, 서울시내에 처음으로 교통신호등이 등장했다.

제1회 운전사의 날 행사는 1959년 6월 10일 서울시내 진명여고 강당 삼일당에서 개최되었다. 서울교통안전위원회와 서울시경 공동주관으로 개최된 제1회 운전사의 날 기념식에는 최인규 내무부장관, 김일환 교통부장관, 치안국장을 비롯하여 업종별 운전사 3만 명의 대표자와 내외귀빈 등 1,000여 명이 참석했다. 이후 같은 해 7월 23일, 내무부에서는 6월 10일을 운전사의 날로 정하고 전국적 행사를 연례적으로 개최하기로 결정했다.

▌ 참고문헌

「模範運轉士등表彰」, 『동아일보』, 1959년 6월 10일.
「『運轉士의날』 每年六月十日로」, 『동아일보』, 1959년 7월 23일.
윤해동, 『근대를 다시 읽는다 : 한국 근대 인식의 새로운 패러다임을 위하여』, 역사비평사, 2006.

해당호 전체 정보

218-01 경무대 소식

상영시간 ｜ 00분 45초

영상요약 ｜ 제5차 아세아 민족 반공대회 각국 대표들은 6월 9일에 경무대로 이승만 대통
령을 예방한 영상이다. 이승만 대통령 내외는 이들을 환대하여 악수를 하고
기념촬영 및 만담을 나누었다. 경무대 뜰에서는 다과연도 열렸다.

218-02 아세아 민족 반공대회 폐막

상영시간 ｜ 00분 55초

영상요약 ｜ 제5차 아세아 민족 반공대회의 폐회에 관한 영상이다. 폐회식에서는 대회선언
문이 채택되었고 다음해 개최지와 대회의장이 선출되었다. 한편 뒤이은 영상
에는 돌아가는 각국 대표들을 배웅하는 인파의 모습도 있다.

218-03 유 주일대사 귀국

상영시간 ｜ 00분 22초

영상요약 ｜ 유태하 주일대사가 북한과 일본 사이에 재일동포 북송문제에 대한 합의가 이
뤄지자 급거 귀국한 영상이다. 유태하 주일대사는 기자회견을 통해 재일동포
북송문제가 북일간의 합의를 통한 강제추방임을 밝혔다.

218-04 운전사의 날

상영시간 ｜ 00분 51초

영상요약 ｜ 삼일당에서 열린 제1회 운전사의 날 기념 행사 관련 영상이다. 최인규 내무부
장관, 김일환 교통부장관 등이 치사, 참석한 이날 행사에서는 무사고 운전자,
선행 운전자, 교통경찰 등을 표창했다.

218-05 통신 경기 대회

상영시간 ｜ 00분 35초

영상요약 ｜ 체신부에서 매년 개최하는 '통신경기대회' 영상이다. 체신 업무의 증진을 위한

경기이며 12종목으로 이뤄져 있고 주산 경기도 포함 된다. 이 경기에 참석한 66명의 통신사 및 체신 기사 중 이날 이홍수가 우승하였다.

218-06   현대화된 은행업무

상영시간 ∣ 00분 30초

영상요약 ∣ 제일은행에서 새롭게 도입된 자동 전신 송금기 비치한 시동식 관련 영상이다. 이 기계의 설치로 인해서 빠르고 정확해진 은행 업무를 소개하며 현대화되고 있는 은행을 강조하고 있다. 이날 시동식에는 송인상 재무부장관, 곽의영 체신부장관 등 당국의 관계자 다수가 참석하였다.

218-07   구강 보건 주간

상영시간 ∣ 00분 37초

영상요약 ∣ 보건 사회부에서 지정한 구강 보건 주간에 관한 홍보 영상이다. 영상에서는 주로 어린이들을 대상으로 촬영되었다. 주요 활동으로는 구강 검사 및 치료, 이 닦기 대회, 이 닦는 법 소개, 무료 진찰 등이 이뤄졌다.

218-08   단오절 맞이

상영시간 ∣ 00분 47초

영상요약 ∣ 단오절에 열린 기념행사 현장 영상이다. 영상에서는 한복차림을 하고 그네, 널을 뛰는 사람들, 관람중인 사람들의 모습이 담겨있다. 한편 외국인들이 이날 행사에 참가한 모습도 함께 보여주고 있다. 또한 마당극의 공연 실황 모습을 일부 보여주었다.

218-09   개장을 서두르는 국산 박람회

상영시간 ∣ 00분 37초

영상요약 ∣ 개장을 앞두고 공사가 진행 중인 국산 박람회 개최 관련 영상이다. 현재 박람회 개최를 위한 대대적인 시설 공사 현장 모습을 주로 보여주고 있다. 또한 대규모 국산박람회를 개최함과 동시에 국내를 비롯하여 해외동포들의 생산품도 출품된다는 점 등을 강조하여 국내산업발전의 성장을 기대하고 있다.

218-10   해외소식

상영시간 ｜ 03분 04초

영상요약 ｜ 제2차 세계대전 중에 연합군이 아이젠하워 대통령의 지휘하에 노르망디 상륙
작전에 성공하였다. 독일 나치군이 항복하여 연합군의 포로로 잡히고, 연합군
은 승리를 기뻐하며 파리로 개선하는 모습을 보여주고 있다. 미국 공군사관학
교 졸업식 장면이다. 졸업식에서 공군 장관의 연설과 함께 졸업생들이 졸업장
과 소위 임명장을 수여받는 모습을 보여주고 있다. 대서양 해상에 있는 미 해
군 잠수함에서 우편물을 실은 유도탄이 발사되었다. 유도탄은 낙하산을 이용
하여 메이 포트항에 무사히 도착하였다

밴 플리트 장군 동상 제막 (1959년 10월 19일)

제작정보

출   처 : 대한뉴스 236호

제 작 사 : 공보처

제 작 국 가 : 대한민국

영상정보

제공언어 : 한국어

컬   러 : 흑백

사 운 드 : 무

영상요약

한미재단 총재를 지내던 밴 플리트 장군의 동상 제막 소식을 제막식의 모습과 동상의 모습 등과 함께 전달하는 뉴스이다.

내레이션

(내레이션 없음)

영상내용(화면묘사)

00:00 "밴 플리트 장군 동상 제막" 자막. 제막식 전경
00:04 이승만 대통령 내외와 미군관계자의 모습
00:07 동상에 드리워진 하얀 막을 걷어내는 장면. 막이 걷어짐과 동시에 군인들이 경례를 함
00:12 동상에서 막을 걷어냄과 동시에 동상 뒤편으로 비둘기들이 날아오르고 있음
00:20 아래에서 바라본 동상의 모습
00:26 "제임스 에이. 밴 플리트 상", "JAMES A. VAN FLEET"라고 쓰인 동상 명판
00:29 동상의 모습과 계단을 걸어 내려오는 사람들의 모습
00:33 단상의 모습과 참석자들이 의자에 앉아 있는 제막식의 전경
00:37 연설하는 이승만 대통령
00:41 참석자들이 박수를 치며 일어나고 있음
00:42 줄 맞춰 서 있는 의장대
00:44 밴 플리트 장군이 연설하는 모습
00:48 단 위에 세워진 동상과 그 아래에 도열한 군인들의 모습
00:51 아래에서 바라본 동상의 모습

연구해제

이 영상은 6·25전쟁 막바지에 미8군사령관을 지냈던 밴 플리트 장군의 동상을 제막하는 광경을 촬영한 것인데, 특이한 점은 당시 한국 사회에서는 살아있는 인물들에 대상으로 한 동상 건립이 많은 진행되고 있었다는 점이다. 이날의 제막식에는 영상에서 보이듯 이승만 대통령 부부와 밴 플리트(James A. Van Fleet) 장군, 홍진기 법무부장관, 조용순 대법원장을 비롯한 내외빈이 참석하였다. 특히 제막식에 육군사관학교 생도들이 참여한 것이 눈에 뜨이는데, 이는 육군사관학교 재개교에 큰 역할을 했던 밴 플리트의 공적을 고려하여 그의 동상이 육군사관학교 운동장인 화랑대(연병장)에 세워졌기 때문이다.

1951년 가을 무렵 6·25전쟁의 전선이 교착상태에 빠지고 미국의 전략이 휴전으로 기울어지면서 주한미군사고문단의 임무가 한국군의 교육 및 훈련을 담당하는 것으로 전환되었다. 1951년 5월 2일 유엔군사령관 릿지웨이 대장은 미8군사령관 밴 플리트 중장에게 한국군에 적합한 교육훈련계획을 수립하도록 지시하였다. 밴 플리트는 미8군사령부 작전참모 머지트 대령이 준비한 교육훈련사령과 설치 건의안을 승인하고 한국군 훈련의 개선을 책임질 적임자로 참페니 준장을 임명하였다.

또한 같은 시기 대한민국 정부와 육군의 지휘부는 육군사관학교 재건에 대한 의견을 교환하고 그 실행을 모색하였다. 이승만 대통령은 당시 미 8군사령관 밴 플리트 장군에게 육군사관학교 재건에 관한 협조를 요청하였다. 이승만 대통령의 요청을 받은 밴 플리트 장군은 유엔군사령관 릿지웨이 대장에게 보고하는 한편 주한미군사고문단장 마이어 준장에게 구체적인 계획을 수립하고 이 계획을 수행할 인물을 선발할 것을 지시하였다.

주한미군사고문단장 마이어 준장은 이 계획을 수행할 인물로 미 보병 제19연대에서 근무하던 맥키니 대령을 주한미군사고문단으로 전출시켰다. 주한미군사고문단은 새로운 단원으로 부임한 맥키니 준장에게 "적당한 장소를 찾아 한국의 웨스트포인트를 설립하라"는 명령을 내렸으며, 그에 따라 적당한 장소를 물색하던 맥키니 준장은 경남 진해에 있는 진해중학교를 육군사관학교 부지로 선택하였다.

한편, 주한미군사고문단은 1951년 9월 13일 14명의 고문관을 배치시켜 4년제 육군사관학교 설립과 운영을 담당케 한다는 계획안을 밴 플리트 대장에게 제출하고 승인받았다. 이 계획안에 따라 1951년 10월 30일 진해에서 기간 장병들의 재개교 준비를 위한 4년제 육군사관학교 재개교식을 거행하고, 다음해 1월 20일 육사 11기생들의 입교식과 동시에 공식 개교식을 거행하였다. 이렇듯 당시 미8군사령관 밴 플리트 장군은 4년제 육군사관학교의 개교에 중심적인 역할을 하였던 인물이었다. 또한 6·25전쟁 기간에 미 공군 조종사로 참가한 그의 외동아들은 작전에 참가하던 도중 실종되어 전사하였다. 퇴역 이후에도 밴 플리트 장군은 미 아이젠하워 대통령의 특사로 1954년 한국을 방문하는 등 한국과 깊은 관련을 맺고 있었다. 이러한 그의 행적에 따라 1960년 3월 육군사관학교 운동장인 화랑대 내에 그의 공적을 기리는 동상을 제막한 것이다.

한 가지 확인이 필요한 점은 대한뉴스의 제작연도는 1959년 10월 19일인데, 육군사관학교는 밴 플리트 장군의 동상이 1960년 3월에 세워진 것으로 기록하고 있다는 점이다. 현재까지 파악한 바로는 대한뉴스의 제작연도에 착오가 있었던 것으로 판단된다. 당시 『동아일보』 기사에 따르면, 1959년 10월경에 콜터 장군의 동상이 건립되었으며 1960년에 밴 플리트 장군의 동상을 제막할 계획이라는 것으로 보아 대한뉴스를 편집하는 과정에서 콜터 장군의 동상 건립과 같은 날짜로 맞춰 편집한 것으로 판단된다.

▌참고문헌

「한국교육발전 조외무 미국서 과시」, 『동아일보』, 1959년 10월 23일.
박동찬, 『주한미군사고문단(KMAG)의 조직과 활동(1948~53)』, 한양대학교 박사학위논문, 2011.
육군사관학교삼십년사편찬위원회, 『육사30년사』, 1978.

대한적십자사 창립 10주년 (1959년 10월 19일)

제작정보

출　　처 : 대한뉴스 236호

제 작 사 : 공보처

제 작 국 가 : 대한민국

영상정보

제 공 언 어 : 한국어

컬　　러 : 흑백

사 운 드 : 유

영상요약

대한적십자사 창립 10주년 기념식 소식을 전달하는 뉴스이다. 기념식 장면과 표창기, 표창장 수여 장면 등을 보여주고 있다.

내레이션

대한적십자사에서는 이번에 창립 10주년을 맞이해서 10월 14일 성대한 기념식을 서울 시내 삼일당에서 베풀었습니다. 박애정신 어린 이 식전에 우리 이 대통령 각하께서도 임석하시어 인류의 복지를 위해서 노력하는 적십자사의 업적을 찬양하셨습니다. 대통령 각하께서는 적십자사 회비 납부에 성적이 좋은 서울시에 표창기를 하사하셨습니다. 손 대한적십자사 총재는 박애사도로서 충실히 일한 우량회원들을 표창했는데, 이 자리에 모인 여러 귀빈과 백의의 천사들은 뜨거운 박수를 보냈습니다.

화면묘사

00:00 "대한적십자사 창립10주년" 자막. 삼일당으로 보이는 건물 외벽에 "경축 대한적 십자사 창립10주년 기념"이라는 현수막이 걸려 있음
00:03 기념식에 참석한 이승만 대통령
00:07 간호사 복장을 한 여성들이 박수를 치는 모습
00:09 기념식 무대의 모습. 태극기와 적십자기를 비롯한 깃발과 단상, 참석자들이 앉아 있는 모습이 보임
00:13 마이크 앞에서 무언가를 읽고 있는 참석자
00:16 2층으로 된 객석에 앉아 있는 기념식에 참석한 사람들
00:19 의자에 앉아 있는 이승만 대통령
00:21 기념식에 참석한 사람들의 모습
00:24 이승만 대통령이 표창기를 하사하는 장면
00:28 한복을 입은 여성에게 표창장을 전달하는 장면
00:32 의자에 앉아 박수를 치는 이승만 대통령

00:35 양복 차림의 남성에게 표창장을 전달하는 장면

00:38 2층으로 된 객석에 앉아 있는 기념식에 참석한 사람들. 박수를 치고 있음

연구해제

이 영상은 1959년 10월 14일 대한적십자사의 창립 10주년 기념식 행사 장면을 담고 있다. 대한적십자사는 창립 10주년을 맞이하여 서울 삼일당에서 성대한 기념식을 개최했는데, 이 행사에는 명예총재인 이승만 대통령을 비롯하여 대한적십자 총재, 대법원장, 문교부장관, 내무부장관 및 기타 적십자 관계인사가 다수 참석하였다. 체신부에서는 같은 해 10월 27일 대한적십자 창립 10주년을 기념하여 적십자의 인류애 정신을 드높이기 위해서 기념우표를 발매하였다.

한국정부 출범 이후, 민생을 돕는 외원창구 마련의 필요성이 대두되었는데, 그 긴급 대안으로 적십자사를 국가차원에서 설치하기로 하였다. 적십자중앙위원회에서 대한적십자 조직법의 시안이 성안되어 국회에서 통과되었고, 1949년 4월 30일, 법률 제25호 「대한적십자사 조직법」이 공포되었다. 이에 따라 대한적십자사는 준정부적 성격을 가지게 되었다. 법을 통해 대통령을 명예총재로 중앙위원회 위원 18인 중 6인을 당연직으로 장관이 맡도록 규정했다. 1949년 10월 27일 서울 중앙청에서 대한적십자사 창립대회가 개최되었다.

대한적십자사는 창립 직후 제주4·3사건과 여수순천사건의 피해자를 위한 구호활동을 전개했고 1949년 12월 12일부터 이듬해 1월 31일까지 100만 회원 모집 운동을 펼쳐 회원이 115만 명에 달했다. 이후 6·25전쟁 시기 전시의료활동, 피난민에 대한 구호활동, 보건위생사업, 1956년 납북인사 안부확인활동, 베트남수재민 구호활동, 1959년 재일동포 북송사업 저지운동 등 보건위생부문만이 아니라 국가적 차원의 '인도적' 사회사업 등도 전개하며 발전해나갔다.

참고문헌

「記念郵票發行 赤十字社創立十周」, 『동아일보』, 1959년 10월 15일.

「救護事業에 큰功勞」, 『동아일보』, 1959년 10월 15일.

100년사편찬위원회, 『한국적십자운동 100년, 1905~2005』, 대한적십자사, 2006.

해당호 전체 정보

236-01   경무대 소식

상영시간 ㅣ 01분 05초

영상요약 ㅣ 경무대에서 있었던 일들을 전달하는 뉴스이다. 충청남도 각급 교장 559명의
이승만 대통령 접견 소식과 미국 하와이 출신 최초 상원의원 히람 퐁의 내방
에 관한 소식을 전하고 있다.

236-02   콜터 장군 동상 제막

상영시간 ㅣ 00분 47초

영상요약 ㅣ 주한유엔경제고문으로 일했던 콜터 장군의 동상 제막식 소식을 전하는 뉴스
이다. 제막식 현장의 모습과 동상의 모습 등을 보여주고 있다.

236-03   밴 플리트 장군 동상 제막

상영시간 ㅣ 00분 53초

영상요약 ㅣ 한미재단 총재를 지내던 밴 플리트 장군의 동상 제막 소식을 제막식의 모습과
동상의 모습 등과 함께 전달하는 뉴스이다.

236-04   국회소식

상영시간 ㅣ 01분 10초

영상요약 ㅣ 국회에서 있었던 소식을 전달하는 뉴스이다. 민의원 부의장 보궐선거에서 한
희석의 뒤를 이어 임철호가 당선된 소식과 상임분과위원장 선거 소식, 1960년
예산안과 관련한 소식들을 전하고 있다. 국회의사당의 모습과 국회의원들의
투표 모습 등을 볼 수 있다.

236-05   활발한 수재민 구호활동

상영시간 ㅣ 01분 11초

영상요약 ㅣ 태풍 사라호의 피해를 입은 수재민을 돕기 위한 구호운동과 모금운동 소식을
전달하는 뉴스이다. 마을의 재건 모습과 배우들의 모금활동 모습, 김영주 장

사의 황소 기증 모습을 보여주고 있다.

236-06 대한적십자사 창립 10주년
상영시간 ｜ 00분 40초

영상요약 ｜ 대한적십자사 창립 10주년 기념식 소식을 전달하는 뉴스이다. 기념식 장면과 표창기, 표창장 수여 장면 등을 보여주고 있다.

236-07 사법보호회에 새로운 시설
상영시간 ｜ 00분 29초

영상요약 ｜ 형의 집행을 마치고 나온 사람들에게 직업보도를 하는 서울사법보호회에서 새로운 시설을 증축한 것에 대한 준공식이 열렸다는 소식을 전달하는 뉴스이다.

236-08 추수에 바쁜 농촌
상영시간 ｜ 00분 25초

영상요약 ｜ 추수기를 맞이해 벼농사 수확량 등의 소식을 전하는 뉴스이다. 소와 쟁기를 이용해 땅을 가는 모습 등 농촌의 추수 모습을 보여주고 있다.

236-09 스포츠
상영시간 ｜ 00분 31초

영상요약 ｜ 제8회 서울학도체육대회 개막 소식을 전달하는 뉴스이다. 사람들의 체조 모습, 여학생들의 훌라후프 율동 등을 보여주고 있다.

236-10 해외소식
상영시간 ｜ 03분 36초

영상요약 ｜ 여러 가지 해외소식을 전하는 뉴스이다. 영국의 총선거 실시 및 결과 소식, 멕시코의 마테오스 대통령 부부의 미국 방문과 일정 관련 소식, 서독의 장난감 자동차 경주 모습의 소식을 영상과 함께 전달하고 있다.

우남정 낙성 (1959년 11월 15일)

제작정보

출　　처 : 대한뉴스 240호
제 작 사 : 공보처
제 작 국 가 : 대한민국

영상정보

제 공 언 어 : 한국어
컬　　러 : 흑백
사 운 드 : 유

영상요약

서울 남산에 지어진 우남정(팔각정)의 낙성식 소식을 전달하는 뉴스이다. 낙성식 장면
과 우남정의 내외부 모습을 보여주고 있으며, 우남정 주변을 둘러보는 이승만 대통령
부부의 모습도 확인 할 수 있다. 우남정은 이승만 대통령의 아호를 따서 지은 이름이다.

내레이션

서울시내 남산 꼭대기에 우남정이라 부르는 아담한 정자가 지어져 11월 18일에 낙성식을 거행했습니다. 서울 시가를 한눈에 바라볼 수 있는 남산 상봉에 이 대통령 각하의 아호를 따서 지은 이 우남정은 시민들의 안식처인 동시에 한국을 찾아오는 외국인들에게 수도 서울 관광의 조망대가 될 것입니다. 이에 앞서 이 대통령 각하께서는 정무에 틈이 있으실 때마다 여기에 나오시어 완성되어 가는 팔각정의 이모저모를 돌아보셨습니다.

화면묘사

00:00 "우남정 낙성" 자막. 우남정을 바라보며 많은 사람들이 의자에 앉아 있는 낙성식 전경
00:04 "雩南亭(우남정)" 현판
00:07 우남정 앞의 낙성식 모습. 연단에서 한 참석자가 발언 중
00:11 줄 지어 앉아 있는 낙성식 참석자들
00:13 우남정 내부를 둘러보는 사람들과 우남정 천장의 모습
00:18 우남정 내부에 걸려 있는 현판
00:21 우남정 전경
00:24 우남정을 바라보는 이승만 대통령 부부. 선글라스를 끼고 있음
00:28 우남정 근처를 둘러보는 이승만 대통령 부부
00:33 어딘가를 손으로 가리키며 이야기하는 이승만 대통령
00:36 우남정 근처 난간부분을 둘러보는 이승만 대통령

연구해제

본 영상에는 1959년 11월, 이승만이 영부인 프란체스카와 함께 직접 우남정의 낙성식에 참여하는 장면들이 담겨져 있다. 같은 해에 있었던 남산 안중근 동상 제막식에는 참여하지 않았던 것과는 달리 적극적으로 행사에 참여하고 있는 모습이다.

1950년대는 충무공이나 안중근 같은, 이전 시대에 이미 신성화 된 반일 영웅들이 강조되기도 했지만, 6·25전쟁 당시 국가를 위해 스스로를 희생한 영웅들을 위한 충혼탑과 기념비 등이 전국 각지에서 세워졌다. 또한 아시안게임, 월드컵, 올림픽과 같은 국제 경기에서 탁월한 성적을 올려 국력을 과시해 준 운동선수들 역시 민족적 영웅의 반열에 올랐다. 그러나 가장 영웅화되고 성화된 인물은 바로 초대 대통령이었던 이승만이었다. 예컨대 1955년 6월 남한산성에 이승만의 만수무강을 기원하는 송수탑이 건립되었고, 탑골공원과 남산에 이승만의 동상이 세워졌다. 이승만 기념 조형물은 이민족의 침입에 대한 항전의 성지인 남한산성, 그리고 3·1운동의 발상지라고 알려진 탑골공원, 식민지기 신궁이 있었던 남산 등지에 세워졌는데, 이는 모두 이승만 개인의 신성화를 위한 것들이었다.

이처럼 이승만을 소재로 한 공공적 성격의 작업은 상당히 다양하게 진행되었다. 동상 이외에도 이승만과 관련된 그림들이 그려지고 있었으며, 이승만의 아호를 딴 건축물도 있었다. 영상에서 보여주는 우남정 역시 그중 하나이다. 우남정은 1959년 11월 18일 남산에 낙성한 팔각정이었다. 전통적으로 선비들이 자신의 좌우명이나 이름을 정사에 붙이는 것은 일반적인 일이었지만, 이는 자신 소유 지역의 경계 안에서만 있는 일이었다. 따라서 서울에 있는 남산의 정상에 이승만의 아호를 딴 정자를 설립한다는 것은 전 국토가 이승만 개인의 것임을 천명하는 일이나 다름이 없는 상징성을 지니는 것이었다. 더구나 남산 순환도로를 건설하고 이곳을 방문하는 여러 외국인들이 서울을 한눈에 내려다 볼 수 있는 위치였다는 점은 우남정의 상징성을 더욱 부각시켜 주는 부분이다. 그러나 이처럼 스스로를 우상화했던 이승만의 시도들은, 그가 4월혁명 이후 실권함과 동시에 의미를 잃게 된다. 파고다공원에 있던 이승만의 동상은 4월혁명 당시 이미 시민들에 의해 끌어내려졌으며, 남산에 있던 이승만의 동상과 우남정 역시 1960년 해체되었다.

█ 참고문헌

강인철, 「한국전쟁과 사회의식 및 문화의 변화」, 『근대를 다시 읽는다』 1, 2007.
조은정, 『대한민국 제1공화국의 권력과 미술의 관계에 대한 연구』, 이화여자대학교 박사학위논문, 2005.

해당호 전체 정보

240-01 경무대 소식
상영시간 ┃ 00분 29초
영상요약 ┃ 경무대 소식을 전달하는 뉴스이다. 영국 극동공군총사령관 밴튼 대장과 미 해군차관보 밀튼이 내방한 소식을 전하고 있다.

240-02 지방장관 회의
상영시간 ┃ 00분 53초
영상요약 ┃ 지방장관회의 소식을 전달하는 뉴스이다. 내무부에서 진행된 지방장관들의 회의와 중앙청에서 진행된 국무위원 연석회의의 모습을 전하고 있으며, 지방행정의 여러 문제와 행정운영 강화에 대해 논의하였다고 설명하고 있다. 이어 지방장관들은 경무대로 이승만 대통령을 예방하였으며, 이승만 대통령은 이들을 향해 사방공사에 힘쓰라고 훈시하였다. 또 이기붕 민의원 의장은 지방장관들을 위해 코리아 하우스에서 만찬회를 베풀었다는 소식도 함께 전하고 있다.

240-03 사방사업촉진 전국대회
상영시간 ┃ 01분 20초
영상요약 ┃ 사방사업 촉진 전국대회의 소식과 이승만 대통령, 국무위원 등의 사람들이 직접 사업에 참석하는 모습을 전달하는 뉴스이다. 이승만 대통령은 사방사업 촉진 전국대회에서 우리 몸을 헐벗는 한이 있더라도 우리의 강산에 옷을 입혀 아름다운 강토를 자자손손에게 물려주도록 노력할 것을 선서하자며, 사방사업의 중요성을 강조하였다.

240-04 우남정 낙성
상영시간 ┃ 00분 40초
영상요약 ┃ 서울 남산에 지어진 우남정(팔각정)의 낙성식 소식을 전달하는 뉴스이다. 낙성식 장면과 우남정의 내외부 모습을 보여주고 있으며, 우남정 주변을 둘러보

는 이승만 대통령 부부의 모습도 확인할 수 있다. 우남정은 이승만 대통령의
아호를 따서 지은 이름이다.

240-05   제5회 과학전람회

상영시간 ㅣ 00분 40초

영상요약 ㅣ 제5회 과학전람회 소식과 전시회장의 모습을 전달하는 뉴스이다. 여러 가지
전시품의 모습과 그것을 관람하는 이승만 대통령을 비롯한 사람들의 모습을
볼 수 있다. 이번 전람회에서는 대통령상에 방사선의 실험장치, 민의원의장상
에는 낙동강의 담수어 연구가 수상하였다. 또한 인공위성 연구작품이 많은 사
람들의 눈을 끌었다고 설명하고 있다.

240-06   국군소식

상영시간 ㅣ 00분 40초

영상요약 ㅣ 보병 제26사단에서 석조막사를 신축하여, 그 준공식이 이루어졌던 소식을 전
달하는 뉴스이다. 완공된 석조막사의 외부와 내부 모습을 자세히 보여주고 있
으며, 전군에 보급될 예정이라는 설명을 덧붙이고 있다.

240-07   문화계 소식

상영시간 ㅣ 00분 49초

영상요약 ㅣ 아카데미발레단의 창립 대공연 소식과 그 장면을 전달하는 뉴스이다. 남녀 듀
엣 발레 장면과 여성 발레리나들의 군무 장면을 보여줌으로써 공연 장면을 볼
수 있도록 하고 있다.

240-08   스포츠

상영시간 ㅣ 01분 42초

영상요약 ㅣ 입법부 대 행정부 친선 운동경기 소식과 강세철과 양 뽀리노의 권투시합 소식
을 전달하는 뉴스이다. 아마추어 선수들의 연중 최대의 경기라고 평가하는 입
법부 대 행정부 친선 운동경기의 여러 장면들을 보여주고 있으며, 장충단 육
군체육관에서 열린 권투시합 경기장면을 이어서 보여주고 있다. 권투시합에
서는 두 선수가 무승부를 거두었다.

240-09 해외소식

상영시간 ㅣ 02분 45초

영상요약 ㅣ 여러 가지 해외소식을 전하는 뉴스이다. 먼저 미국 유조선 버지니아호의 화재 소식을 전하고 있는데, 20여 명의 사상자를 낸 화재라고 설명을 하고 있다. 이이서 처칠 경의 동상 제막 소식을 제막식 영상과 함께 전하고 있으며, 값싼 스쿠터 발명 소식, 영국의 고물자동차 경주 소식을 전하고 있다.

수재민에 구호품 (1959년 11월 22일)

제작정보

출　　처 : 대한뉴스 241호
제 작 사 : 공보처
제 작 국 가 : 대한민국

영상정보

제 공 언 어 : 한국어
컬　　러 : 흑백
사 운 드 : 유

영상요약

수재민들에게 많은 구호품이 전달되고 있다는 소식을 전달하는 뉴스이다. 국제연합아동기금에서는 담요를 구호품으로 보내 와 수재민 중 특히 어린이를 가진 어머니들에게 골고루 나누어 주었다고 전하고 있다.

내레이션

지난 9월 우리나라 남부지방을 휩쓴 태풍 사라호의 피해를 입은 영남 수재민들에게 따뜻한 구호의 손길이 여러 곳으로부터 뻗쳐오고 있습니다. 이것은 11월 19일 국제연합아동기금에서 보내온 구호품 담요 57,000장을 부산항 부두에서 받아들이고 있는 광경입니다. 보건사회부 당국에서는 이 담요를 특히 수재민 중 어린이를 가진 어머니들에게 골고루 나누어 주었습니다. 또한 미국의 시민들도 우리 수재민들을 위해서 여러 포대의 의류와 의약품들을 보내왔습니다.

화면묘사

00:00 "수재민에 구호품" 자막. 쌓여 있는 구호품
00:03 꽃다발을 전달하는 장면
00:05 부산항에서 구호품을 하역하는 모습들
00:22 구호품인 담요를 줄지어 서 있는 수재민들에게 나눠주는 장면
00:27 구호품을 받아 든 수재민들의 모습
00:31 "미국국민들이 보내는 선물"이라는 글이 써있는 자루를 들고 있는 사람과 주변 사람들
00:35 서로 악수하며 이야기하는 관계자들

연구해제

이 영상은 1959년 9월 남부지역을 강타한 태풍 사라호로 인해 피해를 입은 수재민들에게 구호품이 전달되고 있다는 소식을 전하고 있다. 이 영상은 1959년 사라호 태풍이 몰아닥친 이후 정부 당국의 대처방식에 대해 살펴볼 수 있는 자료이다.

사라호로 인한 피해는 지금도 기억에 남을 만큼 심하였다. 같은 달 22일 여수지방 해무청의 보고에 따르면 해당 지역에서 피해액만 30억 환을 넘었고 수재민은 3만 명에 달했다. 이뿐만 아니라 해당 지역 보유선박 6,225척 중 2,000여 척이 파괴되었고, 어구 및 항만시설이 완파되어 어민들이 당장 생계를 꾸려나갈 수 없는 형편이 되었다. 수재를

입은 영세어민들을 위한 시급한 구호대책이 필요했다. 제주도의 사정은 더 혹심했다. 27만 도민 중 69,000여 명이 이재민이 되었다. 피해액만 해도 도예산의 1년분에 해당하는 32억 3,700여만 환이었다. 그럼에도 불구하고 한 달이 지난 시점까지 구호금은 전혀 전달되지 않았고, 부산항에서는 유실된 수만 톤의 화물이 인양되지 못하고 있었다. 보건사회부에서 전국단위로 모금했던 수재의연금은 10월 이후부터 전달되기 시작하여 1차로 1억 2,621만 6,591환, 17일 제2차로 가옥복구비 1억 3,500만 환이 송금되었다. 이어서 각계 각층에서도 구호금이 전달되었다.

11월 19일에는 국제연합아동기금에서도 구호품으로 보낸 담요 57,000장을 전달하였는데 이 영상에서는 구호품을 부산항에서 하역하는 장면을 담고 있다. 아울러 미국 시민들이 보낸 의류 및 의약품의 전달식도 진행되었는데, 영상에서 "미국 국민들이 보내는 선물"이라고 쓰인 포대를 전달하는 장면을 볼 수 있다.

참고문헌

「水災民만 三萬餘名 麗水颱風被害尤甚」, 『동아일보』, 1959년 9월 25일.

「一億二千萬圜 保社部에 들어온 義捐金」, 『동아일보』, 1959년 10월 3일.

「멍들은 濟州島 颱風被害 ; 相當量流失 沈沒된 保稅貨物」, 『동아일보』, 1959년 10월 4일.

「一億三千萬圜送金 第二次義捐金」, 『동아일보』, 1959년 10월 17일.

「回甲宴費用喜捨 颱風災民救護」, 『동아일보』, 1959년 10월 22일.

「韓國颱風災民에 크리스마스膳物 統合國際基金서」, 『동아일보』, 1959년 12월 20일.

해당호 전체 정보

241-01 경무대 소식

상영시간 ㅣ 00분 30초

영상요약 ㅣ 경무대의 여러 가지 소식을 전달하는 뉴스이다. 미 태평양지구 공군총사령관 오도넬 장관과 조영식, 김광권 두 소년의 경무대 방문 소식을 전하고 있다.

241-02 국회소식

상영시간 ㅣ 00분 25초

영상요약 ㅣ 국회 본회의와 분과위원회의 활동 소식을 전달하는 뉴스이다.

241-03 국군소식

상영시간 ㅣ 01분 00초

영상요약 ㅣ 육군 제1야전군의 지상보급 기동훈련과 제3군단의 탱크부대 화력시범훈련 실시 소식 및 훈련 장면을 전달하는 뉴스이다.

241-04 활발한 석탄개발

상영시간 ㅣ 01분 57초

영상요약 ㅣ 석탄개발사업이 활발히 진행되고 있다는 소식을 전달하는 뉴스이다. 탄광 내외부의 작업 모습과 연탄의 제조 모습 등을 보여주고 있다.

241-05 수재민에 구호품

상영시간 ㅣ 00분 42초

영상요약 ㅣ 수재민들에게 많은 구호품이 전달되고 있다는 소식을 전달하는 뉴스이다. 국제연합아동기금에서는 담요를 구호품으로 보내 와 수재민 중 특히 어린이를 가진 어머니들에게 골고루 나누어 주었다고 전하고 있다.

241-06 새로운 이동 검진차

상영시간 ㅣ 00분 49초

영상요약 ㅣ 결핵 이동 검진차 도입 소식과 그 모습을 전달하는 뉴스이다. 검진차 내외부의 모습을 볼 수 있으며, 이 차는 병원이 없는 산간벽지 사람들의 검진에 크게 쓰일 것이라고 설명하고 있다. 또 이기붕 민의원 의장이 크리스마스 씰을 구입한 소식도 전하고 있다.

241-07 퇴비 증산 농민대회
상영시간 ㅣ 00분 34초
영상요약 ㅣ 퇴비 증산에 성과를 거둔 사람들에게 표창이 주어진 소식과 표창식의 모습을 전달하는 뉴스이다. 표창식과 함께 전라남도 농민대회도 열렸다고 전하고 있다.

241-08 한중 친선 무술대회
상영시간 ㅣ 00분 47초
영상요약 ㅣ 한중 친선 18기 종합연무대회 소식과 대회 장면을 전달하는 뉴스이다.

241-09 해외소식
상영시간 ㅣ 02분 29초
영상요약 ㅣ 해외의 여러 가지 소식을 전달하는 뉴스이다. 하와이의 화산폭발, 독일군의 특이한 마스코트, 캐나다의 크리스마스 행렬 소식을 관련 영상과 함께 전하고 있다.

민주당 전당대회 (1959년 11월 26일)

제작정보

출　　처 : 대한뉴스 242호
제 작 사 : 공보처
제 작 국 가 : 대한민국

영상정보

제 공 언 어 : 한국어
컬　　러 : 흑백
사 운 드 : 유

영상요약

민주당에서 정부통령 후보자 지명대회를 가져 대통령 후보에 조병옥, 부통령 후보에 장면을 선출했다는 소식을 전달하는 뉴스이다.

그동안 파란을 거듭하던 민주당에서는 지난 11월 26일 정부통령 후보자 지명대회를 서울 시공관에서 거행했습니다. 전국 각도 대의원이 참석한 이번 대회에서 대통령 후보에는 조병옥 씨, 부통령 후보에는 장면 씨가 각각 지명됐으며, 다음 27일에는 전국대의원대회가 베풀어졌습니다.

화면묘사

00:00 "민주당 전당대회" 자막. 시공관의 전경
00:03 "民主黨 正副統領 候補者 指名全黨大會(민주당 정부통령 후보자 지명전당대회)"라는 제목이 걸린 단상
00:06 의장석에서 발언 중인 의장
00:09 소파에 앉은 두 명의 관계자
00:12 객석에 앉아 있는 전당대회 참석자들
00:15 발언 중인 의장
00:18 거수 중인 참석자와 수를 세는 사람들
00:22 카메라를 들고 있는 기자들
00:25 거수 중인 참석자와 수를 세는 사람들
00:27 단상 위의 모습
00:31 조병옥과 장면의 모습
00:34 "民主黨 第五會 全黨代議員大會(민주당 제5회 전당대의원대회)"라는 간판이 걸린 시공관

연구해제

이 영상은 1959년 11월 26일 시공관에서 개최된 민주당 후보자 지명대회의 모습을 담고 있다. 이날 행사에는 민주당의 전국 각 도 대의원들이 참석하여 대통령 후보에 조병옥, 부통령 후보에 장면을 각각 선출하였다. 영상에는 조병옥과 장면 간에 심각한 갈등

이 있어 보이는 장면이 연속으로 나온다.

정부와 자유당이 일찍부터 1960년 3·15 정부통령선거의 압승을 향해 돌진해 나가고 있었지만, 당시 유일 야당이었던 민주당은 아무런 대책도 수립하지 못하고 있었다. 민주당은 정부통령 후보 선출 문제를 둘러싸고, 조병옥을 지지하는 구파와 장면을 지지하는 신파 간에 심각한 갈등이 계속되어 결국 갈등 해소를 위한 '당 분규 수습 10인위원회'까지 만들어졌다. 이러한 신파와 구파 간의 갈등은 자유당과의 갈등보다 더 날카로울 정도였다. 이러한 상황에서 영상에서 보듯 1959년 11월 26일 민주당은 비로소 후보지명대회를 가졌다. 표 대결 끝에 484표를 얻은 조병옥이 대통령 후보에, 481표를 얻은 장면이 부통령 후보에 각각 지명되었지만 당의 내분은 쉽게 가라앉지 않았다.

그 와중에 이승만은 1959년 12월에 가진 기자회견을 통해 다음 해에 치를 정부통령선거를 농번기를 피해 조기에 하겠다고 언명했다. 후보 지명의 후유증으로 인한 민주당 내 불신과 갈등이 채 가라앉기도 전에 선거를 앞당겨 실시하려는 이유는 조병옥의 병세 때문이었다. 1960년 1월 29일 민주당 대통령 후보 조병옥이 병세가 악화되어 치료를 위해 미국으로 떠났다. 조병옥은 정초부터 미 8군병원 등에서 입원 치료를 받았으나 병세가 악화되어 "낫는 대로 지체 없이 달려오겠다"라는 성명을 내고 미국으로 떠났다. 조병옥이 떠난 직후인 2월 1일, 자유당과 이승만은 선거일을 3월로 확정하였다. 조병옥은 미국 월터리드 육군병원에서 3월에 선거를 실시하는 것은 등 뒤에다 총을 쏘는 격이라고 비난했으나 민주당은 별다른 대책을 가지고 있지 못하였다.

조병옥 민주당 대통령 후보는 끝내 미 육군병원에서 2월 15일 서거했다. 1956년의 선거에서는 민주당의 신익희 후보가 격전 중에 서거했는데, 조병옥은 실제 선거운동에 뛰어들지도 못한 채 눈을 감았다. 민주당은 즉각 정부에 선거 연기를 요청했으나 그 요구를 들어줄 리 만무했다. 이로써 이승만은 유일한 대통령 후보가 되었다.

▌참고문헌

서중석, 『이승만과 제1공화국』, 역사비평사, 2007.

해당호 전체 정보

242-01   경무대 소식

상영시간 ㅣ 01분 10초

영상요약 ㅣ 경무대에서의 소식을 전달하는 뉴스이다. 자유당 국회의원들의 내방과 미 육
군차관 밀튼의 방문 소식 등을 전하고 있다.

242-02   리 대통령 각하 발전소 시찰

상영시간 ㅣ 00분 22초

영상요약 ㅣ 이승만 대통령이 당인리 발전소를 시찰한 소식을 전달하는 뉴스이다. 발전소
내외부의 모습을 영상을 통해 확인 할 수 있다.

242-03   미시령 개통

상영시간 ㅣ 00분 47초

영상요약 ㅣ 미시령 개통 소식과 개통식 장면을 전달하는 뉴스이다. 미시령 개통을 통해
서울과 속초 간의 이동 시간이 4시간이 단축됐으며, 영동지방의 산업개발이
활발해 지게 됐다고 설명하고 있다.

242-04   사방사업 촉진

상영시간 ㅣ 01분 15초

영상요약 ㅣ 사방사업 공사의 진행 과정과 이승만 대통령 등 정부 요인들의 참여 소식 등
을 전달하는 뉴스이다. 헐벗은 강산을 우거진 산림으로 변화시키기 위해 사방
사업에 온 국민이 정성을 다하자고 당부하고 있다.

242-05   효행학도 표창

상영시간 ㅣ 00분 53초

영상요약 ㅣ 효행학도 표창식 소식과 학생들의 경무대 방문 소식을 전달하는 뉴스이다. 대통
령상을 받은 학생들이 경무대를 방문했을 때, 이승만 대통령은 효행은 백행의 원
이니 이 학생들의 이름을 길이 남기도록 해야 한다고 말하였다고 전하고 있다.

242-06 민주당 전당대회

상영시간 ㅣ 00분 38초

영상요약 ㅣ 민주당에서 정부통령 후보자 지명대회를 가져 대통령 후보에 조병옥, 부통령
후보에 장면을 선출했다는 소식을 전달하는 뉴스이다.

242-07 고아원에 자동차 선물

상영시간 ㅣ 00분 26초

영상요약 ㅣ 서울천사학교에 한미재단에서 시발택시 한 대를 선물로 준 소식을 전달하는
뉴스이다.

242-08 우량미 시식회

상영시간 ㅣ 00분 41초

영상요약 ㅣ 호남미 검사품 시식회 소식과 장면을 전달하는 뉴스이다. 원래 품질이 좋았던
이 쌀은 한동안 엄격한 검사를 거치지 않고 수요자들에게 공급됐기 때문에 수
요 공급에 큰 지장이 있었던 것이라고 설명하고 있다.

242-09 수출되는 국산품

상영시간 ㅣ 00분 52초

영상요약 ㅣ 국산품 전시장의 소식과 수출 장면을 전달하는 뉴스이다. 대회장 내에 전시된
물품들의 모습과 화물선에 물품을 싣는 장면 등을 보여주고 있으며, 국산품을
애용하여 자립경제 확립에 힘써야 할 것이라고 말하고 있다.

242-10 해외소식

상영시간 ㅣ 02분 48초

영상요약 ㅣ 해외의 여러 가지 소식을 전달하는 뉴스이다. 미국으로 이민 갔던 고아가 고
향 마을에 돈을 기증한 소식, 로렌스 수로에서 있었던 진수식 소식, 비행자동
차의 소식, 오스트레일리아에서 벌어진 자동차 경주 소식을 전하고 있다.

새로운 은행 (1959년 12월 1일)

제작정보

출　　처 : 대한뉴스 243호
제 작 사 : 공보처
제 작 국 가 : 대한민국

영상정보

제 공 언 어 : 한국어
컬　　러 : 흑백
사 운 드 : 유

영상요약

서울은행이 새로 설립된 소식을 전달하는 뉴스이다. 새로운 민간은행의 탄생은 경제안정과 금융질서가 확립된 것을 입증하는 것이라고 설명하고 있다.

내레이션

정부 수립 후 처음으로 민간자본에 의한 새로운 은행이 하나 탄생, 12월 초하루부터 문을 열었습니다. 서울은행이라고 부르는 이 새로운 은행은 서울 지방의 민간자본 20억환을 자본금으로 해서 설립, 중소기업의 운영자금 공급을 주로 한다고 하는데, 새로운 민간은행의 탄생은 우리나라의 경제안정과 더불어 금융질서가 확립된 것을 입증하는 것이라고 하겠습니다.

화면묘사

00:00 "새로운 은행" 자막. 서울은행 외관
00:03 은행 내부에서의 행사 모습
00:06 발언 중인 참석자
00:10 행사에 참석한 사람들의 모습
00:12 금고 문으로 보이는 곳의 테이프 커팅
00:15 은행 내부에서 업무가 진행되고 있는 여러 장면들

연구해제

이 영상은 1959년 12월 1일에 개최된 서울은행 개점일의 상황을 담고 있다. 1959년 7월 27일 재무부는 '서울 및 부산지구 지방은행 신설 방침'에 따라 서울은행의 설립을 발표하였다. 이를 위해 전 흥업은행장 윤호병을 대표로 하는 서울은행 발기인 8명(이정림, 박두병, 김활란, 최태섭, 김광균, 이양구, 박필희)이 구성되고, 한국은행 감독부에 정식으로 설립인가를 신청하였다. 서울은행은 자본금 20억 환을 재원으로 설립되었고, 중구 내에 4개 지점, 종로구에 3개 지점, 기타 각 구에 1개 지점을 설립할 것을 목표로 하고 있었다. 11월 19일 금융통화위원회는 12월 1일 서울은행이 개업할 수 있도록 정식인가하였고, 소공동에 본점이 설립되었다. 12월 1일 개점식에는 송인상 재무부 장관과 한국은행 총재 및 각 시중은행장을 비롯한 실업계·금융계인사들이 참여하였다. 서울은행은 부동자금을 흡수하여 중소상공업자금을 공급하는 것을 목적으로 하고 있으며, 이후 원

면자금 대출을 담당하기도 했다.

　재무부는 1959년 신년 초부터 지방은행의 설치안을 검토하고 있었다. 이는 1950년대 만성적인 재정적자와 원조물자의 불안정한 공급으로 인한 구조적인 경제적 불안전성과 지방금융의 순환문제와 관련이 있었다. 1950년대의 일반 가계 및 상공업자들 대부분은 은행과 같은 공금융기관 보다는 민간 신용조직인 계에 의존하고 있었다. 특히 지방의 경우 이 같은 점이 도드라졌는데, 산업은행의 조사에 따르면 부산시내 상공업 자금의 약 70%가 계와 사금융인 무진을 통해 조달되고 있었다 한다. 1954년 부산에서는 국회의원 및 부녀의 계가 파산하면서 중소상공업자의 파산이 속출하는 소동이 벌어지기도 했는데, 이런 사건이 비일비재하였다. 이처럼 1950년대 지방금융순환의 불안정성은 지방은행의 설립을 추진하게 한 배경이 되었다.

　보다 직접적인 계기로는 당시 은행법 제15조에 따라 시중은행들이 자본금의 10배 이상을 대출하지 못하게 되었던 상황을 들 수 있다. 이는 시중은행이 과도한 대부를 제공하면서 금융의 불안정성을 도모하고 있다는 문제를 시정하기 위해 설치된 조항이었는데, 이에 따라 금융순환이 위축될 것을 우려하여 그 대안으로 지방은행의 설립이 제시된 것이었다. 당시 지방은행은 자금순환사정이 일부도시에만 편재되었던 문제를 시정하고, 건전한 농촌경제의 발전과 지방금융의 원활을 도모할 것이라 기대되기도 했다. 궁극적으로는 서민금융기관신설의 중요성을 인식하며 수립된 것으로, 서울을 시작으로 부산에도 지방은행을 설립하기로 계획되었으며, 충주에서도 신설요청이 제기되었다.

▌ 참고문헌

「서울은행을 설립」, 『동아일보』, 1959년 7월 27일.

「사설 : 지방은행의 시비」, 『동아일보』, 1959년 8월 22일.

「충주에 지방은행 박시장이 신설요청」, 『동아일보』, 1959년 11월 12일.

「12월 1일 개점 서울은행 인가」, 『동아일보』, 1959년 11월 20일.

「서울은행 1일 개점 최초의 지방은행 발족」, 『동아일보』, 1959년 12월 2일.

「서울은행으로 원면자금대출이관」, 『동아일보』, 1959년 12월 22일.

이명휘, 「1950~80년 한국 금융시장의 위기와 대응」, 『사회과학연구논총』 22, 2009.

해당호 전체 정보

243-01   경무대 소식
상영시간 ｜ 00분 42초
영상요약 ｜ 경무대에서의 여러 가지 소식을 전달하는 뉴스이다. 미국 레드포드 제독과 국
방부 출입기자단의 방문 소식을 영상과 함께 전하고 있다.

243-02   제4회 체신의 날
상영시간 ｜ 00분 39초
영상요약 ｜ 우편제도 마련 75주년을 기념한 행사 소식을 전달하는 뉴스이다. 이날 행사에
서는 특수유공자, 장기근속자, 우량집배원에 대한 표창이 수여되었다.

243-03   공중전시
상영시간 ｜ 01분 43초
영상요약 ｜ 미 공군 특수곡예비행대 썬더버드 팀의 비행 소식과 장면 등을 전달하는 뉴스
이다. 썬더버드팀의 특수곡예비행 장면들을 보여주고 있으며, 김창규 공군참
모총장이 썬더버드팀을 방문한 소식도 함께 전하고 있다.

243-04   대한반공청년단 년차대회(전북)
상영시간 ｜ 00분 34초
영상요약 ｜ 대한반공청년단 전북도당부 제1차 연차대회 소식을 전달하는 뉴스이다. 대회
장의 모습과 젊은 단원들의 거리행진 모습 등을 함께 보여주고 있다.

243-05   건설의 새소식
상영시간 ｜ 00분 54초
영상요약 ｜ 강원도 춘천시의 춘천변전소 복구와 송전식, 서울시 응암동의 신축 주택 준공
소식을 전달하는 뉴스이다. 춘천변전소는 6·25전쟁으로 파괴됐던 시설을 복
구한 것이었고, 응암동의 신축 주택은 수재민들을 위한 것이었다고 전하고 있
다.

243-06　우리나라 최초로 민간자본에 의해 설립된 새로운 은행

상영시간 | 00분 28초

영상요약 | 서울은행이 새로 설립된 소식을 전달하는 뉴스이다. 새로운 민간은행의 탄생은 경제안정과 금융질서가 확립된 것을 입증하는 것이라고 설명하고 있다.

243-07　스포츠

상영시간 | 00분 56초

영상요약 | 미 6군과 미 5공군 간에 있었던 미식축구 시합 소식과 경기장면을 전달하는 뉴스이다. 이날의 경기를 김치볼이라고 부른다고 설명하고 있으며, 이 경기는 미 6군팀이 승리를 차지하였다.

243-08　해외소식

상영시간 | 03분 16초

영상요약 | 해외의 여러 가지 소식들을 전달하는 뉴스이다. 먼저 폴라리스 탄도 유도탄을 발사할 수 있는 세계 최초의 원자 잠수함 조지 워싱턴호의 시험항해 소식을 잠수함의 모습과 함께 전하고 있다. 이어서 거대한 기중기의 소식, 이본 듀렐과 조지 쉬발로 선수 간의 권투경기 소식을 전하고 있다.

최초의 국산 라디오 (1959년 12월 15일)

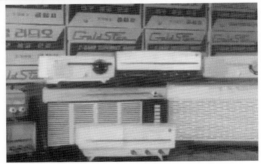

제작정보

출　　　처 : 대한뉴스 244호
제 작 사 : 국립영화제작소
제 작 국 가 : 대한민국

영상정보

제 공 언 어 : 한국어
컬　　　러 : 흑백
사 운 드 : 유

영상요약

국산 라디오 제조공장이 부산에 건설되었다는 소식과 공장의 작업 모습을 전달하는 뉴스이다.

내레이션

나날이 향상발전 돼 가는 우리나라 방송문화 활동을 뒷받침해서 처음으로 국산 래디오 제조공장이 부산에 건설되고, 드디어 우리 손으로 만들어진 래디오가 나타났습니다. 민족자본 8억환과 우리나라 기술자들을 동원해서 발족한 금성사에서는 앞으로 월간 6,000대의 래디오를 생산할 것이라고 합니다. 정부의 방송시설 강화와 더불어 우리 손으로 래디오가 만들어지게 된 것은 반가운 일이라고 하겠습니다.

화면묘사

00:00 "최초의 국산라듸오" 자막. 공장내부의 모습
00:04 공장에서 작업 중인 노동자들의 여러 모습들
00:22 라디오 부품으로 보이는 것이 늘어서 있는 모습
00:24 노동자들이 공장에서 작업 중인 여러 장면들
00:34 완성된 라디오의 모습들. 뒤에 세워진 박스에 "Gold Star"라고 쓰여 있음

연구해제

  한국에서의 라디오 보급은 1927년 경성방송국이 개설된 이후부터 시작되었다. 당시 라디오 보급량은 5,260대였으나, 1945년 해방 시점에는 무려 30만 대로 늘어나 있었다. 그러나 당시 라디오는 전량 수입에 의존하였고, 국내 생산품은 전혀 없는 상태였다.

  8·15해방과 6·25전쟁 같은 대형사건들, 그리고 시시각각 변하는 정치사회 뉴스를 듣기 위해 국내 라디오 수요는 점차 증가했다. 이를 바탕으로 각종 플라스틱 제품과 치약, 비누 등을 생산하던 럭키그룹 구인회 사장은 1958년 금성사(현재 LG전자)를 설립했

고, 본 대한뉴스에 등장하듯 1959년부터 '골드 스타(Gold Star)'라는 상표로 진공관식 국산 라디오를 생산하기 시작했다. 아직은 대부분의 부속품을 들여다 조립하는 수준이었지만, 이어서 금성사는 1960년부터 트랜지스터라디오를 생산했고, 점차 부속품의 국산화도 이루어 나갔다. 1960년대 들어 금성사는 선풍기, 전자교환기, 냉장고, TV 등의 가전제품들을 국내 최초로 생산하기도 했다.

당시 생산된 금성사의 국산 라디오는 값이 싸고 성능이나 디자인도 외국산에 못지않다는 평가를 받았다. 하지만 밀수품의 범람으로 국산 라디오 수요는 쉽게 오르지 못하다가 5·16쿠데타로 집권한 군사정부의 공보활동 강화 정책에서 창구를 찾았다. 군사정부는 도시는 물론 농어촌에 라디오를 보급해 자신들의 시책과 성과를 알리려는 공보활동을 본격화했는데, 이를 계기로 라디오에 대한 수요가 급증하며 생산에 활기를 띨 수 있었다. 이때부터 전국의 라디오 보급이 가속화되었고, 이후 라디오 외래품의 수입금지 등 국가지원에 힘입어 라디오는 제품의 다양화, 고도화를 실현하며 수출 유망주로 떠오르게 되었다. 1961년 5만여 대에 지나지 않던 국산 라디오 보급량은 1962년 들어 20만 대에 가까운 판매고를 올렸고, 라디오 수출은 1962년 11월부터 동남아를 시작으로 미국 시장에도 팔려나갔다. 라디오 수요의 대중화에 힘입어 1967년 당시 라디오 제작업체는 총 4개에 이르렀고, 한국의 전반적인 전자산업 역시 1966년 흑백 TV의 조립생산이 이뤄지며 도약기를 맞았다. 물론 당시는 대부분 자본재와 원자재 도입에 따른 단순조립 및 가공무역 형태로, 부가가치는 높지 않았으나 고용증대 효과가 매우 컸다. 이후 1970년대 컬러TV 생산과 1980년대 컬러TV방송의 시작으로 전자업계는 또 다시 도약했고, 국내 전자산업은 1990년대의 비약적 발전을 거쳐 지금에 이르기까지 한국을 대표하는 주요 산업으로 성장을 거듭하고 있다.

▌참고문헌

「국산 라디오 생산」, 『동아일보』, 1959년 10월 14일.
「경기타진 그 현황과 전망(26)라디오상」, 『경향신문』, 1963년 6월 6일.
「재벌다큐멘터리 거탑의 내막(81)」, 『경향신문』, 1982년 7월 8일.
「재벌다큐멘터리 거탑의 내막(82)」, 『경향신문』, 1982년 7월 9일.
「59년 나온 금성라디오 '환상의 상품' 가전제품」, 『매일경제』, 1999년 12월 29일.

해당호 전체 정보

244-01   경무대 소식

상영시간 ㅣ 01분 48초

영상요약 ㅣ 경무대의 여러 가지 소식을 전달하는 뉴스이다. 내외 기자들과의 회견, 브리
          큰리치 소장에게 훈장 수여, 전라북도 교육자 및 읍면장 일행의 방문 소식을
          전하고 있다.

244-02   일본정부의 만행을 규탄하자

상영시간 ㅣ 01분 04초

영상요약 ㅣ 재일교포 북송에 반대하는 총궐기대회 소식과 시가행진 모습을 전달하는 뉴
          스이다.

244-03   조 외무부장관 귀국

상영시간 ㅣ 00분 15초

영상요약 ㅣ 제14차 국제연합총회에 참석한 조정환 외무부장관의 귀국 소식을 전달하는
          뉴스이다.

244-04   인권옹호주간

상영시간 ㅣ 00분 03초

영상요약 ㅣ 인권옹호주간 관련 소식을 전달하는 뉴스이다.

244-05   간호학생 가관식

상영시간 ㅣ 00분 31초

영상요약 ㅣ 간호학교에서 수업을 마친 학생들에게 캡을 씌워주는 가관식 행사 소식을 전
          달하는 뉴스이다.

244-06   국군소식

상영시간 ㅣ 01분 05초

영상요약 ｜ 해군의 대잠수함 공격훈련 실시 소식과 훈련 장면을 전달하는 뉴스이다. 실전을 방불케 하는 연습을 통해 해군의 힘을 더욱 배양하게 됐다고 전하고 있다.

244-07 최초의 국산 라듸오

상영시간 ｜ 00분 37초

영상요약 ｜ 국산라디오 제조공장이 부산에 건설되었다는 소식과 공장의 작업 모습을 전달하는 뉴스이다.

244-08 문화계 소식

상영시간 ｜ 00분 59초

영상요약 ｜ 변종하 화백의 미술전람회와 고전무용가 김천흥이 연출한 공연 소식 및 그 모습을 전달하는 뉴스이다.

244-09 해외소식

상영시간 ｜ 03분 33초

영상요약 ｜ 해외의 여러 가지 소식을 전달하는 뉴스이다. 미국 아이젠하워 대통령의 이탈리아 로마 방문 소식을 전하고 있는데, 환영대회, 무명용사의 묘 참배, 만찬회 소식 등을 영상과 함께 전하고 있다. 이어서 프랑스 리비에라의 홍수 소식과 미국 대학의 미식축구 경기 소식도 전하고 있다.

자유당 중앙위원회 (1960년 1월 1일)

제작정보

출　　처 ： 대한뉴스 246호
제 작 사 ： 공보처
제 작 국 가 ： 대한민국

영상정보

제 공 언 어 ： 한국어
컬　　러 ： 흑백
사 운 드 ： 유

영상요약

자유당의 제8차 중앙위원회 개최 소식과 그 장면을 전달하는 뉴스이다. 이 자리에서 이
승만 대통령 및 이기붕 민의원 의장은 대독을 통해 단결과 분투를 통해 선거에서 승리
하자는 요지의 이야기를 전하였다.

내레이션

다가오는 정부통령선거를 앞두고 지난해 12월 22일 자유당에서는 제8차 중앙위원회를 서울 시공관에서 열고, 정부통령선거대책기구를 구성할 것을 결의했습니다. 이날 자유당 총재이신 이 대통령 각하의 유시를 전성천 공보실장이 대독했는데, 각하께서는 더 한층의 단결과 분투를 촉구하셨습니다. 또한 자유당 중앙위원회 의장 이기붕 씨도 한희석 씨가 낭독하는 인사의 말을 통해서 당의 모든 힘을 바쳐서 정부통령선거에서 승리하자고 강조했습니다.

화면묘사

00:00 "자유당 중앙위원회" 자막. "歡迎(환영) 自由黨 中央委員會委員(자유당 중앙위원회위원)"이라고 적힌 간판이 걸린 시공관
00:03 중앙위원회에 참석한 사람들
00:08 단상 쪽의 사람들이 서서 사진을 찍는 장면
00:11 "自由黨 第八次 中央委員(자유당 제8차 중앙위원)"이라는 간판 아래의 단상 모습
00:15 발언 중인 전성천 공보실장
00:18 중앙위원회에 참석한 사람들
00:20 단상에서 발언 중인 참석자
00:25 중앙위원회에 참석한 사람들
00:27 발언 중인 한희석
00:29 단상 위의 의장에 앉아 있는 참석자들
00:33 단상에서 발언 중인 참석자의 모습
00:36 중앙위원회에 참석하여 자리에 앉아 있는 사람들

연구해제

이 영상은 1959년 12월 22일 다가오는 정부통령선거를 앞두고 서울 시공관에서 개최

된 자유당 제8차 중앙위원회의 모습을 담고 있다. 이날 자유당은 정부통령선거 대책기구를 구성할 것을 결의했다. 자유당 총재인 이승만 대통령은 전성천 공보실장을 통해 자유당 당원들의 단결과 분투를 촉구했다. 이기붕 자유당 중앙위원회 의장은 한희석 자유당 부의장을 통해 당의 모든 힘을 바쳐서 정부통령선거에서 승리하자고 강조했다.

영상에는 나오지 않지만 행사를 마친 자유당 중앙위원들은 당일 오후 경무대로 이승만 대통령을 예방했다. 이들을 맞이한 이승만 대통령은 다음과 같은 요지의 말을 남겼다. "선거에는 협잡이나 수치스러운 일이 없어야 하는 것이다. 우리나라는 동양에서 문화가 특히 높은 나라로 세상에서 알고 있으며 문명한 예의 있는 사람의 대우를 받고 있는 것이니 우리는 무슨 지경이 되든지 선거에는 서로 싸우는 일이 없어야 되는 것이다. 혹 어떤 때는 시비도 있겠지만 우리의 형편은 다른 나라 사람들보다 높은 지위에 있으니 그 예절과 덕의를 숭상해서 수치되는 일이 없도록 하여야 될 것이다."

실제 이 당시까지만 해도 이승만과 자유당 간부들은 민주당의 내분을 유심히 들여다보면서 지독한 부정선거를 치르지 않고 계속 집권할 수 있는 방안을 모색하기도 했다. 고전적인 방식인 개헌을 통한 집권 방법을 다시 거론한 것이다. 이승만의 태도가 관건이 되었지만 이 시기 자유당 간부들은 대통령 간선제를 포함한 외형상의 내각책임제 개헌이 자신들의 영구집권을 보장해주는 확실한 방안이라고 생각했고, 미국처럼 같은 정당의 대통령과 부통령이 동반 당선되는 정부통령 동일티켓제도 생각해 냈다.

민주당에서도 구파를 중심으로 동일티켓제, 국무총리 부활 등의 개헌 주장이 제기되어 신파를 긴장케 했다. 이승만은 1959년 12월 21일 기자회견에서 동일티켓제의 개헌 필요성을 강조하고 선거는 농번기를 피하겠다고 언명했다. 개헌 논의가 제기되면서 민주당 의원들이 매수되어 자유당으로 넘어가는 사례도 잇따랐다.

자유당으로서는 이승만이 계속 국무총리제 부활을 반대하고 있어 동일티켓제 밖에 선택할 길이 없었다. 자유당에서는 동일티켓제를 입법으로 처리하려고도 했으나 개헌을 하기 위해서는 민주당 구파에게 큰 양보를 해야 했다. 그것에 대해 이승만은 달가워하지 않았다. 이승만과 자유당의 개헌론은 결국 1960년 1월을 고비로 자취를 감추었다. 대신 이승만과 자유당이 선택한 것은 농번기를 피한다는 명목으로 선거 일자를 앞당기겠다는 것이었다. 당시 조병옥의 병세가 심각했기 때문이다.

▌참고문헌

민주화운동기념사업회 연구소,『한국민주화운동사』1, 돌베개, 2008.

자유촌에 주택 선물 (1960년 1월 1일)

제작정보

출   처 : 대한뉴스 246호
제 작 사 : 공보처
제 작 국 가 : 대한민국

영상정보

제 공 언 어 : 한국어
컬   러 : 흑백
사 운 드 : 유

영상요약

자유의 마을 대성동에 새로운 주택을 건설하고 입주하게 된 소식을 전달하는 뉴스이다.
입주식과 주택의 모습 등을 보여주고 있다.

내레이션

정부에서는 이번에 휴전선 남방 비무장지대에 자리 잡고 있는 자유의 마을 대성동에 서른 두 채의 아담한 주택을 마련해주었습니다. 대성동에는 현재 서른 두 가구, 백 여든 네 명의 주민이 살고 있는데, 이번에 집집마다 낡은 초가 대신에 벽돌문화주택에 입주하게 된 것입니다.

화면묘사

00:00 "자유촌에 주택 선물" 자막. "자유의 마을 주택 입주식 U.S.O.M. 보건사회부 대한주택영단"이라고 쓴 현수막이 걸려 있는 입주식장 모습
00:03 관계자들의 테이프 커팅
00:07 박수를 치는 마을 주민들
00:10 완성된 주택들의 모습
00:14 주택 안으로 들어가는 사람들
00:17 주택 안으로 들어가 보는 마을 주민들

연구해제

이 영상은 1959년 12월 23일 비무장지대 남쪽 2km 지점에 있는 대성동에서 있었던 '자유의 마을 주택 입주식'에 관한 것이다. 영상에는 입주식 장면과 새로운 주택에 들어서는 주민들의 모습이 담겨 있다.

보건사회부에서는 대충자금 2,000만 환 등을 들여 1959년 10월 20일 주택 30동 외에 동회 사무실, 이발실, 발전실, 의무실을 합쳐 32동의 건축에 착공하여 12월 23일 입주식을 거행하였다. 입주식 행사에는 손창환 보사부장관을 비롯한 내외귀빈 약 100명이 참석하였다. 식은 오전 11시에 국민의례로 시작해 손창환 장관의 식사와 손문경 국회 보사분과위원장 및 유엔군 총사령관을 대신하여 루이 해군대령의 축사가 각각 있었다. 손창환 장관은 축사를 통해 "지리상 떨어져 있으므로 여러분은 여러 가지 불편한 점이 있을 것이나 정부는 항상 여러분의 뒷받침을 해줄 것이며 불과 지척에 있는 북한 땅을 바

라보면서 남북통일이 이루어질 때까지 공산당에게 보라는 듯이 굳세게 살아나가기를 바란다"라고 말하였다.

대성동은 1953년 휴전협정에 의해 비무장지대 안에 남북에 하나씩 민간인이 거주할 수 있는 마을을 두기로 합의하여 생긴 마을이다. 대성동은 해방 직후에는 경기도 장단군 조산리에 속해 있었고, 전쟁 전까지 약 50세대 200여 명의 주민들이 농업에 종사하며 살고 있던 마을이었다. 그러다가 전쟁이 발발하자 대부분의 사람들이 피난을 가지 못한 채 그대로 눌러 앉았고, 휴전이 되고 마을의 위치가 군사분계선 남쪽에 속하게 되자 유엔군이 그 주민들을 이주시키기 않고 그대로 살게 하였다. 이후 이 마을은 '자유의 마을'로 더 이름이 알려지게 되었다. 이곳의 위치는 마을 북동쪽으로 약 1km 지점에 판문점이 위치해 있고 마을로부터 400m 밖에 떨어져 있지 않은 곳에 군사분계선이 지나고 있다. 대성동 건너편에는 북한의 마을인 기정동이 있는데, 이 두 마을사이의 거리는 불과 800m 정도이다. 그렇기 때문에 대성동과 기정동 모두 남북한이 체제를 선전하는 장으로 활용되었다. 영상에서 보는 것처럼 가지런한 주택을 국가에서 지어준 것도 그 일환 중 하나였다.

대성동은 한국 정부가 아닌 유엔군 사령부의 통제하에 있다. 휴전협정 제1조 10항에 "비무장지대 내의 군사분계선 이남의 부분에 있어서의 민사 행정 및 구제사업은 국제연합군 총사령관이 책임진다"라는 조항에 의한 것이다. 그렇기 때문에 만약 대성동 주민이 범법 행위를 하게 되면 일단 대성동에서 추방되는 형식을 거친 후 한국 법률에 의해 규제를 받는다. 대성동 주민은 참정권 등 권리는 동등하게 갖고 있으나, 국방과 납세의 의무는 현재 면제받고 있다.

▌참고문헌

「아담한 주택 마련 대성동 자유의 마을에」, 『동아일보』, 1959년 12월 24일.
김응섭, 「판문점과 자유의 마을 대성동」, 『북한』 211호, 북한연구소, 1989.

해당호 전체 정보

246-01 4293년(1960년)의 새아침

상영시간 ┃ 03분 17초

영상요약 ┃ 새해를 맞이하여 진행된 이승만 대통령 및 이기붕 민의원 의장의 일정 소식을 전달하는 뉴스이다. 이승만 대통령은 국무위원 및 각계 인사들의 인사를 받고, 서울 시내의 여러 곳을 시찰하였다. 이기붕 민의원 의장 역시 여러 사람들의 인사를 받았으며, 국군묘지를 참배하는 등의 활동을 하였음을 관련 영상과 함께 전하고 있다.

246-02 4293(1960년)년도 총예산안 통과

상영시간 ┃ 00분 35초

영상요약 ┃ 단기 4293년(1960년) 총예산안 및 공무원연금법안의 심의, 통과 소식을 전달하는 뉴스이다.

246-03 자유당 중앙위원회

상영시간 ┃ 00분 38초

영상요약 ┃ 자유당의 제8차 중앙위원회 개최 소식과 그 장면을 전달하는 뉴스이다. 이 자리에서 이승만 대통령 및 이기붕 민의원 의장은 대독을 통해 단결과 분투를 통해 선거에서 승리하자는 요지의 이야기를 전하였다.

246-04 경찰 시무식

상영시간 ┃ 00분 31초

영상요약 ┃ 서울특별시경찰국의 시무식 소식 및 시무식 장면들을 전달하는 뉴스이다.

246-05 조만식 선생 현앙회

상영시간 ┃ 00분 19초

영상요약 ┃ 조만식 선생 현앙회 소식과 현앙회 모습을 전달하는 뉴스이다.

246-06   국제농업생산자연맹 우리대표

상영시간 ㅣ 00분 18초

영상요약 ㅣ 국제농업생산자연맹 총회에 참석 후 돌아온 대표단의 귀국소식을 전달하는 뉴스이다.

246-07   자유촌에 주택 선물

상영시간 ㅣ 00분 22초

영상요약 ㅣ 자유의 마을 대성동에 새로운 주택을 건설하고 입주하게 된 소식을 전달하는 뉴스이다. 입주식과 주택의 모습 등을 보여주고 있다.

246-08   아동무용 발표회

상영시간 ㅣ 00분 36초

영상요약 ㅣ 권여성 무용연구소에서 주최한 아동 무용 발표회 소식을 전달하는 뉴스이다. 남녀 어린이들의 무용 장면을 전하고 있다.

246-09   해외소식

상영시간 ㅣ 02분 54초

영상요약 ㅣ 해외의 여러 가지 소식을 전달하는 뉴스이다. 아이젠하워 대통령의 프랑스 방문과 드골 대통령을 비롯한 인물들과의 회의 소식, 이란 팔레비 왕의 결혼 소식, 대만의 낙하산 결혼식 소식, 한국과 일본 간의 올림픽 축구 예선 경기 소식을 전하고 있다.

정·부통령 선거일자 공고 (1960년 2월 5일)

제작정보

출　　　처 : 대한뉴스 250호
제 작 사 : 공보처
제 작 국 가 : 대한민국

영상정보

제 공 언 어 : 한국어
컬　　러 : 흑백
사 운 드 : 유

영상요약

3월 15일에 제4대 대통령과 제5대 부통령 선거를 실시할 것을 국무회의에서 결의한 소식을 전달하는 뉴스이다. 국무회의가 진행되고 있는 모습을 함께 보여주고 있다.

정부에서는 제4대 대통령과 제5대 부통령 선거를 헌법 제56조와 정부통령선거법 제30조의 규정에 의해서 오는 3월 15일에 실시할 것을 국무회의에서 결의하고 이 대통령 각하의 재가를 얻어 2월 3일에 이를 통보했습니다. 나라의 모든 선거 중에서 정부통령선거는 가장 중요한 것이기 때문에 이를 적시에 시행하고저 3월 15일을 택한 것인데, 이에 앞서 정부에서는 연일 국무회의를 열어 각 국무위원 사이에 진지한 논의와 과학적인 검토를 거쳐 무엇보다도 시기적으로 보아서 선거는 농번기를 피해서 실시함으로써 전국민의 6할이 넘는 농민들에게 지장이 없도록 한 것입니다. 또한 하루바삐 나라의 중대행사인 선거를 치르고, 정국의 안정을 얻어 모든 힘을 모아서 새나라 건설에 매진해야 할 것입니다. 정부에서는 이번 선거를 실시함에 앞서서 온 국민들이 국토통일과 민주주의 발전, 그리고 자립경제 확립에 3대 신념 아래 우리 선거 사상 가장 훌륭한 모범선거가 되게 할 것을 요망하고 있습니다.

화면묘사

00:00 "정부통령 선거일자 공고" 자막. 국무회의 모습
00:04 회의에 참석한 국무위원들과 국무회의 모습들. 여러 국무위원들이 자리에서 일어나 발언을 하고 있음
01:16 의사봉을 세 번 내리치는 모습

연구해제

이 영상은 1960년 2월 1일에 있었던 국무회의의 모습을 보여준다. 이날은 국무위원들이 통상 5월에 실시하던 정부통령선거를 3월 15일에 시행할 것을 결정한 날이다. 영상에는 당시 국무위원들이었던 최인규 내무부장관, 홍진기 법무부장관, 송인상 재무부장관, 김정렬 국방부장관, 공보실장 전성천 등이 등장한다.

선거일자와 관련하여 이승만 대통령은 1959년 12월에 가진 기자회견을 통해 다음해에 치를 정부통령선거를 농번기를 피해 조기에 하겠다고 언명했다. 후보 지명의 후유증

으로 인한 민주당 내 불신과 갈등이 채 가라앉기도 전에 선거를 앞당겨 실시하려는 데에는 이승만의 분명한 속내가 있었는데, 그것은 조병옥의 병세와도 관련이 있었다. 그동안 소화불량으로 고생하던 민주당 대통령 후보 조병옥은 병세가 악화되어 1960년 1월 29일 치료를 위해 미국으로 떠났다. 조병옥은 미국에서 3월 조기선거는 등 뒤에다 총을 쏘는 격이라고 비난하면서 반대했고, 민주당도 두 차례나 서울 장충단공원에서 조기선거반대집회를 열고 자유당의 부정선거 획책을 규탄했다.

그러나 정부는 영상에서 보듯 2월 1일 국무회의를 통해 선거일을 3월 15일로 확정했다. 2월 5일 이승만과 이기붕이 각각 자유당의 대통령 후보와 부통령 후보로 등록했다. 민주당은 대통령 후보가 미국에 있는 상태에서 급하게 2월 7일 정부통령 후보를 등록했다. 하지만 민주당이 할 수 있는 것은 "썩은 정치는 몰아내자"는 선거구호를 내걸고 자유당의 부정선거 음모를 분쇄할 것을 다짐하며 호소하는 것이 고작이었다.

▌참고문헌

「정부통령 선거일자 3월 15일로 공고」, 『동아일보』, 1960년 2월 4일.
민주화운동기념사업회 연구소, 『한국민주화운동사』 1, 돌베개, 2008.

해당호 전체 정보

250-01　경무대 소식

상영시간 ㅣ 00분 56초

영상요약 ㅣ 경무대에서의 여러 가지 소식을 전달하는 뉴스이다. 서울 시내 사립 중고등학
　　　　　교 교장 및 서울특별시 교육위원회 직원 접견, 경찰 간부들의 방문 소식과 그
　　　　　모습을 전하고 있다.

250-02　리 대통령 각하 대법원 시찰

상영시간 ㅣ 00분 23초

영상요약 ㅣ 이승만 대통령이 대법원을 시찰한 소식을 전달하는 뉴스이다.

250-03　정·부통령 선거일자 공고

상영시간 ㅣ 01분 20초

영상요약 ㅣ 3월 15일에 제4대 대통령과 제5대 부통령 선거를 실시할 것을 국무회의에서
　　　　　결의한 소식을 전달하는 뉴스이다. 국무회의가 진행되고 있는 모습을 함께 보
　　　　　여주고 있다.

250-04　국군소식

상영시간 ㅣ 02분 04초

영상요약 ㅣ 육군 제1야전군 사령부에서 행해진 모범용사 표창 소식과 사병의 집 준공 소
　　　　　식, 해군의 해상 함포사격 훈련 소식을 전달하고 있는 뉴스이다.

250-05　새로 마련될 정부청사

상영시간 ㅣ 00분 58초

영상요약 ㅣ 신축될 정부청사와 관련한 소식을 전달하는 뉴스이다. 계약 체결식 모습과 기
　　　　　초공사가 진행 중인 모습을 보여주고 있다.

250-06   문화계 소식

상영시간 ㅣ 00분 15초

영상요약 ㅣ 우리나라 화가들이 국립대만예술관의 초청으로 대만으로 향하는 소식을 전달
하는 뉴스이다.

250-07   동계올림픽 선수단 출발

상영시간 ㅣ 00분 24초

영상요약 ㅣ 동계올림픽 참가 선수단이 미국으로 향하는 소식을 전달하는 뉴스이다.

250-08   해외소식

상영시간 ㅣ 02분 38초

영상요약 ㅣ 해외의 여러 가지 소식을 전달하는 뉴스이다. 영국의 학생우주전시회, 인도
갠지스 강에서의 침수식, 국제스키경기, 호주 스케이트 선수의 훈련 소식 등
을 영상과 함께 전하고 있다.

노동회관 낙성 (1960년 2월 21일)

제작정보

출   처 : 대한뉴스 253호
제 작 사 : 공보처
제 작 국 가 : 대한민국

영상정보

제 공 언 어 : 한국어
컬   러 : 흑백
사 운 드 : 유

영상요약

보건사회부에 의해 한국 최초로 서울 갈월동에 세워진 서울노동회관의 개관을 알리는 영상이다. 노동회관의 전경과 내부의 각종 편의시설 및 개관식 장면 등을 보여주고 있다.

내레이션

근로자들의 복지증진을 위해서 보건사회부에서는 이번에 우리나라 최초로 노동회관을 건설했습니다. 이 근로자의 집은 서울시내 갈월동에 세워졌는데, 열네 개의 숙소와 식당, 의료실, 이발소, 미용실, 그리고 영화관 등 근로자들을 위한 위생과 문화·오락시설이 구비되어 있는데, 보건사회부에서는 이것을 서울시장으로 하여금 관리하게 했습니다.

화면묘사

00:00 자막 "노동회관 낙성". 배경으로 노동회관 건물의 전경. 건물 위 현수막에는 "경축 개관 서울노동회관"이라 쓰여 있음
00:03 현관 가운데 "서울노동회관" 현판
00:06 정부 관계자들이 노동회관의 내부를 둘러봄
00:09 노동회관 내부. 복도에 늘어선 출입구에 "사무실", "미용실", "의무실" 등의 팻말이 붙어 있음
00:12 노동회관의 미용실 내부
00:14 문 위에 붙은 "시립 직업소개소" 팻말
00:17 테이프 커팅 장면
00:21 개관식 행사의 다양한 모습들

연구해제

이 영상은 1960년 2월 18일 영등포 갈월동에서 열린 서울 노동회관 개관식의 모습을 담고 있다. 이날 개관식에는 이재학 국회부의장, 손창환 보건사회부장관, 임흥순 서울시장, 김기옥 대한노총위원장이 참석하였고, 손창환 보건사회부장관은 노동회관의 운영을 맡게 될 임흥순 서울특별시장에게 회관 열쇠를 전달하는 이양식을 함께 거행하였다. 영상에서는 고위 관료들의 테이프커팅식 이외에도 노동회관 내부에 설치된 숙소, 식당, 의무실, 미용실 등을 보여주고 있다. 앞으로 노동회관은 노동자들의 위생, 문화, 오락시

설을 구비하여 운영될 예정이며, 관리는 서울시장이 맡기로 하였다.

　이 영상은 4월혁명 두 달 전에 제작된 것으로서 이승만 정권의 노동복지정책에 대한 몇 안되는 사료 중 하나이다. 이날 개관한 서울 노동회관에서는 대한노총(한국노총)과 산하 노동조합들의 대의원대회 개최장소로 활용되었으나 구체적인 운영방식을 확인하기는 어렵다. 1967년 한국노총 영등포협의회 회원 3만 5,000여 명은 건립비를 마련하여 영등포어시장 자리에 새로운 노동회관을 건립했다. 따라서 1960년 개관한 서울 노동회관은 약 7년간 노동복지정책과 노동조합 활동에서 중요한 공간으로 기능했다.

▌참고문헌

「최초의 노동회관 18일 개관」, 『동아일보』, 1960년 2월 19일.
「노동회관 기공」, 『경향신문』, 1967년 3월 10일.

＃ 해당호 전체 정보

253-01 경무대 소식
상영시간 Ｉ 00분 55초
영상요약 Ｉ 당시 이승만 대통령의 동정을 간략히 보여주는 영상이다. 이승만 대통령이 조선민주당 간부 일행을 접견하는 장면, 전국 수리조합장 일동을 만나 만세삼창을 받는 모습, 휴전선 자유의 마을 학생들을 맞이하여 기념촬영 포즈를 취한 화면 등을 보여주고 있다.

253-02 주한영국대사 리 의장 방문
상영시간 Ｉ 00분 27초
영상요약 Ｉ 이기붕 국회의장과 외국 인사와의 만남을 보도하는 영상이다. 에반스(Hubert J. Evans) 주한영국대사가 이기붕 국회의장을 만나 환담을 나누는 모습, 국제연합한국통일부흥위원단(UNCURK) 터키 대표 도스텔이 이기붕 국회의장을 만나 이임 인사를 하는 장면 등을 보여주고 있다.

253-03 새로 단장된 김포공항
상영시간 Ｉ 00분 52초
영상요약 Ｉ 새로 건설된 김포공항 청사의 이모저모를 보여주는 영상이다. 이승만 대통령과 내외 귀빈이 참석한 가운데 거행된 개관식과 테이프 커팅식, 그리고 청사 내 항공사 부스와 상점 등의 시설들을 보여주고 있다.

253-04 노동회관 낙성
상영시간 Ｉ 00분 32초
영상요약 Ｉ 보건사회부에 의해 한국 최초로 서울 갈월동에 세워진 서울노동회관의 개관을 알리는 영상이다. 노동회관의 전경과 내부의 각종 편의시설 및 개관식 장면 등을 보여주고 있다.

253-05 수리조합장 대회

상영시간 | 00분 33초

영상요약 | 수리조합연합회에서 개최한 각종 대회들을 알리는 영상이다. 전국 수리조합 운영자들이 참석한 제3회 전국수리조합장대회의 광경 및 수리조합미곡증산격 려회의 포상 장면을 영상으로 담았다.

253-06 여학생 미술전

상영시간 | 00분 27초

영상요약 | 서울 덕성여자중고등학교의 졸업 미술전을 알리는 영상이다. 입체구성과 모 자이크 등 조형예술 위주로 출품된 여학생의 작품들과 더불어 미술전을 관람 하는 관람객들의 모습을 영상에 담았다.

253-07 특급 무궁화호 등장

상영시간 | 00분 28초

영상요약 | 이승만 대통령이 명명한 특급열차 무궁화호가 2월 21일 아침부터 경부선에서 운행을 시작했음을 알리는 영상이다. 서울역에서 거행된 무궁화호의 개통식 과 출발 및 운행 장면을 보여주고 있다.

253-08 해외소식

상영시간 | 03분 31초

영상요약 | 다양한 해외소식들을 알리는 영상이다. 첫 소식으로 한국 해군의 원양훈련단 이 베트남 사이공에 당도하여 최덕신 대사와 응오딘지엠(Ngo Dinh Diem) 대 통령을 접견하는 장면을 보여준다. 그리고 사하라 사막에서 진행된 프랑스의 핵실험 모습, 미국의 아이젠하워 대통령이 케이프커내버럴의 유도탄 기지를 시찰하는 모습 등을 전한다. 마지막으로 독일 하노버에서 개최된 국제마술대 회의 이모저모를 보여주며 영상이 끝난다.

우리 대통령 (1960년 3월 6일)

제작정보
출   처 : 대한뉴스 255호
제 작 사 : 공보처
제 작 국 가 : 대한민국

영상정보
제 공 언 어 : 한국어
컬   러 : 흑백
사 운 드 : 유

영상요약

이승만 대통령을 주제로 한 노래인 "우리 대통령" 관련 영상이다. 이승만 대통령과 프란체스카 여사의 다양한 모습들을 보여주면서, 이승만 대통령을 위한 어린이들의 노래를 들려준다.

▌ 내레이션

우리나라 대한나라 독립을 위해
여든평생 한결같이 몸 바쳐 오신
고마우신 리 대통령 우리 대통령
그 이름 기리기리 빛나오리다
오늘은 리 대통령 탄생하신 날
꽃피고 새 노래하는 좋은 시절
우리들의 리 대통령 만수무강을
온 겨레가 다같이 비옵나이다
우리들은 리 대통령 뜻을 받드러
자유평화 올 때까지 멸공전선에
몸과 마음 다 바치어 용진할 것을
다시한번 굳세게 맹세합시다

▌ 화면묘사

00:00 자막 "우리 대통령". 배경에 대통령 휘장
00:06 자막 "우리나라 대한나라 독립을 위해". 비둘기들이 하늘로 날아가는 장면
00:12 자막 "여든평생 한결같이 몸 바쳐 오신". 계단 위에서 비둘기들에게 모이를 주
　　　는 아이들의 모습
00:18 자막 "고마우신 리대통령 우리 대통령". 모이를 먹는 비둘기들의 모습
00:20 비둘기에게 모이를 주며 맞이하는 이승만 대통령과 프란체스카 여사
00:24 자막 "그 이름 기리기리 빛나오리다". 모이를 먹는 비둘기들의 모습
00:26 어린이에게 악수를 청하는 이승만 대통령
00:30 어린이와 함께한 이승만 대통령
00:33 이승만 대통령 동상의 모습
00:36 자막 "오늘은 리대통령 탄생하신 날". 케이크의 촛불을 끄는 이승만 대통령과
　　　프란체스카 여사

00:41	건물 앞을 지나가는 사람들의 모습
00:44	자막 "꽃피고 새 노래하는 좋은 시절". 공작새들의 모습
00:46	사슴들의 모습
00:48	자막 "우리들의 리대통령 만수무강을". 많은 어린이들을 맞이하는 이승만 대통령
00:52	하늘을 나는 새들의 모습
00:54	자막 "온 겨레가 다같이 비옵나이다". 단상에서 손을 흔드는 이승만 대통령과 프란체스카 여사
00:58	부채춤 공연 장면
01:02	매스게임 장면
01:08	자막 "우리들은 리대통령 뜻을 받드러". 이승만 대통령의 연설 장면
01:13	자막 "자유평화 올 때까지 멸공전선에". 많은 인파가 모여 환영하는 모습. 뒤에는 매스게임으로 "만수"라는 글자가 보임
01:17	태극기를 흔드는 사람들의 모습
01:20	자막 "몸과 마음 다 바치어 용진할 것을". 연못에서 어린이들과 함께 물고기밥을 주는 프란체스카 여사와 아이들. 그 옆으로 어린이들과 함께 있는 이승만 대통령의 모습
01:26	자막 "다시한번 굳세게 맹세합시다" 어린이들과 함께 있는 이승만 대통령
01:28	어린이들과 함께 있는 이승만 대통령과 프란체스카 여사
01:30	이승만 대통령의 모습
01:32	어린이들과 함께 있는 이승만 대통령

█ 연구해제

이 영상은 1960년 3월 26일 이승만의 85회 생일을 맞아 만든 영상이다. 영상에는 이승만 대통령의 생일을 맞아 경무대를 방문한 어린이들과 여가를 즐기는 이승만 대통령 내외의 모습, 가족들과 함께 생일 케이크를 자르는 모습, 생일축하 행사장에서 집단체조를 하는 모습 등이 담겨 있다. 그 외에도 이승만의 동상과 매스게임을 하는 학생들이 만들어낸 "만수무강"이라는 글자도 영상에서 확인할 수 있다. 영상의 배경음악으로는 어린이 합창단이 부르는 '우리 대통령'이라는 노래가 깔려 있다.

영상에서 보듯 이승만의 생일에는 어린이합창단의 '우리 대통령'이라는 노래가 울려 퍼지는 가운데 대통령 탄신 축하행사를 가졌고 경무대에서 일반인의 방문도 받았다. 서울운동장에서는 매스게임을 비롯한 다채로운 행사가 펼쳐졌고, 특별사면에 의한 모범수의 출옥도 있었으며, 집집마다 태극기가 나부끼고, 밤에는 불꽃놀이가 펼쳐졌다. 이승만을 위한 전기 출간은 물론이고 기념관 건립, 정자의 건립, 동상의 제작, 대통령 초상의 화폐 등이 등장하였다. 1960년에는 공휴일로 지정이 되기도 했다.

개인의 생활을 위해 국가적 차원에서 군악대가 동원되고 내외 귀빈과 해외의 축하사절단을 모시는 행사로 치름으로써 공화국에서 봉건시대 지배자의 의례가 재현되었다. 개인의 우상화를 조직적으로 진행하면서 그것을 위한 많은 장치들을 고안했던 것이다.

█ 참고문헌

「民意 萬壽無疆論」, 『경향신문』, 1960년 5월 12일.
조은정, 「우상화에 동원된 대통령 이승만의 기념조형물」, 『내일을 여는 역사』 38, 2010.

해당호 전체 정보

255-01   리 대통령 각하 역두연설

상영시간 ㅣ 01분 51초

영상요약 ㅣ 이승만 대통령이 특별열차편으로 진해에서 상경하면서 경부선 중요역지에서 가진 환영식과 연설 소식을 전하는 뉴스이다. 밀양역, 대구역, 김천역의 환영식과 역두연설 및 조치원 부근에서 가진 차내 기자회견 장면을 영상으로 담았으며, 김천역 장면에서는 이승만 대통령의 연설 육성도 들을 수 있다.

255-02   문화예술인 리 의장 방문

상영시간 ㅣ 00분 41초

영상요약 ㅣ 이기붕 민의원의장이 박종화·유치진·김광석을 비롯한 문화예술인 일행, 시카고 데일리 뉴스의 비취 기자, 주한중국영사관 부영사 등을 각각 맞이하고 환담을 나누었다는 소식을 전하는 뉴스이다.

255-03   제41회 3·1절

상영시간 ㅣ 01분 09초

영상요약 ㅣ 제41회 3·1절을 맞아 개최된 여러 행사들을 보여주는 영상이다. 엄숙한 기념식, 파고다공원에서 거행된 독립선언기념비 기공식, 삼일당에서는 33인 중 작고한 고 31인에 대한 추도식이 거행되었으며, 이날 밤 서울 거리에서는 전국 문화단체 총연합회가 주최한 횃불행진이 거행되었다.

255-04   공무원에 훈기장

상영시간 ㅣ 00분 34초

영상요약 ㅣ 3·1절을 맞이하여 각 부 공무원들 중 10년 이상 근속자들이 정부로부터 표창장과 훈기장을 받았다는 영상이다. 수도여고 강당에서 치러진 서울특별시 교육공무원들의 훈기장 전달식을 다양한 화면으로 보여주고 있다.

255-05 반공예술인단 창립 1주년

상영시간 ㅣ 00분 31초

영상요약 ㅣ 1960년 3월 2일 서울 원각사에서 열린 한국반공예술인단 창립 1주년 및 제2회 정기총회 소식을 전하는 뉴스이다. 이승만 대통령과 이기붕 민의원의장의 유시 대독을 듣는 총회 참가자들의 모습을 보여주고 있다.

255-06 종반전에 드러선 선거전

상영시간 ㅣ 01분 09초

영상요약 ㅣ 3·15선거를 일주일 앞두고 막바지에 진입한 선거유세의 풍경들을 전하는 뉴스이다. 많은 인파가 몰린 여야의 선거강연회, 선거구호가 적힌 현수막과 포스터, 서울운동장에서 개최된 자유당 후보 출마환영 예술인대회 등을 보여주고 있다.

255-07 형설의 공을 이루고

상영시간 ㅣ 00분 34초

영상요약 ㅣ 각급학교 졸업시기를 맞아 초등학교(국민학교) 졸업식과 이화여자대학교의 학위수여식 장면을 담은 영상이다. 초등학교 졸업생들이 교내 운동장에서 졸업식을 하는 광경, 김활란 총장이 이화여자대학교 졸업생들 앞에서 연설하고 직접 졸업장을 수여하는 장면 등을 보여주고 있다.

255-08 조선일보 창립 40주년

상영시간 ㅣ 00분 27초

영상요약 ㅣ 3월 5일 창립 40주년을 맞이한 조선일보사의 모습을 전하는 뉴스이다. 방일영 회장이 참석한 기념식의 모습과 이승만 대통령의 친필 휘호 및 신문 인쇄 과정을 영상으로 보여주고 있다.

255-09 충주비료공장 가동

상영시간 ㅣ 00분 40초

영상요약 ㅣ 충주비료공장의 가동 소식을 전하는 영상이다. 당시 완공되어 생산을 개시한 충주비료공장의 비료 생산라인을 영상으로 소개하고, 공장의 생산력 및 생산품인 요소비료의 특징 등을 보도하고 있다.

255-10   해외소식

상영시간 ｜ 02분 05초

영상요약 ｜ 대만에서 한국화가 다섯 명의 작품을 전시한 미술전 개최 소식, 영국의 마거
릿 공주와 황실 전속사진사 안토니 암스트롱－존스와의 약혼 소식, 그리고 이
탈리아의 한 사육제에서 종이 인형 퍼레이드를 하는 장면 등을 전하는 뉴스이
다.

255-11   우리 대통령

상영시간 ｜ 01분 34초

영상요약 ｜ 이승만 대통령을 주제로 한 노래인 "우리 대통령"과 관련 영상이다. 이승만 대
통령과 프란체스카 여사의 다양한 모습들을 보여주면서, 이승만 대통령을 위
한 어린이들의 노래를 들려준다.

3·15 정·부통령 선거 (1960년 3월 17일)

제작정보

출   처 : 대한뉴스 256호
제 작 사 : 공보처
제 작 국 가 : 대한민국

영상정보

제 공 언 어 : 한국어
컬   러 : 흑백
사 운 드 : 유

영상요약

3·15 정·부통령선거 소식을 알리는 뉴스이다. 영상은 투표소 앞에 줄을 선 사람들의 모습, 이승만 대통령과 이기붕 민의원 의장을 비롯한 사람들의 투표 장면, 그리고 개표 과정과 신문사의 속보판 앞에 모여든 시민들의 모습을 전달하고 있다.

내레이션

15일 역사적인 제4대 대통령선거와 제5대 부통령선거가 시행되었습니다. 이날 아침 일곱 시부터 전국 8,108개 투표소에서는 평온한 분위기 속에 유권자들의 투표가 진행되었으며, 이 대통령 각하 내외분께서도 영식 강석 소위와 함께 이른 아침 자하동 제1투표소에서 투표를 하셨습니다. 그리고 부통령에 입후보한 민의원 의장 이기붕 씨를 비롯해서 전국 1,119만 6,490명의 총 유권자 중에서 97퍼센트에 해당하는 1,086만 1,519명의 유권자가 이날 투표에 참가해서 우리나라 민주선거 사상 가장 높은 투표율을 보여주었습니다. 그래서 이날 오후 다섯 시 정각에 투표는 마감되고 각 투표소로부터는 밀봉된 투표함이 개표소로 모여들어 전국 187개 개표구에서는 밤을 세워가며 개표가 진행되었습니다. 전국의 개표는 17일 오전 아홉 시로서 완료되었는데 그 결과 대통령에는 자유당의 입후보자이신 이승만 박사가 총 유권자 수의 86퍼센트인 963만 3,376표로서 당선이 확정되고, 부통령에는 또한 자유당의 이기붕 씨가 총 유권자 수의 74.5퍼센트인 833만 7,059표를 얻어서 당선되었습니다. 그런데 새로 당선된 정·부통령은 국회 본회의에서 그 당선이 선포된 다음 오는 8월 15일에 정식으로 취임하게 되는 것입니다.

화면묘사

00:00   자막 "3·15 정·부통령선거". 투표소 앞에 줄을 선 사람들의 모습
00:03   투표소 앞에 줄을 선 사람들의 다양한 모습
00:22   투표소 내로 들어서는 이승만 대통령
00:25   이승만 대통령의 투표 장면
00:29   이승만 대통령, 프란체스카, 이강석 소위의 투표 장면
00:37   이기붕 민의원 의장과 박마리아의 투표 장면
00:43   기자들이 모여 이기붕과 대화하는 장면
00:47   투표 장면들
01:02   일렬로 앉아 있는 사람들의 모습
01:05   개표 장면들
01:27   다섯 명의 사람들의 책상 앞에 앉아 각자 전화를 하는 모습

01:30　한 시민이 많은 사람들 앞에서 속보판에 개표 상황을 적은 종이를 붙이는 모습
01:37　속보판을 지켜보는 사람들의 모습
01:40　한 시민이 속보판에 개표 상황을 적은 종이를 붙이는 모습. 속보판 위쪽에는
　　　　"正副統領選擧開票速報板(정부통령선거개표속보판)　서울신문사" 팻말이 붙어
　　　　있음
01:47　속보판을 지켜보는 시민들의 다양한 모습들

연구해제

　이 영상은 1960년 3월 15일 정·부통령선거 당일의 모습을 보여주고 있다. 영상은 투표소 앞에 줄을 선 사람들의 모습, 이승만 대통령 내외와 이기붕 민의원 의장 내외의 투표 장면, 선거관리위원들의 개표 장면과 신문사 속보판 앞에 모여든 사람들의 모습을 보여주고 있다. 영상의 내레이션은 이날 투표가 "평온한 분위기" 속에 진행되었으며 기존 선거 사상 가장 높은 투표율인 97%에 달했다고 전하고 있다. 이날 선거에서 이승만은 총 유권자 수의 86%, 이기붕은 74.5%에 달하는 득표율로 당선되었다고 한다.

　그러나 이날의 선거는 만인이 주지하듯 부정선거였다. 이미 이승만 대통령은 1959년 3월부터 구체적인 정·부통령선거 대책을 세워나갔다. 3월에 5부 장관을 경질하고 이승만의 수족으로 바꾸었는데, 특히 선거 주무장관인 내무부장관에 최인규를 임명했다. 최인규는 이승만의 기대에 조금도 어긋나지 않게 행동했다. 그는 취임사에서부터 공무원의 선거개입을 공개적으로 독려하였다.

　최인규는 1959년 11월부터 공공연히 각 시·도 경찰국장, 사찰과장 및 경찰서장, 시장, 군수, 구청장 등을 지역별로 10~20명씩 내무부로 수시로 불러, 자유당 입후보자가 기필코 당선되도록 선거운동을 하라고 강력히 촉구했다. 사전에 총 유권자 수의 40%에 해당하는 표를 투표함에 넣어두는 4할 사전투표와 조장이 기표 상황을 확인한 후 자유당 선거위원의 검사를 거쳐 투표함에 투표용지를 넣는 3인조, 9인조 공개투표 등도 사전 실험을 거쳐 전략적으로 수행 되었다. 동시에 자유당 완장 착용을 통한 심리적 압박, 민주당 선거위원이나 참관인들을 매수나 테러 혹은 투표소 안에서 고의적인 시비를 걸어 퇴장시키는 방식도 준비 되었다. 뿐만 아니라 투표함 바꿔치기, 표 바꿔치기 등도 제시되었다.

하지만 자유당은 이러한 불법적인 작전으로도 안심할 수 없었다. 자유당은 엄청난 선거자금을 유권자를 매수하거나 동원하는 비용으로 사용하였다. 4월혁명 이후 밝혀진 바에 의하면, 공식적으로 조달된 돈만 해도 62억 9,000만 환에 달했다. 혁명재단 기록에 따르면, 당시 선거자금의 분배는 전국 경찰 11억, 서울시장 및 도지사 200만 환, 26개 시장에 70만 환, 15개 구청장에 100만 환, 군수 70만 환 내지 100만 환, 읍·면장 2만 환, 교육감 30만 환 등으로 이루어졌다.

자유당은 경찰뿐 아니라 외곽단체들과 여러 비공식적인 폭력조직도 동원했다. 그중에서도 대표적이었던 것은 대한반공청년단이었다. 문화예술계도 동원되어 정치깡패 임화수가 반공예술인단을 만들어 〈독립협회와 청년 이승만〉, 〈만송 이기붕〉이라는 홍보영화를 만들어 사전 선거운동에 나서기도 했다.

선거전이 본격화되자 경찰과 반공청년단 단원에 의한 야당 및 반독재세력에 대한 테러가 빈번히 발생했다. 경찰은 각종 집회의 사전신고, 사전허가제를 악용하여 야당이 주최하는 선거집회를 전면 봉쇄했다. 이러한 상황에서 치료 중이던 민주당 대통령 후보 조병옥이 2월 15일 사망했다. 이미 정부통령 후보 등록을 마친 민주당으로서는 정·부통령 후보를 새로 낼 수 있도록 기회를 요청했지만 정부는 듣지 않았다. 자연히 대통령 후보는 이승만 한 사람으로 좁혀졌다. 이승만의 당선은 확실해졌다. 그럼에도 자유당과 경찰은 이기붕의 확실한 부통령 당선을 위해 부정선거의 고삐를 늦추지 않고 부정선거를 획책했던 것이다.

▌참고문헌

민주화운동기념사업회 연구소, 『한국민주화운동사』1, 돌베개, 2008.
서중석, 『대한민국 선거이야기 : 1948제헌선거에서 2007대선까지』, 역사비평사, 2008.

해당호 전체 정보

256-01   경무대소식

상영시간 ㅣ 01분 16초

영상요약 ㅣ 당시 이승만 대통령의 동정을 간략히 알리는 뉴스이다. 이승만 대통령은 세계
상이군인연맹의 캠페인 사무총장과 헨더슨 미국 국무부차관의 예방을 받았으
며, 그리고 전국 초·중·고등학생 글짓기대회에서 입상한 스물네 명의 학생
들 및 전국아동극경연대회에 참가한 어린이들을 만나기도 했다.

256-02   3·15 정·부통령 선거

상영시간 ㅣ 01분 59초

영상요약 ㅣ 3·15 정·부통령선거 소식을 알리는 뉴스이다. 영상은 투표소 앞에 줄을 선
시민들의 모습, 이승만 대통령과 이기붕 민의원 의장을 비롯한 시민들의 투표
장면, 그리고 개표 과정과 신문사의 속보판 앞에 모여든 시민들의 모습을 전
달하고 있다.

256-03   리 대통령 각하 송수 서화전

상영시간 ㅣ 01분 11초

영상요약 ㅣ 이승만 대통령이 경복궁에서 열린 서화전을 관람하고 송수를 쓰는 장면을 담
은 영상이다.

256-04   건설의 새 소식

상영시간 ㅣ 00분 52초

영상요약 ㅣ 국도 청주−춘천선이 남한강 상류를 횡단하는 지점에 새 다리인 목행교가 준
공되었다는 소식, 그리고 경기도 수원우체국에 자동전화시설이 설치되어 개
통되었다는 소식을 전하는 뉴스이다.

256-05   스페인 무용단 공연

상영시간 ㅣ 02분 58초

영상요약 ㅣ 스페인의 알레그리아스 무용단의 내한공연 소식을 전하는 뉴스이다. 스페인
          남녀 가수와 무용수의 각종 공연을 영상으로 담았다.

256-06   해외소식

상영시간 ㅣ 01분 35초

영상요약 ㅣ 모로코 아가디르에서 발생한 지진과 캐롤 하이스의 세계빙상선수권대회 우승
          등 해외소식을 전하는 뉴스이다. 아가디르의 시가지가 지진으로 파괴된 장면
          및 캐롤 하이스의 피겨스케이팅 연기 장면 등을 영상으로 보여주고 있다.

4·19의거 그 후 (1960년 4월 27일)

제작정보

출 처	:	대한뉴스 262호
제 작 사	:	공보처
제 작 국 가	:	대한민국

영상정보

제 공 언 어	:	한국어
컬 러	:	흑백
사 운 드	:	유

▋ 영상요약

4·19 직후 시민들의 피해 상황을 알리고 부상자들이 치료 및 문병을 받는 장면을 보여 주는 뉴스이다. 이와 더불어 이승만 대통령의 서울대학교병원 위문 방문을 영상으로 보여주고 있다.

▋ 내레이션

4월 19일의 총격과 혼란으로 말미암아 서울에서만 100여 명이 사망하고 수백 명에 달하는 부상자가 났는데 이들은 시내 여러 병원에 수용되었습니다. 우리나라의 민주주의를 바로잡기 위해서 고귀한 몸을 바친 사망자와 부상자들에게 전국민의 정성 어린 구호의 손길이 뻗쳤습니다. 병원마다 부상당한 학생들에게 자기의 피를 바치겠다는 젊은이가 쇄도하고 위문하러 온 시민들로 가득 찼습니다. 23일 오후 이 대통령도 서울대학병원으로 부상한 여러 학생들을 위문했습니다. 이 대통령은 학생들의 상처를 어루만져 주면서 침통한 표정으로 그들에게 최선의 치료를 해 주도록 병원 당국자에게 당부했습니다.

▋ 화면묘사

00:00   병원으로 추정되는 건물의 모습
00:02   병상의 환자들과 의료진들의 모습
00:06   의사가 환자의 다리를 치료하는 장면
00:09   빈 병상의 모습
00:12   병상에 누운 여러 환자들의 모습
00:22   깃대가 꽂힌 병원 건물의 모습
00:26   앰뷸런스와 의료물품 주변에 모인 사람들
00:29   적십자 표시가 붙은 담요들
00:32   과일 바구니들의 모습
00:35   간호사가 과일 바구니와 화초를 환자에게 전달하는 장면
00:41   문병 모습들

연구해제

이 영상은 4·19 직후 시민들의 피해 상황을 알리고 부상자들의 치료와 문병 모습 및 이승만 대통령의 서울대학교병원 위문 방문 장면을 담고 있는데, 4·19 관련 소식을 전달하는 최초의 〈대한뉴스〉라는 점에서 의의가 있다. 또한 이번 호부터 이승만 대통령을 지칭함에 있어 '각하'라는 호칭을 사용하지 않음으로써 그에 대한 예우의 변화를 보여주고 있다.

이승만 정부에 대한 민주항쟁은 1960년 2월 28일 대구 고등학생들의 시위로부터 시작되었는데, 본격적인 항쟁은 1차 마산시위에서 비롯되었다. 1960년 3월 15일 정부통령 선거일, 마산에서는 부정선거에 항의하는 대규모 시위가 발생해 8명이 사망하는 유혈사태가 발생하였고, 전국 주요 도시에서도 중고등학생들의 시위가 계속 이어졌다.

산발적으로 발생하던 시위가 들불처럼 무섭게 번지기 시작한 것은 4월 11일 1차 마산시위 때 실종되었던 김주열의 시체가 처참한 모습으로 발견되면서부터였다. 분노한 마산의 학생들과 시민들이 들고 일어났고, 사태는 새로운 단계로 발전해 전국적으로 파급되고 확산되었다. 그러나 이승만 정권이 사건 진상조사와 해당 경찰 구속을 미룬 채 법과 질서의 신속한 회복을 통한 수습책만을 늘어놓자 4월 18일 서울에서 고려대생 3,000여 명이 신입생 환영회를 빙자해 교내에서 집회를 열고 일제히 가두로 진출했다. 고려대생들은 당시 국회의사당(현 서울시의회 의사당)까지 진출해서 대정부 건의문을 결의하고 연좌시위를 계속하다가 유진오 총장이 달려와 해산을 종용하고 연행학생들이 석방되자 오후 6시 40분경 귀교길에 올랐다.

그런데 학생들이 시위를 마치고 귀교하는 도중 을지로에서 종로 4가 쪽으로 빠지기 위해 천일백화점 앞에 이르렀을 때, 쇠갈고리와 곡괭이 및 쇠사슬 등으로 무장한 정치깡패들이 이들을 습격하였다. 정치깡패들의 고려대생 습격은 4·19 봉기의 기폭제가 됨과 동시에 혁명의 방향을 선회시켰다. 우선 시위의 목적이 더 이상 부정선거 규탄에 머물지 않고 더 나아가 독재 정권 규탄으로 발전되었으며, 시위의 주역이 지방의 고등학생이 아닌 서울의 대학생으로 전환되었다. 그리고 이 사건에 분노한 시민들과 학생들이 이튿날 일제히 궐기하였다.

이미 여러 날 전부터 학교별로 은밀히 데모를 준비해온 대학생들은 깡패 습격 보도를 접하고 분노하였다. 그리하여 19일, 서울 시내 대학생들이 시위에 나섰다. 한꺼번에 곳곳에서 시위가 전개되자 경찰의 저지선은 맥없이 무너져 내렸다. 경찰 수뇌부는 경무대만이라도 지키기 위해 경찰병력을 효자동 방면으로 집중했다. 내무부장관 홍진기를 비롯한 각료들은 경무대에 모여 경무대 경호책임자 곽영주, 치안국장 조인구 등 고위 경찰 간부들과 함께 대책을 숙의하였다. 오후 1시 40분경, 경무대 앞에서 소방차를 앞세운 시위대와 경찰의 간격이 10여 미터로 좁혀졌을 때 경찰의 총구가 일제히 불을 뿜었다. 이날 경무대 앞 시위 희생자는 사망 21명, 부상 172명이었다.

사태가 걷잡을 수 없이 번지자 이승만은 오후 3시 서울시 일원에 계엄령을 선포하고, 군대를 동원했으나 시위는 더욱 확산되고 격화되어 서울신문사, 반공청년단이 들어 있는 반공회관 등이 불탔다. 부산, 대구, 광주, 대전에서도 시위가 펼쳐졌는데, 정부는 오후 4시 30분 이들 도시에도 경비계엄을 선포했다.

오후 5시경, 그동안 산발적으로 발포를 하던 경찰은 흩어진 병력을 경무대 앞에 집결시켰다. 뒤이어 소총, 기관총 등으로 무장한 경찰 3,000여 명은 장갑차 2대를 앞세우고 중앙청 앞에서부터 일제 사격을 퍼부으며 데모대 소탕을 시작했다. 21일까지의 집계에 따르면, 19일의 시위로 사망한 사람은 서울에서 104명, 부산에서 13명, 광주에서 6명 등이었다.

밤 10시, 계엄군이 탱크를 앞세우고 서울 시내로 진주했다. 군대의 투입과 함께 대량 검거가 시작되었고, 20일 자정부터 시위는 차츰 수그러들기 시작했다.

이승만과 자유당은 이 대형사건을 그저 일부 불만을 품은 불순분자들의 난동에 대한 경찰의 과잉대응 정도로 인식하고, 국무위원 전원과 자유당 당무위원 전원이 사표를 제출하는 선에서 사태를 마무리 지으려고 하였다.

그러나 이기붕은 4월 23일 돌연 부통령 당선자 신분을 사퇴하는 것을 '고려'하고 보수 대연합을 위해 내각제 개헌을 하겠다는 성명서를 발표하였다. 이러한 발표는 대중의 분노를 더욱 자아내었다. 같은 날 오후, 이승만은 영상에서 보이는 것과 같이 송요찬 계엄사령관과 함께 부상당한 학생들이 입원해 있는 서울대학교병원을 방문해 위로하고 이

틀날인 24일, 자신이 자유당을 탈퇴할 것이며 국무위원들의 사직서를 수리해서 개각을 하겠다는 장문의 성명서를 발표하였다. 이승만이 어떤 사태 수습책을 언급하고 약속하는 성명서를 발표한 것은 사실상 이것이 처음이었다. 그러나 부정선거에 대한 사과는 커녕 부정선거 사실 조차 제대로 인정하는 구절은 없었다. 이승만도 이기붕도 국민의 분노와 시위의 이유가 무엇인지 전혀 인식하지 못하고 있다는 증거였다.

　4월 19일 직후 비상계엄령이 내려진 서울 등에서는 큰 규모의 시위는 일어나지 못했으나, 이처럼 이승만과 자유당의 사태수습 조치가 실패하면서 이승만 퇴진 요구는 대중들로부터 자연발생적으로 형성되어 25일부터는 뚜렷하게 표출되는 양상을 보였다.

█ 참고문헌

민주화운동기념사업회 연구소 엮음, 『한국민주화운동사』 1, 돌베개, 2008.
허은 편, 『정의와 행동 그리고 4월혁명의 기억』, 선인, 2012.

4·26 (1960년 4월 27일)

제작정보		영상정보	
출　　처 :	대한뉴스 262호	제공언어 :	한국어
제 작 사 :	공보처	컬　　러 :	흑백
제작국가 :	대한민국	사 운 드 :	유

4월 19일부터 시작된 시위의 결과와 질서 회복을 알리는 뉴스이다. 이승만 대통령의 사퇴 및 3·15 정부통령선거의 무효와 개헌 준비를 위한 과도내각의 성립을 알리고, 대학생 및 군경을 중심으로 한 질서 회복 운동을 영상으로 보여주고 있다.

내레이션

4월 19일의 피 어린 투쟁에서 학생들이 흘린 고귀한 피의 대가를 찾으려고 대학교수단을 선봉으로 데모는 또다시 일어났습니다. 이날 오전 국민이 요구하는 바를 직접 데모 대원으로부터 들은 이 대통령은 국민이 원한다면 대통령직에서 물러날 것이고 3·15 부정선거를 무효로 할 것을 지시했으며, 또한 국민의 원이라면 내각책임제 개헌을 하겠다고 선언하고 진정한 국민의 뜻을 모두 수락했습니다. 이날 오후 국회에서는 긴급 본회의를 열고 이 대통령의 즉시 하야와 3·15 정부통령선거의 무효, 그리고 과도내각 아래 완전한 내각책임제 개헌을 단행한 다음 현 국회의원들은 즉시 총 사퇴할 것 등 시국수습 4개 방안을 결의했습니다. 4월 27일 이승만 박사는 국회의 결의를 따라 즉시로 대통령직을 사임할 것을 선언하고 이 나라 국민의 한 사람으로서 국가와 민족을 위해 바치겠다고 하면서 사임서를 국회에 제출했습니다. 용솟음치는 애국의 정열을 안고 이 나라 민주주의 수호에 피를 흘린 청년 학도들은 민권승리의 그날부터 다시금 자율적인 태세로 질서회복에 앞장섰습니다. 혼란을 틈타서 날뛰는 파괴행위를 막고 군경과 힘을 합해서 공산오열의 준동을 분쇄하면서 우리 학도들은 황폐한 역사 위에 찬란한 새 나라를 건설하고자 모든 힘을 바치고 있습니다. 그리고 정부 수반인 대통령의 직무는 새로 취임한 수석국무위원인 허정 씨가 그 권한을 대행하게 되었으며 허장관은 곧 과도기내각 구성에 착수했습니다. 한편 이번 의거에서 생명을 잃은 사람의 유가족과 부상자를 돕고자 활발한 구호운동이 전개되었는데 학생들이 구호함을 들고 거리에 나서자 시민들은 아낌없는 협조와 더불어 이들을 격려해 주었습니다. 대학생들의 자율적인 활약으로 수도 서울의 질서는 27일 오후에 들어서 완전히 평온 상태로 회복되자 계엄사령관 송중장은 학생들의 빛나는 공적을 높이 찬양하고 치안과 질서는 군과 경찰이 다시 담당하도록 조처했습니다.

00:00 자막 "4·26". 도로를 가득 메운 시위대의 모습. 탱크로 추정되는 차량 전면에 태극기가 펼쳐져 있음

00:05 중앙청 앞에 진주한 계엄군 병사와 차량들

00:09 조재미 제15사단장으로 추정되는 육군 준장이 마이크를 들고 담화하는 장면

00:13 도로를 메운 시위대

00:17 동아일보(1960-04-27일자로 추정) 제1면의 모습. 헤드라인 "李大統領下野決意 正·副統領再選擧도實施(이대통령하야결의 정·부통령재선거도 실시)"

00:20 당시 국회의사당으로 추정되는 회의장 의석에 여러 인사들이 앉아 있는 장면들

00:29 세계일보 1면의 모습. 헤드라인 "李承晩大統領, 辭任을 宣言"(이승만대통령, 사임을 선언)

00:34 건물 위에서 거리의 시민들에게 전단이 흩뿌려지는 장면들

00:43 도로변에 정차한 차량 주변에 시민들이 모여 있음

00:47 확성기가 달린 차량 위에서 담화하는 사람의 모습

00:50 대학생으로 추정되는 사람들이 건물 벽에 "秩序維持(질서유지)"라 쓰여 있는 글귀를 부착하고 있음

00:53 "**大學校 ****委員會(**대학교 ****위원회)", "秩序를 維持하여 흘린 피에 **(질서를 유지하여 흘린 피에 **)" 등의 현수막으로 장식된 차량이 도로를 지나가는 장면

00:59 대학생으로 추정되는 사람 2명이 거리의 오물을 치우고 있음

01:04 질서 있는 거리의 모습을 찍은 다양한 장면들

01:22 학생들이 구호함을 들고 모금활동을 하는 다양한 모습들

01:56 질서 있는 거리의 모습을 찍은 다양한 장면들

█ 연구해제

　이 영상은 4월 25일 펼쳐진 대학 교수단 시위와 26일의 이승만 대통령의 하야, 그리고 대학생을 중심으로 전개되었던 질서 회복 운동의 모습을 담고 있다.(4월 25일 이전

시위 양상은 〈대한뉴스〉 제262-01호 해제를 참조)

4월 19일 대규모 시위와 유혈사태 이후 국민들의 정서는 상당히 고조되어 있었지만, 자유당과 이승만의 행보는 마치 국민들을 우롱하는 것처럼 미온적이었고, 사태의 본질에 대한 파악도 되어 있지 않음을 여실히 보여주었다. 그러자 4월 25일, 김주열의 시신 발견이후 계속되는 분노를 삭이고 있던 마산에서 할머니들이 시위를 벌였다. 이날 할머니들은 처음으로 "이승만 대통령은 물러나라"는 구호를 외쳤다. 같은 날, 서울에서는 오후 3시 30분경 시내 각 대학 교수들이 모여 시국선언문을 발표하고 오후 5시 45분경부터 거리로 나가 시위를 전개했다. 교수들이 시위에 나서면서 대규모 군중이 모여들었고, 여기서 또한 "이승만 물러가라"는 구호를 외쳤다. 이날의 교수단 시위는 4월 19일 이후 조금씩 사그라들던 시위에 새로운 불씨를 던진 격이 되었다.

4월 26일, 이른 아침부터 서울 도심 거리는 또다시 쏟아져 나온 시민들로 가득 메워졌고, 이승만의 사퇴를 강력하게 요구하였다. 마침내 4월 26일 오전 10시 30분경, 이승만의 사임 성명이 계엄군의 마이크를 통해 광화문에 모인 군중들에게 전달되었다.

같은 날 오후 2시부터 열린 국회 본회의에서는 2시간에 걸쳐 격론이 오간 끝에 이승만의 즉시 하야 등 4개 항으로 되어 있는 '시국수습결의안'을 만장일치로 통과시켰다.

4월 28일 새벽 경무대 관사에서 이기붕 일가가 자살했다. 그날 이승만은 경무대를 떠나 이화장으로 갔으며, 29일부터는 3·15 부정선거의 전범인 최인규 전 내무부장관 구속을 시작으로 국무위원·자유당 간부들에 대한 대대적인 체포가 벌어졌다. 5월 29일 이승만이 허정의 전송을 받으며 김포공항을 통해 하와이로 떠나며 이승만의 독재정권은 그 종결을 고했다. 이승만이 경무대를 떠나는 모습은 '대한뉴스 263-03호 경무대를 떠난 리승만 박사'를 통해서 확인할 수 있다.

한편 4월 26일 시위를 벌이기 위해 한양대에 모였던 27개 대학 대표들은 이승만의 사퇴 소식을 듣고 질서 수습이 급무라는 데 의견을 같이했다. 이들은 "질서를 지킵시다" 등의 플래카드를 만들어 앞세우고 행진을 하면서 군중들의 흥분을 가라앉히려고 노력했다. 또한 학생들은 빗자루를 들고 나와 거리를 청소하기도 했는데, 이 영상에 그 모습이 담겨져 있다.

참고문헌

민주화운동기념사업회 연구소 엮음,『한국민주화운동사』1, 돌베개, 2008.
허은 편,『정의와 행동 그리고 4월혁명의 기억』, 선인, 2012.

해당호 전체 정보

262-01 4·19의거 그 후

상영시간 ㅣ 01분 34초

영상요약 ㅣ 4·19 직후 시민들의 피해 상황을 알리고 부상자들이 치료 및 문병을 받는 장면을 보여주는 뉴스이다. 이와 더불어 이승만 대통령의 서울대학교병원 위문 방문을 영상으로 보여주고 있다.

262-02 4·26

상영시간 ㅣ 02분 21초

영상요약 ㅣ 4월 19일부터 시작된 시위의 결과와 질서 회복을 알리는 뉴스이다. 이승만 대통령의 사퇴 및 3·15 정부통령선거의 무효와 개헌 준비를 위한 과도내각의 성립을 알리고, 대학생 및 군경을 중심으로 한 질서 회복 운동을 영상으로 보여준다.

262-03 해외소식

상영시간 ㅣ 02분 41초

영상요약 ㅣ 해외의 여러 가지 소식을 알리는 영상. 미국 해군의 원자력 잠수함이 유도탄을 발사하는 장면, 프랑스의 새로운 해저탐험선, 미국 샌프란시스코의 로스 칼버스가 시연한 하늘을 나는 수상스키의 모습 등을 보여준다.

과도내각 구성 (1960년 5월 1일)

제작정보
출   처 : 대한뉴스 263호
제 작 사 : 공보처
제 작 국 가 : 대한민국

영상정보
제 공 언 어 : 한국어
컬   러 : 흑백
사 운 드 : 유

영상요약

과도내각의 구성을 알리는 영상이다. 내각책임제의 신정부 수립을 준비하는 과도내각이 허정 외무부장관을 수석국무위원으로 하여 5월 2일에 조각되었다는 소식을 전하고 있다. 영상은 기자들의 취재를 받는 허정 외무부장관 및 여러 국무위원들이 참석한 회의 장면을 보여준다.

내레이션

완전한 내각책임제의 신정부 수립을 앞두고 외무부장관 허정 씨를 수석국무위원으로 해서 앞으로 3개월 동안 이 나라 행정부를 도맡을 과도내각이 5월 2일에 조각을 완료했습니다. 내무부장관 이호 씨를 비롯해서 재무부장관에 윤호병 씨, 법무부장관에 권승렬 씨, 국방부장관에 이종찬 씨, 문교부장관에 이병도 씨, 부흥부장관에 전예용 씨, 농림부장관에 이해익 씨, 상공부장관에 전택보 씨, 보건사회부장관에 김성진 씨, 교통부장관에 석상옥 씨, 체신부장관에 오정수 씨가 각각 임명되었습니다.

화면묘사

00:00   자막 "과도내각 구성". 허정 외무부장관을 비롯한 인사들이 계단을 내려오는 장면 배경
00:06   많은 기자들이 허정 외무부장관을 둘러싸고 취재하는 장면들
00:16   국무위원들의 회의장 전경. 이종찬 국방부장관, 윤호병 재무부장관, 이호 법무부장관, 전예용 부흥부장관, 이병도 문교부장관 등으로 추정되는 인사들이 앉아 있음
00:33   허정 외무부장관이 담화하는 모습
00:38   이종찬 국방부장관과 윤호병 재무부장관으로 추정되는 국무위원 2명
00:40   회의에 참석한 두 국무위원. 왼쪽의 인물은 오정수 체신부장관으로 추정됨
00:42   회의장의 허정 외무부장관과 국무위원들

연구해제

이 영상은 4월혁명으로 1960년 4월 26일 이승만이 사임함에 따라 대통령 권한대행이 된 외무부장관 허정이 과도내각을 구성하는 내용을 담고 있다. 1954년 통과된 4사5입 개헌에 의하면 대통령 유고시에는 부통령이 승계하게 되어 있었는데, 장면 부통령이

4월 23일 부통령직을 사임하여 외무부장관이 수석국무위원으로 과도정부의 수반이 된 것이다.

허정은 이승만 측근으로 교통부장관, 사회부장관, 국무총리 서리, 서울특별시장 등을 역임했다. 그러나 자유당 간부들과 달리 이승만에게 맹목적으로 충성하지 않았고 행정 능력도 있었다. 허정은 이승만 사임 전인 25일 외무부장관에 임명되었으나, 이승만의 사퇴성명이 발표된 26일 국회부의장 이재학에게 외무부장관을 사임하겠다고 통고하였다. 이에 국회는 여야가 함께 허정을 설득하여 그로 하여금 과도정부 수반이 되게 했다. 6월 15일 내각책임제 개헌이 이루어짐에 따라 헌법 부칙에 의해 허정은 국무총리로 간주되고 대통령 권한대행은 국회의장이 되게 되어 있었지만, 국회의장이 권한대행을 사임함에 따라 허정이 대통령 직권을 계속 행사할 수 있었다.

허정은 과도정부 수반이 된 직후 조각에 착수했다. 이미 내무부장관 이호, 법무부자관 권승열은 4월 25일 허정과 함께 이승만에 의해 임명된 상태였다. 대통령 권한대행 허정은 4월 28일에는 재무부장관 윤호병, 문교부장관 이병도 등 6명을, 5월 2일에는 국방부장관에 이종찬 등 3명의 장관을 임명하여 조각을 완료하였다.

본 영상에서는 과도정부의 수반으로 임명된 허정을 취재하는 기자들의 모습과 새로 임명된 국무위원들이 국무회의를 진행하는 모습을 볼 수 있다.

▌ 참고문헌

민주화운동기념사업회 연구소 엮음, 『한국민주화운동사』 1, 돌베개, 2008.

해당호 전체 정보

263-01 국회소식

상영시간 ㅣ 01분 14초

영상요약 ㅣ 당시 국회의 동정을 보여 주는 영상이다. 5월 2일에 열린 국회 본회의에서 의
장 보궐선거를 통해 곽상훈 의원이 민의원의장으로 선출되는 과정, 그리고 경
찰중립화법안기초특별위원회구성에 관한 결의안 처리 과정을 영상으로 보여
주고 있다.

263-02 과도내각 구성

상영시간 ㅣ 00분 44초

영상요약 ㅣ 과도내각의 구성을 알리는 영상이다. 내각책임제의 신정부 수립을 준비하는
과도내각이 허정 외무부장관을 수석국무위원으로 하여 5월 2일에 조각되었다
는 소식을 전하고 있다. 영상은 기자들의 취재를 받는 허정 외무부장관 및 여
러 국무위원들이 참석한 회의 장면을 보여준다.

263-03 경무대를 떠나는 이승만 박사

상영시간 ㅣ 00분 17초

영상요약 ㅣ 대통령직을 사임한 이승만 박사가 경무대 관저를 떠나 이화장으로 이사했다
는 소식을 전하는 영상이다. 이승만 박사를 태운 차량이 시민들로 가득한 도
로를 빠져나가는 장면 및 이화장의 모습이 보인다.

263-04 활발한 원자과학연구

상영시간 ㅣ 00분 51초

영상요약 ㅣ 국제원자력기구에서 한국에 파견한 방사선 동위원소 이동실험차에 대한 영상
이다. 이동실험차 내의 실험 장면들 및 크라크 박사로 추정되는 사람의 강의
장면을 보여주면서 실험연구의 종목과 일정 등을 알리고 있다.

263-05 석가탄생 2987주년

상영시간 ㅣ 00분 38초

영상요약 ㅣ 석가탄생 2987주년을 알리는 영상이다. 석가모니의 일생을 간략히 소개하면서 전국 여러 절에 모여들어 기도하는 신도들의 모습을 보여주고 있다.

263-06 농촌소식

상영시간 ㅣ 01분 02초

영상요약 ㅣ 농사철을 맞이한 봄의 농촌 풍경을 보여주는 영상이다. 농부들이 논을 정비하고 못자리를 만들어 퇴비를 뿌리는 모습, 농가에서 병아리를 키우고 채소를 수확하는 모습 등을 보여주고 있다.

263-07 해외소식

상영시간 ㅣ 04분 22초

영상요약 ㅣ 다양한 해외소식을 전하는 영상이다. 미군 관련 영상으로 낙하산 강하 경기에 참가한 여러 미군 장병들이 스카이다이빙을 시도하는 모습, 새로 개발된 M60 전차의 주행시험 장면 등을 보여준다. 그리고 미국 오리건 주에서 열린 보트 경기의 이모저모, 플로리다에서 열린 돌고래 쇼 등을 보여주며 영상이 끝난다.

허 장관 기자회견 (1960년 5월 8일)

제작정보

출　　　　처　:　대한뉴스 264호

제　작　사　:　공보처

제　작　국　가　:　대한민국

영상정보

제　공　언　어　:　한국어

컬　　　러　:　흑백

사　운　드　:　유

영상요약

허정 장관을 비롯한 국무위원 전원의 기자회견 소식. 허정 장관이 기자회견에서 기자들을 상대로 일본 정부가 한국에게 성의를 보여야 국교정상화가 가능할 것이라는 발언을 하였다. 또한 허정 장관이 직접 과도내각의 5개 시정 방침에 대해 연설하였는데, 그중 부정선거의 처리 방안에서 불법적인 일체 행위를 막는 혁명적 정치개혁을 민주적인 방법으로 추진하겠다고 언급하였다.

▌ 내레이션

과도내각의 수석국무위원인 허정 씨는 5월 5일 국무위원 전원과 함께 기자들과 회견하고 일본 정부가 우리에게 성의를 보여준다면은 두 나라의 국교가 정상화할 것이라고 말한 다음 국민의 여론을 받들어 모든 일을 해 나갈 것이라고 말했습니다. 이에 앞서 허 장관은 당면한 5개 시정 방침 중 부정선거의 처리 방안에 언급해서 이후 허정 장관 육성.

▌ 화면묘사

00:00   자막 "허 장관 기자회견". 허정 장관을 비롯한 국무위원들의 기자회견 장면
00:04   허정 장관의 발언 장면. 허정 장관 왼편에 이병도 문교부장관으로 추정되는 인물이 앉아 있음
00:08   다양한 기자회견 장면들
00:27   허정 장관의 연설 장면 (육성연설 : 현 과도 정부는 학생과 시민들의 행동으로 물러나간 과거의 …정권을 후계함에 있어서 강압과 폭력을 만들어진 모든 법률을 폐기하고 불법적인 일체 행위를 막는 혁명적 정치개혁을 민주적인 방법으로 단행…)

▌ 연구해제

이 영상은 허정 과도내각이 구성된 후 처음으로 국무위원 전원이 참석한 내외신 기자회견 모습을 담고 있다. 이 회견에서 허정은 과도내각이 취해 나갈 제반 정책들에 대해 밝혔다. 먼저 한일관계에 있어 일본정부가 재일교포 강제북송을 포기한다면 즉시 한일회담을 재개하고 양국 간에 산재해 있는 문제를 해결할 것이며, 만약 일본 수상이나 그 밖의 고위 정객이 서울에 와서 직접 만나기를 원한다면 환영할 것이라는 의사를 표명하였다. 또한 미국 원조를 더 요청할 계획을 밝히기도 했다. 그리고 3·15부정선거와 4월혁명 당시의 책임자 처단에 대한 의사를 표명하고 경찰중립화와 국회 해산에 대한 의견을 피력하였다.

한편 이날 기자회견에서는 당시 쏟아져 나오고 있던 허정 과도정부의 인사정책에 대한 비판에 대한 답변도 있었다. 국무원 구성에 자유당 당적을 가진 자를 기용한 것과, 각부 차관급 및 지방장관, 경찰국장, 정부 산하 관서장에 문제가 있는 인사들이 상당수 발탁되고 승진한 것이 비판의 대상이었다. 허정은 기자회견에서 인사 문제에 대해 "대부분의 인사들이 위험하고 단명한 이 정부에 참여하려 하지 않았다. 여기에 우리의 고충이 있다"며 국민의 이해를 요구했다. 3·15부정선거 직후 이승만과 이기붕을 찾아가 축하인사를 올린 바 있는 조용순 대법원장이 4월 28일 사표를 제출했다가 유임하게 된 경위에 대해서는 권승렬 법무부장관이 "과거의 잘못은 행정부에 있지 사법부에 직접 책임이 없고, 또한 사법부가 없으면 외국에서 국가기능이 공백상태로 바라볼 것"이라고 변명을 하였다.

▌ 참고문헌

「정부, 당면 주요 국가시책을 발표」, 『경향신문』, 1960년 5월 3일.
「국무위원 전원 첫 내외 기자회견」, 『경향신문』, 1960년 5월 5일.
민주화운동기념사업회 연구소 엮음, 『한국민주화운동사』 1, 돌베개, 2008.

내각책임제 개헌안 공청회 (1960년 5월 8일)

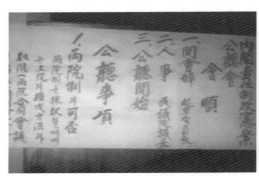 

제작정보

출   처 : 대한뉴스 264호
제 작 사 : 공보처
제 작 국 가 : 대한민국

영상정보

제 공 언 어 : 한국어
컬   러 : 흑백
사 운 드 : 유

영상요약

개헌을 앞두고 국민의 여론을 반영하기 위한 내각책임제 개헌안 공청회가 국회의사당에서 개최되었다. 총 열세 명의 대표들이 나와 헌법 개정에 대한 각자의 소신을 연설로 피력했으며, 공청회에 참석한 청중들은 이를 주의 깊게 들었다. 공청회 대표들 중에는 양원제와 순수 내각책임제를 주장하는 사람들이 많았으며, 여러 공법학자들은 보다 구체적인 헌법 규정의 필요성을 강조했다.

내레이션

이번에 국회의사당에서 개최된 내각책임제 개헌안 공청회는 개헌을 앞두고 국민의 여론을 반영시키는 데 큰 역할을 했습니다. 이날 서울에 있는 각 대학의 교수와 변호사협회, 그리고 제헌의원 등 열세 명의 대표들이 나와서 헌법 개정의 구체적인 부분에 대해서 각자의 소신을 피력했는데 국회는 단원제보다도 양원제를 채택할 것과 대통령은 상징적 존재로 하고 국무총리에게 모든 행정상의 권리와 책임을 집중시키는 순수 내각책임제를 주장하는 사람이 많았습니다. 또한 여러 공법학자들은 국민의 기본 권리를 향상시키기 위해서는 헌법상의 막연한 조문을 정리하고 구체적인 명문의 규정이 필요하다고 강조했습니다.

화면묘사

00:00 자막 "내각책임제 개헌안 공청회". 청중들이 앉아 있는 국회의사당의 모습
00:03 국회의사당 단상과 의원석의 모습
00:08 내각책임제 개헌안 공청회의 회순 내용. 內閣責任制改憲案 公聽會 會順 一. 開會辭 起草委員長 二. 人事 民議院議長 三. 公廳開始 公廳事順 1. 兩院制의 可否… (내각책임제개헌안 공청회 회순 1. 개회사 기초위원장 2. 인사 민의원의장 3. 공청개시 공청사순 1. 양원제의 가부 …)
00:11 국회의사당 좌석을 가득 채운 청중들의 다양한 모습
00:18 연단에서 한 인사가 연설함
00:21 좌석에 앉아 있는 귀빈들
00:25 공청회가 진행 중인 단상 위 기자석에서 기자들이 귀에 이어폰을 꽂고 앉아 취재하고 있음
00:28 공청회의 여러 모습들. 공청회 대표들이 한 명씩 나와 연단에서 연설을 하고, 청중 및 내빈들이 이를 주의 깊게 듣고 있음
00:55 공청회 회순이 좌석 옆 벽 위에 길게 걸려 있음

연구해제

제2공화국은 현재까지 한국 역사상 처음이자 마지막으로 내각책임제가 실시된 때이다. 〈대한뉴스〉 제264-02호 '내각책임제 개헌안 공청회'와 〈대한뉴스〉 제269-01호 '내각책임제 개헌안 통과'에서는 내각책임제 개헌이 이루어지는 과정을 보여주고 있다.

내각책임제에 대한 논의는 제헌국회 때부터 제기되었으나 대통령중심제를 강력하게 제기했던 이승만의 의지와 끊임없이 부딪혔다. 2차례에 걸친 개헌에서 이승만은 내각책임제 개헌에 대한 요구를 묵살하고 오히려 영구집권을 위한 길을 터놓는 데에 주력하였다. 이러한 경험으로 인해 당대의 사람들은 내각책임제 개헌이 민주주의의 실현을 위한 최우선적인 과제라고 여기게 되었다. 따라서 4월혁명 이후 정치체제를 둘러싼 논의에서 내각책임제 개헌은 우선적으로 제기되었다.

내각책임제 기초위원회는 1960년 4월 29일부터 모임을 갖고 작업에 들어가 5월 11일 개헌안을 국회에 상정했다. 한편 5월 13일 자유당은 자유당에 대한 보복이 시정되지 않으면 144명의 소속 의원이 총사퇴를 불사한다고 결의했으나, 개헌안이 통과될 때까지 사퇴하지 않기로 했다. 6월 15일 국회는 표결에 들어가 찬성 209명, 반대 3표로 내각책임제 개헌안을 통과시켰고, 정부는 당일로 공포하였다.

새 헌법에 의하면 국무총리는 행정수반으로 국무위원을 임명하거나 물러나게 하고, 국무회의 의장으로 국무회의를 주재하며 국무회의 의결을 거쳐 국무원령을 발할 수 있고, 국무원을 대표해 의안을 국회에 제출하고, 행정 각부를 지휘 감독하는 권한을 가지게 되었다. 또한 국무원은 민의원 해산권을, 민의원은 국무원 불신임권을 갖고, 국무총리와 국무위원의 과반수를 국회의원으로 하도록 한 것도 내각책임제의 성격을 살린 것이다. 그와 함께 내각책임제이면서도 대통령의 권한을 약간 두어 국무총리 지명권 외에도 계엄 선포 거부권, 정부의 정당 소추에 대한 동의원, 헌법재판소의 심판관 임명권 등을 부여해 행정부를 견제하게 했다. 나아가 대통령은 헌법과 법률이 정하는 바에 의해 국군을 통수한다고 하여, 국방부장관과 각 군 참모총장 임명권을 가진 국무총리와 국군 통수권 문제로 갈등을 빚을 수 있게 했다. 새 헌법은 법원의 독립성을 크게 제고시켜 대법원장과 대법관은 법관의 자격이 있는 자로서 조직된 선거인단이 선거하고 대통령이 이를 확인하도록 했고, 법관은 대법관회의의 결의에 따라 대법원장이 임명토록 하였다.

새 헌법은 구헌법의 기본권에 대한 유보조항을 삭제하여 언론·출판·집회·결사의 자유를 보장하고, 언론·출판·집회·결사에 대한 검열이나 허가를 인정하지 않음으로써 국민의 권리를 신장시켰다. 그리고 정당과 헌법재판소 및 중앙선거관리위원회의 위상을 높였다. 또한 정당의 목적이나 활동이 민주적 질서에 위배될 때에 한해서 정부가 대통령의 승인을 얻어 소추하고, 헌법재판소가 판결로써 그 정당의 해산을 명할 수 있게 했다. 그리고 헌법재판소를 상설기구로 신설하여 법률의 위헌 여부 심사, 헌법에 관한 최종적 해석, 국가기관 간의 권한쟁의, 정당해산, 탄핵재판, 대통령·대법원장·대법관 선거에 관한 소송을 관장하도록 해 막중한 권한을 가지게 했다. 중앙선거관리위원회는 헌법기관으로 하여 독립성을 한층 강화했으며, 부정선거에 노골적으로 개입했던 공무원과 경찰의 정치적 중립성을 보장하였다.

그러나 새 헌법은 경제조항에 대해서는 수정을 가하지 않았고, 부정축재처리규정과 반민주행위자 처벌규정을 삽입하지 않아 혁명정신이 충분히 반영되지 못한 한계를 보였다.

▌ 참고문헌

민주화운동기념사업회 연구소 엮음, 『한국민주화운동사』 1, 돌베개, 2008.
한국역사연구회 4월민중항쟁연구반, 『4·19와 남북관계』, 민연, 2000.

해당호 전체 정보

264-01 허 장관 기자회견

상영시간 ㅣ 00분 59초

영상요약 ㅣ 허정 장관을 비롯한 국무위원 전원의 기자회견 소식. 허정 장관이 기자회견에서 기자들을 상대로 일본 정부가 한국에게 성의를 보여야 국교정상화가 가능할 것이라는 발언을 하였다. 또한 허정 장관이 직접 과도내각의 5개 시정 방침에 대해 연설하였는데, 그중 부정선거의 처리 방안에서 불법적인 일체 행위를 막는 혁명적 정치개혁을 민주적인 방법으로 추진하겠다고 언급했다.

264-02 내각책임제 개헌안 공청회

상영시간 ㅣ 00분 59초

영상요약 ㅣ 개헌을 앞두고 국민의 여론을 반영하기 위한 내각책임제 개헌안 공청회가 국회의사당에서 개최되었다. 총 열세 명의 대표들이 나와 헌법 개정에 대한 각자의 소신을 연설로 피력했으며, 공청회에 참석한 청중들은 이를 주의 깊게 들었다. 공청회 대표들 중에는 양원제와 순수 내각책임제를 주장하는 사람들이 많았으며, 여러 공법학자들은 보다 구체적인 헌법 규정의 필요성을 강조했다.

264-03 한미합동 경제회의

상영시간 ㅣ 00분 34초

영상요약 ㅣ 과도내각 성립 후 처음으로 한미합동경제위원회 본회의가 부흥부에서 개최되었다. 한국 정부의 경제담당 각료와 주한미국경제협조처(USOM(Korea))의 책임자인 모이어(Raymond T. Moyer) 박사를 비롯하여 많은 간부들이 회의에 참여했다. 회의 결과 앞으로 외국 원조를 통해 한국민이 골고루 혜택을 입을 수 있도록 원조사업재검토특별위원회를 구성하기로 했다.

264-04 공예품 전시회

상영시간 ㅣ 00분 48초

영상요약 | 공예시범소에서 마련한 공예품 전시회가 서울시내 상공장려관과 동화백화점
에서 열렸다. 공예시범소는 국제협조처(ICA: International Cooperation Administration)
원조로 한국 공예품 생산의 질적 향상과 해외수출 진흥에 힘쓰고 있으며, 재
한 외국인들에게 한국제 공예품을 홍보하기 위해 전시회를 개최하였다. 전시
회에 진열된 가구, 물병, 컵, 자기, 목각인형, 장신구 등은 외국인들의 호평을
받았다.

264-05 의거학생 위안 음악회
상영시간 | 02분 32초
영상요약 | 의거에 참여한 학생들을 위로하는 음악회가 5월 10일 서울시공원에서 열렸다.
이날 정명화의 첼로 독주는 청중들에게 깊은 감명을 주었다.

264-06 해외소식
상영시간 | 03분 35초
영상요약 | 다양한 해외소식을 전하는 영상이다. 미국 소식으로 드골 대통령이 아이젠하
워 대통령과의 회담을 위해 뉴욕을 방문하여 와그너 시장과 많은 뉴욕시민들
의 환영을 받는 모습, 그리고 콜로라도 주의 전국로켓협회에서 주최한 전국로
켓경시대회에 참가한 10대 참가자들이 다양한 모형로켓을 발사하는 장면 등
을 보여준다. 그리고 서독에서 열린 개들의 축구 장면, 동물원에서 해표에게
먹이를 주는 원숭이의 모습 등도 보여주고 있다.

3·15 부정선거 원흉 공판 (1960년 7월 6일)

제작정보

출　　처 : 대한뉴스 271호

제 작 사 : 공보처

제 작 국 가 : 대한민국

영상정보

제 공 언 어 : 한국어

컬　　러 : 흑백

사 운 드 : 유

영상요약

3·15선거 당시 위법행위로 기소된 최인규, 이성우, 이강학, 최병환 등 30명의 피고에 대한 첫 공판 소식을 알리는 영상이다. 피고인들과 많은 방청객 및 기자들이 참석한 가운데 서울지방법원(구 대법원청사)에서 열린 재판의 모습을 실제 심문 육성과 함께 보여주고 있으며, 서울시청 광장(서울광장)에 설치된 스피커를 통해 재판실황 중계를 듣는 시민들도 보여주고 있다.

내레이션

지난 3·15 정부통령선거에서 국민의 주권을 짓밟고 불법과 부정으로 선거를 강행하게 한 최인규 일당과 그 일을 모의하고 뒷받침한 한희석 등의 자유당 간부, 그리고 그들에게 부당하게 선거자금을 댄 금융직원회 간부 등 피고 30명에 대한 첫 공판이 7월 5일 서울지방법원 대법정에서 열렸습니다. 이날 법정 문 밖 주변에 특별히 마련된 스피커 앞에는 재판실황 중계를 듣기 위해서 수많은 시민들이 모여들어 민주역도들에 대한 역사적 심판에 귀를 기울였습니다. 재판부는 정영조 판사를 재판장으로 유현석, 석은만 두 판사가 배석했는데 김병리 검사를 비롯한 11명의 검사가 관여했으며 39명의 변호인단이 입회했습니다. 공판이 시작되자 먼저 피고들에 대한 인정심문이 있었습니다. 이어서 피고들에 대한 공소장이 낭독되었습니다. 그런데 이들 30명의 피고들은 정부통령 선거법 위반, 타인의 권리행사 방해, 공문서 위조, 은행법 위반, 살인죄 교사 등 열다섯 가지의 중한 죄가 적용돼 있습니다. 첫날은 인정심문과 공소장 낭독으로 끝나고, 7월 8일에 사실심리, 22일에 병합심리를 거쳐 29일에 구형할 예정이라고 하며 또한 검찰에서는 최인규, 이성우, 이강학, 최병환 등에는 국가보안법을 적용해서 추가 기소했다고 합니다.

화면묘사

00:00 자막 "3·15 부정선거 원흉 공판". 공판이 열린 서울지방법원 건물(구 대법원청사)의 전경

00:03	수감복을 입고 포승줄에 묶인 채 경찰관의 인도로 재판정에 들어가는 피고인들과 이를 지켜보는 시민들의 다양한 모습들
00:43	재판실황 중계를 듣기 위해 서울시청 광장에 모인 시민들의 인파 장면들
00:48	"**소리社(사)"라 쓰여 있는 스피커가 전봇대에 매달려 있음
00:49	재판실황 중계를 청취하는 여러 시민들의 모습들
00:52	재판정의 피고인, 경찰관, 방청객들이 착석함
00:56	재판정에 자리한 재판부 인사들. 마이크가 설치된 자리에 정영조 판사로 추정되는 판사가 앉아 있음
00:59	재판정 좌석. 앞쪽에 피고인, 뒤쪽에 방청객이 앉아 있고 그 사이에 경찰관들이 앉아 있음
01:08	경찰관이 최인규 등 피고인들의 손목 결박을 풀어 줌
01:10	재판에 참석한 피고인들의 다양한 모습들. 한 재판부 인사가 최인규에게 심문함 (육성심문 : 최인규, 지금 연령이 몇이야? 네? 마흔 싯 아녀? 마흔 둘이에요?)
01:18	기자석에서 재판을 취재하는 기자들
01:21	수감복을 입고 앉아 있는 피고인 홍진기의 얼굴 클로즈업
01:23	다양한 인정심문 장면들. 최인규, 이성우, 이강학, 한희석 등의 피고인들이 발언대 앞에 서 있고, 한 재판부 인사가 심문함 (육성심문 : "현재 직업은 어떻게 되는가? 무직. 음. 주소는 어디에요?)
01:41	공소장 낭독 장면. 공소장을 낭독하는 재판부 인사와 이를 듣는 재판정의 피고인 및 방청객들, 그리고 이를 기록하는 재판부 서기 (육성연설 : 12년이라는 장구한 기간에 걸친 누적된 실정과 독재로 인하여 인심은 정부와 여당에서 완전히 이탈하였으므로 합법적인 선거 절차로는 도저히 여당인 자유당 후보자 이승만 및 이기붕이 당선될 수 없게 되자 피고인 최인규, 이성우, 이강학, 최병환 등은 4292년 11월경부터…)
02:10	재판정 발언대 앞에 서 있는 피고인들
02:03	피고인으로 추정되는 여성의 다양한 발언 장면들
02:13	서울지방법원으로 추정되는 건물의 출구
02:14	재판 자료를 정리하는 재판부 인사들
02:17	피고인들이 호송줄에 묶여 재판정을 떠남

02:28 피고인들이 호송줄에 묶여 경찰관의 인도로 건물을 나와 구치소로 향하는 다양한 장면들

연구해제

1960년 4월혁명으로 이승만 정권이 붕괴되자 정치적 상황은 급변했다. 시민들은 부정선거 원흉의 처단을 요구했다. 부정선거 원흉으로 지목된 사람들은 당시 내무부장관이던 최인규를 비롯하여 이강학·한희석 등의 자유당 간부, 부정선거를 획책할 수 있도록 금전적인 지원을 한 금융기관의 간부 등 30명이었다.

자유당의 한희석 '자유당 정부통령 선거대책위원회' 위원장, 최인규 전 내무부장관, 이강학 전 치안국장 등에 대해 체포령이 내려졌다. 최인규와 서울신문사 사장 손도심은 4월 29일 자진 출두하고 의원직 사임서를 제출했다. 5월 7일에는 도망다니던 한희석이 자수했다. 정부 내에서 부정선거를 지도한 것은 최인규, 홍진기(당시 법무부장관), 김정렬(당시 국방부장관) 등 6명의 국무위원으로 구성된 6인위원회였다. 5월 18일을 전후해 송인상(당시 재무부장관), 홍진기, 자유당 간부 이중재와 정기섭 등도 구속되었다. 5월 23일 자유당 장경근, 박만원, 유각경이 구속되었고, 이재학, 임철호 등 6명의 자유당 간부에 대한 구속동의안이 국회에 제출되었다.

이 영상은 7월 5일 시행된 부정선거 원흉들인 최인규, 이강학, 한희석 등의 첫공판 장면을 재판장의 소리까지 가급적 생생하게 보여주고 들려줌으로써 당시 국민들의 정서를 반영하고 있다. 또한 서울지방대법정 앞 주변에 재판 실황 중계를 듣기 위해 몰려있는 시민들의 모습을 담고 있는데, 이를 통해 당시 부정선거 원흉에 대한 처벌에 시민들의 관심이 얼마나 지대했는지를 알 수 있다.

이후 부정선거 원흉 처벌에 대해서는 〈대한뉴스〉 제285호 '4월혁명 완수 특별법 제정 촉구'와 〈대한뉴스〉 제301호 '혁명재판 개정', 〈대한뉴스〉 제302호 '혁명재판', 〈대한뉴스〉 제311호 '최인규에 사형언도' 등에서 자세한 내용을 볼 수 있다.

참고문헌

서중석, 『이승만과 제1공화국』, 역사비평사, 2007.
서중석, 『지배자의 국가/민중의 나라』, 돌베개, 2010.

7·29 총선거를 앞두고 (1960년 7월 6일)

제작정보

출   처 : 대한뉴스 271호
제 작 사 : 공보처
제 작 국 가 : 대한민국

영상정보

제 공 언 어 : 한국어
컬   러 : 흑백
사 운 드 : 유

영상요약

7 · 29 총선거와 관련된 소식들을 알리는 영상이다. 초대 참의원 및 제5대 민의원의원의 입후보 현황을 알리며 선거위원회의 집무 장면을 영상으로 보여준다. 그리고 철저한 선거법 위반자 단속을 위해 소집된 전국검찰감독관회의 소식을 전하면서 허정 국무총리의 연설 장면과 회의 중인 검찰 인사들의 모습을 보여주고 있다.

내레이션

제2공화국의 탄생을 앞두고 정부에서는 지난 6월 27일에 초대 참의원과 제5대 민의원의원의 총선거를 오는 7월 29일에 실시할 것을 공고했습니다. 입후보 등록 마감일인 7월 2일로서 정원이 58명으로 구성되는 참의원의원은 전국 10개 선거구에서 214명이 입후보했으며, 민의원의원에는 전국 233개 구에서 1,562명이 입후보했습니다. 한편 이태희 검찰총장은 7월 4일에 전국검찰감독관회의를 소집하고 선거법을 위반하는 사람들을 철저히 단속할 것을 관하 검사장들에게 지시했습니다. 입법·행정·사법의 삼부요인도 이 자리에 참석했는데 그들은 치사를 통해서 7·29 총선거가 참된 공명선거로서 4월 민주혁명의 결실이 되어야 한다고 말했습니다.

화면묘사

00:00   자막 "7·29 총선거를 앞두고". 서울시청 정문 배경
00:04   서울시청 현관의 모습. 현관 위쪽 "서울특별시청" 현판과 함께 오른쪽 기둥에 "서울특별시선거위원회"라 쓰인 현판이 보임
00:07   게시판에 붙은 선거 공고를 살펴보는 시민들
00:10   동대문구 갑·을 선거위원회 건물 입구
00:14   건물 입구 옆에 걸린 현판. 오른쪽 "東大門區甲選擧委員會(동대문구갑선거위원회)" 왼쪽 "東大門區乙選擧委員會"(동대문구을선거위원회)라 쓰여 있음
00:16   선거위원회 직원들의 집무 광경
00:20   민의원의원 등록신청서의 표지. "檀紀四二九三年七月 民議院議員登錄申請書 乙選擧委員會(단기 4293년 7월 민의원의원등록신청서 을선거위원회)"라 쓰여 있음
00:23   선거위원회 직원들이 상의하면서 업무를 처리하는 여러 장면들
00:31   전국검찰감독관회의에 참석한 검찰 인사들이 회의석에 앉아 있음
00:34   회의에 참석한 권승렬 법무부장관과 이태희 검찰총장
00:37   회의 도중 한 인사가 문건을 들고 발언함
00:40   발언을 경청하는 검사장들의 다양한 모습. "光州地檢 檢事長(광주지검 검사장)"

과 "大田地檢 檢事長(대전지검 검사장)"의 명패가 보임

00:45   허정 국무총리의 다양한 연설 장면들

00:57   허정 국무총리의 연설을 듣는 대구지검 검사장 외 1명의 검찰 인사. "大邱地檢
        檢事長(대구지검 검사장)" 명패가 보임

00:59   전국검찰감독관회의 회의장의 전경

█ 연구해제

　이 영상은 1960년 7·29총선과 관련하여 입후보자들의 현황, 선거위원들의 집무 모습, 선거법 위반자 단속을 위해 소집된 전국 검찰감독관회의의 모습, 허정 과도정부 수반의 모습 등을 보여주고 있다. 3·15부정선거로 인해 4·19혁명이 일어났던 만큼 정부 입장에서는 7·29총선이 공명정대하게 준비되고 있다는 것을 대중들에게 보여줄 필요가 있어서 만든 뉴스영상일 것이다. 영상을 보면 7월 4일에 개최된 전국 검찰감독관회의에 3부 요인들이 참석하여 허정이 "7·29 총선거가 참된 공명선거로서 4월 민주혁명의 결실이 되어야 한다"라고 연설하는 것을 확인할 수 있다.

　4·19의 결과로 들어선 허정 과도정부는 4·19를 수습하기 위한 방안으로 총선거의 정치 일정을 제시하였다. 7·29총선은 4월혁명의 정신을 반영하여 그 과정에서 제기된 혁명과업을 수행할 새로운 권력구조를 만들어낸다는 의미가 있었다. 하지만 민주당은 선거운동 과정에서 거의 분당되다시피 했다. 신파와 구파는 따로 선거운동본부를 차렸다. 신파는 구파가 자유당과 야합해 정국을 이끌어가려 한다고 비난했고, 구파는 신파에 친일행위자가 많은 것을 들추어냈다. 나아가 상대파의 유력자가 나오는 지역에 낙천한 자파 후보를 나오게 하는 지역도 많았다.

　이 선거에서는 진보적인 정치세력인 혁신세력도 대거 출마하였다. 그러나 혁신세력은 7·29총선의 전 과정에서 주도권을 발휘하지 못했고, 결과적으로도 많은 의석을 확보하지 못했다. 4월혁명 자체를 혁신계가 주도하지 못한데다가 선거에 대비하기 위한 시간도 지나치게 짧았다. 4월혁명에도 불구하고 유권자들이 가지고 있던 반공이데올로기의 벽은 여전히 견고했다. 진보당사건 이후 심한 감시를 받아 활동 공백이 컸던 혁신계는 대구와 부산을 중심으로 한 경상남북도와 원주 등 일부 지역에 유력한 후보를 내놓았을 뿐이었다. 혁신계 주류는 사회대중당에 모여 있었지만, 진보당 계열과 타 계열

과의 갈등도 심했다. 조직과 자금, 경험에서 절대적으로 불리할 수밖에 없었던 혁신세력은 노회한 기성 정치세력의 상대가 되지 못했다.

7·29총선에서 각 정당은 4월혁명의 영향으로 매우 진보적인 선거공약을 제시했다. 혁신계열뿐만 아니라 민주당도 경제나 통일 분야에서 과거에 비해 진일보한 모습을 보였다. 구체적으로 북진통일을 배척하고 국제연합 감시하의 자유총선거를 주장했으며, 특혜와 독점배제, 경제에 대한 관권 간섭 배제, 계획경제 등을 주장했다. 장면은 장기적 연차계획을 세우고, 병력을 40만 명으로 감축하고, 부정축재를 국고에 환원하고, 금융을 대중화하겠으며, 무산대중들과 함께 공생공사 하겠다고 다짐을 하기도 했다.

선거결과 민의원의 경우 1,159만 3,432명의 선거권자 중 84.3%에 해당하는 977만 8,921명이 투표에 참가해 민주당이 압승을 거뒀다. 민주당은 233석 중 175석을 차지해 개헌선인 2/3를 훨씬 넘었다. 무소속은 49명이 당선되었고, 혁신계는 사회대중당이 4석, 한국사회당이 1석을 차지해 총 5석에 머물렀다. 참의원선거는 득표 상황이 약간 달랐다. 민주당이 58석 중 31석을 차지했고 무소속이 20석이나 되었다. 혁신계는 사회대중당이 1석, 한국사회당이 1석이었다.

▌ 참고문헌

「『7·29총선』 전초지대를 가다」, 『동아일보』, 1960년 6월 28일.
「아직 독재규탄의소리 7·29 총선은 공정할듯 AP보도」, 『경향신문』, 1960년 7월 24일.
이혜영, 「1960년 7·29 총선의 전개과정과 성격」, 이화여자대학교 석사학위논문, 2001.

271-01 3·15 부정선거 원흉 공판

상영시간 | 02분 58초

영상요약 | 3·15선거 당시 위법행위로 기소된 최인규, 이성우, 이강학, 최병환 등 30명의 피고에 대한 첫 공판 소식을 알리는 영상이다. 피고인들과 많은 방청객 및 기자들이 참석한 가운데 서울지방법원(구 대법원청사)에서 열린 재판의 모습을 실제 심문 육성과 함께 보여주고 있으며, 서울시청 광장(서울광장)에 설치된 스피커를 통해 재판실황 중계를 듣는 시민들도 보여주고 있다.

271-02 7·29 총선거를 앞두고

상영시간 | 01분 02초

영상요약 | 7·29 총선거와 관련된 소식들을 알리는 영상이다. 초대 참의원 및 제5대 민의원의원의 입후보 현황을 알리며 선거위원회의 집무 장면을 영상으로 보여준다. 그리고 철저한 선거법 위반자 단속을 위해 소집된 전국검찰감독관회의 소식을 전하면서 허정 국무총리의 연설 장면과 회의 중인 검찰 인사들의 모습을 보여주고 있다.

271-03 국립공주병원 개원

상영시간 | 00분 32초

영상요약 | 국립공주병원 개원 소식을 알리는 영상이다. 국립공주병원의 이모저모를 소개하면서 이날 개원식에 참석한 김성진 보건사회부장관의 축사 낭독과 병원 시찰 장면을 보여주고 있다.

271-04 스포츠

상영시간 | 00분 59초

영상요약 | 대한학생체육연구회에서 주최한 체조발표회 장면을 보여주는 영상이다. 남녀 선수들의 기계체조 묘기, 남자 선수들의 육체미 경연과 이를 관람하는 관중들의 모습 등을 보여주고 있다.

271-05 해외소식

상영시간 ㅣ 04분 20초

영상요약 ㅣ 다양한 해외소식을 전하는 영상이다. 영상은 롯지(Henry Cabot Lodge) 유엔주
　　　　　재 미국대사와 임병직 유엔주재 한국대사를 비롯한 유엔 관련 인사들이 참석
　　　　　한 유엔본부의 6·25기념식 모습을 보여주면서 시작한다. 그리고 미 해군의
　　　　　신무기인 대잠수함유도탄의 발사 장면과 뉴욕에서 열린 영국 육군의 쇼를 다
　　　　　양한 화면으로 보여준다. 마지막으로 유럽에서 열린 대머리 대회, 미국 캘리
　　　　　포니아에서 열린 육상선수권대회 장면들을 보여주며 영상이 끝난다.

정치 깡패 유지광, 이정재, 임화수 등의 공판 (1960년 7월 10일)

제작정보

출   처 : 대한뉴스 272호
제 작 사 : 공보처
제 작 국 가 : 대한민국

영상정보

제 공 언 어 : 한국어
컬   러 : 흑백
사 운 드 : 유

영상요약

7월 6일 서울지방법원에서 열린 정치깡패 일당에 대한 공판 소식을 전하는 영상이다. 피고인들이 호송줄에 묶여 재판정에 들어가는 모습, 재판정의 여러 풍경 및 이정재·신도환·유지광을 비롯한 피고인들의 얼굴 등을 영상으로 보여주고 있다. 더불어 및 피고인 곽영주와 유지광의 발언이 육성으로 삽입되어 있다.

▋ 내레이션

지난날 폭력으로써 국민의 권리를 유린하던 곽영주, 신도환, 이정재, 임화수, 유지광 등 정치깡패 일당 스물여섯 명에 대한 첫 공판이 7월 6일 서울지방법원 대법정에서 열렸습니다. 그리고 피고인 유지광에 대한 사실심리에서는, (유지광의 육성답변) 그런데 피고인 유지광은 서로 발뺌만 해 대는 다른 두목들을 비열하다고 비난하면서 4월 18일의 고려대학생 습격은 반공청년단과 경찰이 공모한 것이라고 폭로했습니다.

▋ 화면묘사

00:00   자막 "정치 깡패 공판". 경찰관이 호송줄에 묶인 피고인들을 서울지방법원 건물 (구 대법원 청사)로 호송하는 장면 배경

00:03   호송줄에 묶인 피고인들이 건물로 들어감

00:14   자리에 앉아 있는 재판부 인사들과 재판정의 발언대 앞에 선 피고인들. 곽영주를 심문하는 판사의 육성 (육성심문 : 이놈의 새끼 누가 깡패를 잡아넣으라고 했어. 당장 내놓지 못해? 시경국장도 모가지를 뗀다고 이렇게 말했다는데 그렇게 하셨나요?)

00:21   방청객들이 좌석에 앉아 재판 과정을 지켜보는 다양한 모습들

00:26   방청석 뒤에서 바라본 재판정의 광경. 판사의 심문에 대한 곽영주의 답변 (육성 : 그런 사실이 그게 좀 말들이 잘못된 모양 같습니다마는 지가 동대문서장에게 전화 건 내용은 이렇습니다. 누가 상인을 잡아넣으라고 했냐는 걸 얘기를 했습니다. 그러더니 누구십니까? 그래요. 그래서 나 경무대 곽경무관이라고. 그런 얘기를 했더니 국장 명령입니다 그래 얘기를 합니다. 그래서 네가 국장 명령이래도 서장이 내용을 알면…)

00:31   다양한 공판 장면들

00:59   죄수복을 입은 이정재의 얼굴 클로즈업. 심문에 대한 유지광의 답변 (육성 : 근데 그것이 그 사람들이 거기 돌아갈 적에는 결국 이미 이제 데모대가 해산되어

서 돌아간 거로 그렇게 알았습니다. 그 순간에 말씀이죠, 만약 그때 그것이 데모대가 해산이 되지 않고 종로 4가로 온다는 거, 종로 4가로 돌아온다는 걸 알았으면은 저도 역시 대원들과 같이 종로 4가에 가 있었을 겁니다.)

01:00   발언대에 서서 심문에 답변하는 유지광

01:07   신도환의 얼굴 클로즈업

01:10   이정재가 손으로 얼굴을 감싸는 모습

01:15   손으로 턱을 괴고 있는 신도환의 얼굴 클로즈업

01:20   서울지방법원 건물의 측면 입구

01:22   피고인들이 호송줄에 묶여 서울지방법원 건물을 나섬

연구해제

'정치깡패'란 말 그대로 정치를 목적으로 하여 움직이는 폭력조직을 일컫는다. 대한민국 수립 이후 이승만이 대통령직을 사퇴하기까지의 12년간은 정치깡패의 전성시대였다. 1960년 4·19시위의 전위 역할을 하였을 뿐만 아니라, 4월 18일 저녁 천일백화점 앞에서 발생한 폭력배들에 의한 고려대 시위대 습격사건은 이들을 습격한 폭력배가 누구인가에 대한 논의로 발전하였고, 전국민의 관심사가 되었다.

4월 22일 송요찬 계엄사령관이 고대생 습격사건 관련자들을 조속히 체포하라고 지시를 내렸고, 임화수, 유지광, 이정재, 장여빈 등이 구속되었다. 또한 반공청년단 단장 신도환과 전 경무대 비서실장 곽영주 등이 깡패들을 배후 조종한 혐의로 구속되었다.

정치깡패들에 대한 공판은 7월 6일부터 시작되었다. 이 영상은 바로 7월 6일 재판 모습을 영상으로 담고 있다. 이 재판은 장준택 부장판사의 주재 아래 고대생 습격사건 관련 피고인 신도환·임화수·유지광·곽영주·임상억 등 18명과 정치깡패로 지목된 이정재·최창수·홍영철 등 8명에 대한 사건이 병합되어 심리가 이루어졌다.

3회에 걸친 공판의 주제는 4월 18일 고대생 습격사건이었다. 그러나 각 피고인들이 책임전가를 하면서 고대생 습격사건의 최고명령자를 가려내지 못했다. 또한 정치깡패에 대한 공판 역시 자유당 정권하에서 벌어진 정치테러를 비롯한 권력과 깡패 간의 관계를 밝히기보다 민간인에 대한 공갈, 청부폭력 혹은 폭력 조직 간의 싸움 등 폭행혐의에 주안점을 두었다.

▌ 참고문헌

「오늘은 정치깡패 공판」, 『동아일보』, 1960년 7월 6일.

서준석, 「1950년대 후반의 자유당 정권과 '정치깡패'」, 성균관대학교 석사학위논문, 2011.

해당호 전체 정보

272-01 표어

상영시간 ㅣ 00분 12초

영상요약 ㅣ 7·29선거에 즈음하여 공정한 선거의 중요성을 알리는 표어를 보여주는 영상이다.

272-02 중반전에 들어선 선거전

상영시간 ㅣ 00분 31초

영상요약 ㅣ 7·29선거를 앞두고 벌어진 합동연설회장의 풍경을 보여주는 영상이다. 강한 햇볕에도 불구하고 합동연설회장을 가득 메운 시민들의 여러 모습을 보여주고 있다.

272-03 정치 깡패 유지광, 이정재, 임화수 등의 공판

상영시간 ㅣ 01분 28초

영상요약 ㅣ 7월 6일 서울지방법원에서 열린 정치깡패 일당에 대한 공판 소식을 전하는 영상이다. 피고인들이 호송줄에 묶여 재판정에 들어가는 모습, 재판정의 여러 풍경 및 이정재·신도환·유지광을 비롯한 피고인들의 얼굴 등을 영상으로 보여주고 있다. 더불어 및 피고인 곽영주와 유지광의 발언이 육성으로 삽입되어 있다.

272-04 주한 미군 시범 사열

상영시간 ㅣ 00분 47초

영상요약 ㅣ 주한미군 제7사단의 시범 사열 소식을 알리는 영상이다. 보병, 전차, 자주포, 대지상 유도탄 등 여러 주한미군 전력의 시범 사열 모습, 시범 사열을 참관하는 이종찬 국방부장관과 매카나기 주한미국대사, 매그루더 사령관 등을 보여주고 있다.

272-05 한국 발레단 창립 공연

상영시간 ㅣ 00분 47초

영상요약 ㅣ 서울시 공관에서 개최된 한국발레단의 창립공연을 알리는 영상이다. 한국발
레단에 속한 여러 발레리나와 발레리노들의 공연 장면 및 이를 관람하는 관객
들의 모습을 보여주고 있다.

272-06 해외소식

상영시간 ㅣ 06분 15초

영상요약 ㅣ 다양한 해외소식을 전하는 영상이다. 아프리카 콩고공화국의 대통령 선출 장
면과 말리연방의 성립 등 아프리카 독립국의 소식을 전하며 영상이 시작된다.
그리고 태국왕 라마 9세가 미국을 방문하여 아이젠하워 대통령을 만나는 모
습, B-52폭격기가 최신 유도탄 '메추라기'(ADM-20 Quail)를 발사하는 장면, 멕
시코 파판트라 마을에서 열린 기우제, 뉴욕의 패션쇼 영상을 차례로 보여주고
있다. 마지막으로 캐나다에서 열린 캐나다컵 골프대회에서 아놀드 파머 선수
가 샘 스니드 선수를 꺾고 우승하는 화면을 보여주면서 영상이 끝난다.

정낙현 조종사 기자회견 (1960년 8월 7일)

제작정보

출   처 : 대한뉴스 276호
제 작 사 : 공보처
제 작 국 가 : 대한민국

영상정보

제 공 언 어 : 한국어
컬   러 : 흑백
사 운 드 : 유

영상요약

북한에서 남한으로 제트기를 타고 귀순한 정낙현 중위의 기자회견과 임관식 장면을 담은 영상이다. 국내외 기자들이 모인 기자회견장에서 정낙현 중위가 발언하는 모습을 보여주면서 육성연설을 직접 들려준다. 그리고 임관식에서 김신 공군참모총장이 정낙현 중위에게 계급장, 금성 충무무공훈장, 상금 등을 수여하는 장면을 보여주고 있다.

내레이션

지난번 자유를 찾아 대한민국 품 안에 안긴 북한괴뢰 미그 젯트기 조종사 정낙현 군은 국내외 기자들과 회견한 자리에서 (정낙현 중위 육성) 한편 김 공군참모총장은 정낙현 군을 대한민국 공군 중위로 임관시키고 그 자리에서 1,000만 환의 상금과 금성 충무무공훈장을 수여했습니다.

화면묘사

00:00 자막 "정낙현 조종사 기자회견". 정낙현 중위의 기자회견장에 많은 국내외 기자들이 모여 있는 모습 배경

00:05 자리에 앉아 취재 중인 국내 기자들

00:08 기자회견에 참석한 국내 기자들과 미군 기자들

00:10 기자회견장에서 발언하는 정낙현 중위 (육성연설 : 남한에 와서 내가 보고 느낀 것이 뭔가 하냐면 우선 거기에서 그 선전하고 그 다음에 여기에서 또 보는 거하고 모든 것이 그 180도 됐다는 것을 내가 느끼게 됐습니다. 이게 뭔가 그러면 그 거기에서 선전하는 거에 의하면 남한에는 모든 것이 다 저질이고 서울 시내라는 곳은 볼 것이 없고 모든 것이 다 그런 것으로 알고 있었습니다. 그러나 여기 와서 본 거에 의하면 모든 것이 다 잘 되었고 인민들이 자유롭게 살고 다 이렇게 있다는 거⋯)

00:31 정낙현 중위의 발언을 듣는 기자들

00:33 정낙현 중위의 발언 장면

00:38 강당 단상에서 연설하는 김신 공군참모총장과, 강당에 도열하여 연설을 듣는 공군 장병들

00:40 연설하는 김신 공군참모총장

00:43 대한민국 공군 제복을 착용하고 단상에 서 있는 정낙현 중위의 얼굴 클로즈업

00:45 김신 공군참모총장이 정낙현 중위의 제복 견장에 계급장을 달아줌

00:49 김신 공군참모총장이 정낙현 중위의 제복 가슴에 훈장을 달아줌

00:53 김신 공군참모총장이 정낙현 중위에게 상장을 수여하고, 정낙현 중위가 상장을

받은 뒤 거수경례하는 여러 가지 모습들
00:58   정낙현 중위의 제복 가슴에 달린 금성 충무무공훈장

연구해제

이 영상은 1960년 8월 7일 반도호텔에서 있었던 북한 귀순 조종사 정낙현의 기자회견 모습이다. 정낙현은 1960년 8월 3일 원산 상공에서 MIG-5를 몰고 비행훈련을 하던 중 낮 12시 15분에 기수를 남쪽으로 돌려 12시 36분 양양 대포리 비행장에 착륙했다. 정낙현의 귀순 직후인 8월 5일, 중앙청에서 열린 정례 국무회의에서 이종찬 국방장관은 정낙현에게서 들은 북한실정에 대해 보고를 했다. 같은 날 김신 공군참모총장은 정낙현의 귀순을 찬양하는 담화문을 발표하고, 북한은 1960년을 '전투준비 완성의 해'로 삼아 군비확장에 몰두하고 있으며 불시에 감행될지 모르는 침략행위에 대해 단연 분쇄해야하겠다는 결의를 표명하였다. 이어서 공군본부에서는 8월 9일 정낙현을 위한 임관식과 훈장수여식을 거행하고 그에게 중위 계급장과 금성충무무공훈장이 수여하였으며 상금 1,000만 원도 함께 전달하였다.

8월 13일에는 정낙현에 대한 시민환영대회가 서울시 주최로 서울시의사당에서 베풀어졌다. 이 자리에서 그는 서울시 시민증을 받았다. 평안북도민회에서도 18일 평북 영변 출신인 정낙현을 위해 환영회를 베풀었는데, 이 모두는 한국 국민들에게 남한은 살기 좋은 나라, 북한은 위험한 나라로 규정하고 대북정책을 공고히 인식시키기 위한 기재로 사용된 것이었다.

참고문헌

「괴뢰 침략 분쇄할 터 김 공군참모총장 담화」, 『동아일보』, 1960년 8월 6일.
「북한실정보고 이국방, 각의서」, 『동아일보』, 1960년 8월 6일.
「귀순한 정낙현군 기자들과 회견」, 『동아일보』, 1960년 8월 8일.
「임관식을 거행 정낙현군에 훈장도」, 『동아일보』, 1960년 8월 10일.
「13일 시민환영대회」, 『경향신문』, 1960년 8월 11일.

271-01   제5대 민의원 의장단 선출 및 합동개원식

상영시간 ㅣ 04분 33초

영상요약 ㅣ 제5대 국회(초대 참의원, 제5대 민의원)의 개원식을 알리는 영상이다. 영상은 먼저 제5대 민의원의 의장단 선출 소식을 전하며 장면 민의원의원을 비롯한 여러 민의원의원들이 의사당에 입장하는 모습, 김시현 의원의 사회로 진행된 의장단 선출 투표, 의장으로 선출된 곽상훈 민의원의장의 모습 등을 보여준다. 그리고 참의원의사당에서 고희동 참의원의원의 사회로 진행된 의장단 선거에서 백낙준 참의원의장이 선출되는 장면을 이어서 보여준다. 마지막으로 양원의 합동개원식에서 백낙준 참의원의장의 개회사 및 허정 국무총리의 축사 낭독 장면, 양원 의원들과 정부 요인들의 만세삼창 장면 등을 육성과 함께 보여준다.

271-02   정낙현 조종사 기자회견

상영시간 ㅣ 00분 59초

영상요약 ㅣ 북한에서 남한으로 제트기를 타고 귀순한 정낙현 중위의 기자회견과 임관식 장면을 담은 영상이다. 국내외 기자들이 모인 기자회견장에서 정낙현 중위가 발언하는 모습을 보여주면서 육성연설을 직접 들려준다. 그리고 임관식에서 김신 공군참모총장이 정낙현 중위에게 계급장, 금성 충무무공훈장, 상금 등을 수여하는 장면을 보여주고 있다.

271-03   올림픽 선수단 장도에

상영시간 ㅣ 00분 42초

영상요약 ㅣ 제17회 로마 올림픽(제17회 세계올림픽대회)에 참가하는 한국 올림픽선수단이 로마를 향해 장도에 올랐다는 소식을 전하는 영상이다. 올림픽선수단이 결단식을 거행한 뒤 허정 국무총리를 비롯한 국무위원들을 예방하는 모습, 그리고 김포공항에서 많은 시민들의 환송을 받으며 여객기에 탑승하는 모습 등을 보여주고 있다.

271-04 해외소식

상영시간 ｜ 03분 40초

영상요약 ｜ 미국 공화당 대통령 후보 지명대회가 시카고에서 열렸다. 닉슨과 롯지가 각각
　　　　　공화당 대통령, 부통령 후보로 지명되었다. 주영 미국 대사관에서는 독수리
　　　　　장식을 설치했다. 독일 하노버에서는 개들의 달리기 대회가 개최되었다.

제2공화국 초대 대통령 선출 (1960년 8월 15일)

제작정보

출　　　처 ：　대한뉴스 277호

제 작 사 ：　공보처

제 작 국 가 ：　대한민국

영상정보

제 공 언 어 ：　한국어

컬　　　러 ：　흑백

사 운 드 ：　유

영상요약

제2공화국 초대 대통령 선거가 민·참의원 합동회의에서 실시되었다. 윤보선 의원이 대통령으로 당선되었다. 대통령 취임식 장면과 윤보선 대통령이 국군묘지를 참배하고, 4·19 때 부상당한 학생들을 위문하는 장면을 보여주고 있다. 아울러 윤보선 대통령이 안국동 사저에서 경무대로 이사가는 장면을 보여주고 있다.

내레이션

8월 12일 제2공화국 초대 대통령의 역사적인 선거가 민의원과 참의원의 합동회의에서 실시됐습니다. 백낙준 참의원 의장의 사회로 양원의원 제적 263명 중 259명이 출석한 가운데 투표로 들어갔는데 개표 결과 민주당의 윤보선 의원이 208표를 얻어 제2공화국의 초대 대통령으로 당선되었습니다. 그런데 내각책임제 정부 형태인 제2공화국의 대통령은 정치적으로 중립해서 국가의 원수로서 나라를 대표하고 국무총리 지명권과 긴급재정처분권 그리고 국군통수권 등 중요한 권한을 가지고 있는데 임기는 5년인 것입니다. 국회의 압도적인 지지로써 당선된 윤보선 대통령은 이날 서울 시내 안국동에 있는 자택에서 내외 기자들과 회견하고 여러 가지 문제에 대해서 소신을 피력했는데 특히 국방 문제를 언급해서 (윤보선 대통령의 육성) 제2공화국 초대 대통령의 취임 선서식은 8월 13일 민·참의원 합동회의에서 거행됐는데 이날 아침 윤 대통령이 국회의사당으로 향하는 길목에는 수많은 시민들이 나와서 박수를 보냈습니다. 국회의원 전원이 기립한 가운데 윤보선 대통령은 헌법 제54조 규정에 따라서 취임 선서를 했습니다. 선서가 끝난 다음 백 참의원의장은 대한민국의 이름으로 윤 대통령에게 대통령의 상징인 무궁화 대훈장을 전달했습니다. 그리고 윤 대통령은 취임사를 통해서 4월혁명으로 얻은 정치적 자유에 이어서 앞으로는 경제적 자유를 마련해야 할 것이라고 말했습니다. 취임 선서식을 마친 윤 대통령은 곧 서울 시내 동작구에 있는 국군묘지를 참배하고 조국의 평화와 자유를 위해서 목숨 바친 국군 전몰 용사들의 영령을 추모했습니다. 국군묘지를 다녀온 윤 대통령은 아직도 치료를 받고 있는 4·19 부상학도들을 위문했습니다. 여러 부상학도들은 불편한 몸을 일으켜 윤 대통령을 맞이했는데 대통령은 이들과 일일이 감격 어린 악수를 나누었습니다. 그리고 8월 14일 윤 대통령과 가족 일동은 서울 시내 안국동 사저로부터 대통령 관저인 경무대로 이사했습니다.

화면묘사

00:00   자막 "제2공화국 초대 대통령 선출", 민·참의원 합동회의 전경
00:07   백낙준 의장이 의사봉을 두드리는 모습
00:12   "議事日程(兩院合同會議), 八月十二日(金), 一. 大統領 選擧"(의사일정(양원합동

회의), 8월 12일(금), 1. 대통령 선거)

00:14 국회의원들이 대통령 선거 투표를 하는 모습

00:19 투표용지를 투표함에 넣는 국회의원들

00:25 민·참의원 합동회의에 참가한 수많은 참가자들의 모습

00:27 백낙준 의장이 투표결과를 발표하는 모습

00:29 합동회의에 참가한 국회의원들의 모습

00:32 백낙준 의장이 의사봉을 두드리는 모습

00:36 윤보선 대통령 얼굴 클로즈업

00:38 윤보선 대통령이 카메라 앞에서 여러 인사들과 인사를 나누는 모습.

00:41 윤보선 대통령이 장면 국무총리와 악수를 나누는 모습

00:44 취재하고 있는 기자들의 다양한 모습

00:51 인터뷰하고 있는 윤보선 대통령

00:54 기자회견의 전경

00:57 기자회견 하는 윤보선 대통령(윤보선 대통령 육성 : "군의 양보담도 질에 더 힘을 써야 될 줄로 압니다. 하니까 여기는 각별한 획기적 (…) 노력이 있어야 될 줄로 믿습니다.")

01:12 취재하는 기자들의 다양한 모습

01:17 윤보선 대통령이 타고 있는 차가 거리를 지나가고 있음. 시민들이 거리로 나와 구경하고 있는 모습

01:38 "경축 광복15주년기념 제2공화국수립 尹潽善(윤보선) 대통령 취임" 현수막의 모습

01:41 여러 인사들의 박수갈채를 받으며 등장하는 윤보선 대통령

01:52 취임식장의 전경

01:55 취임선서를 하는 윤보선 대통령(윤보선 대통령 육성 : "나는 국훈을 준수하며 국민의 복리를 증진하며 국가를 보위하야 대통령의 직무를 충실히 수행할 것을 국민에게 엄숙히 선서한다. 단기 4293년 8월 13일 대한민국 대통령 윤보선")

02:44 취임식에 참석한 국회의원들의 모습

02:48 백낙준 참의원 의장이 훈장을 윤보선 대통령의 목에 걸어주는 모습

02:56 박수를 치는 국회의원들의 모습

02:58 취임사를 하고 있는 윤보선 대통령

03:04 취임식에 참가한 국회의원들의 모습

03:07 취임식에 참가한 전원이 만세를 하고 있는 모습

03:14 국군묘지를 참배하는 윤보선 대통령

03:31 병원에 있는 4·19 부상학도들을 위문하는 윤보선 대통령

03:47 윤보선 대통령이 안국동 사저에서 나와서 차를 타고 이동하는 모습. 시민들이 거리에서 박수치며 구경하고 있음. 윤보선 대통령이 차에서 손을 흔들며 인사를 하고 있는 모습

연구해제

이 영상은 간접선거로 실시된 제2공화국 초대 대통령 선거의 모습과 대통령으로 당선된 윤보선의 취임식 장면을 보여주고 있다.

1960년 8월 12일 제2공화국 초대 대통령 선거가 민의원과 참의원 합동회의로 실시되었다. 양원의원 제적 263명 중 259명이 출석한 가운데 투표에 들어가 민주당의 윤보선이 208표를 얻어 제2공화국 초대 대통령에 당선되었다. 8월 13일 있었던 취임 선서식에서 윤보선 대통령은 4월혁명으로 얻은 정치적 자유에 이어서 앞으로는 경제적 자유를 마련해야 할 것이라고 말했다. 내각책임제 정부 형태였던 제2공화국의 대통령은 대통령책임제처럼 전권을 가지지 않고 정치적 중립을 견지하면서 국가의 원수로서 나라를 대표하고 국무총리 지명권, 긴급 재정처분권, 국군 통수권 등의 권한을 가지고 있었다.

1960년 4월혁명으로 이승만이 물러나고 민주당이 집권하게 되었을 때 민주당의 신파와 구파 사이에는 집권을 위한 갈등이 심하게 표출되었다. 윤보선의 대통령 취임은 민주당의 구파와 신파간의 대립의 산물이었다. 내각책임제하에서 대통령이 누가 되는가는 그리 큰 관심거리가 아니었다. 7·29총선 직후 민주당 신파는 대통령 자리는 구파에게 주고 국무총리는 자신들이 맡을 것을 분명히 했다. 반면 구파에서는 당시 지도자였던 김도연과 윤보선 모두 국무총리를 맡으려고 했다. 구파 내부에서 표 대결까지 하여 결국 대통령에 윤보선, 국무총리에 김도연을 내세우기로 했다. 그래서 영상에서 보듯 1960년 8월 12일 민의원, 참의원 양원합동회의에서 재적 263명 중 윤보선이 208표를 얻어 대통령에 선출되었다. 차점자는 29표를 얻은 심산 김창숙이었다. 무소속 의원들이

과거 한민당원이었던 골수 보수 세력인 윤보선을 지지할 수 없다고 해서 원로였던 김창숙을 밀었던 것이다.

대통령직에 오른 윤보선은 같은 구파인 김도연을 국무총리로 지명했다. 그러나 8월 17일 민의원은 찬성 111, 반대 112, 무효 2표로 부결시켰다. 불과 3표차로 인준을 받지 못한 것이다. 두 번째로 지명을 받은 신파의 장면은 8월 19일 표결에서 찬성 117, 반대 107, 기권 1표로 인준 통과선을 아슬아슬하게 넘겨 국무총리가 되었다. 이러한 과정을 거쳐 민주당의 신파와 구파는 사실상 분열 상태에 놓이게 되었다.

윤보선이 대통령으로 재임하는 동안 그의 위치는 국가원수로서 단지 의전과 명목상의 위치에 불과했지만, 그는 때때로 장면정부에 대하여 질책성 의견발표도 하고 국민적 의사를 대변하기 위한 움직임도 보였다. 이러한 일련의 활동이 장면의 민주당 신파와 정면으로 대립하게 만들었다. 윤보선은 정치적 중립의 의무가 있어서 참여하지 않았지만, 결국 김도연은 9월 22일 분당을 선언해 12월 12일 신민당을 창당했다.

▍참고문헌

민주화운동기념사업회 연구소, 『한국민주화운동사』 1, 돌베개, 2008.
서중석, 『대한민국 선거이야기 : 1948제헌선거에서 2007대선까지』, 역사비평사, 2008.

해당호 전체 정보

277-01 제2공화국 초대 대통령 선출

상영시간 ㅣ 04분 08초

영상요약 ㅣ 제2공화국 초대 대통령 선거가 민·참의원 합동회의에서 실시되었다. 윤보선 의원이 대통령으로 당선되었다. 대통령 취임식 장면과 윤보선 대통령이 국군 묘지를 참배하고, 4·19 때 부상당한 학생들을 위문하는 장면을 보여주고 있다. 아울러 윤보선 대통령이 안국동 사저에서 경무대로 이사가는 장면을 보여주고 있다.

277-02 광복 15주년

상영시간 ㅣ 02분 27초

영상요약 ㅣ 1960년 8월 15일 광복 15주년을 맞이하여 열린 다양한 행사를 보여주고 있다. 서울 운동장에서는 광복 15주년 기념식이 열렸으며, 윤보선 대통령은 기념사를 낭독하였다. 창경궁(창경원)에서는 노래와 춤 공연이, 경복궁 경회루에서는 광복절 경축파티가, 덕수궁에서는 경축음악회가 열렸다.

277-03 해외소식

상영시간 ㅣ 03분 36초

영상요약 ㅣ 미국 캘리포니아 공군기지에서 로켓비행기의 시험 비행이 실시되었다. 미국의 접시자동차와 뉴저지주 어린이날 가장행렬의 모습을 보여주고 있다. 디트로이트에서는 로마올림픽에 출전할 선수를 선발하기 위한 수영경기가 벌어졌다.

제2공화국 초대 내각 구성 (1960년 8월 21일)

제작정보

출　　　처	:	대한뉴스 278호
제 작 사	:	공보처
제 작 국 가	:	대한민국

영상정보

제 공 언 어	:	한국어
컬　　　러	:	흑백
사 운 드	:	유

영상요약

장면 국무총리가 1960년 8월 17일 민의원 본 회의에서 인준을 얻고 있는 장면을 보여주고 있다. 아울러 장면 국무총리가 기자회견을 갖고 4·19에서 부상당한 학도들을 위문하며 각 장관들을 임명하는 장면을 보여주고 있다.

내레이션

제2공화국 정부 수립에 전국민의 관심이 집중된 가운데 윤보선 대통령으로부터 제1차 초대 국무총리에 지명을 받은 민주당의 김도연 씨가 8월 17일 민의원의 인준을 받지 못하고 부결됐습니다. 8월 18일 윤 대통령은 다시 민주당의 장면 씨를 국무총리로 지명했습니다. 그런데 장면 씨에 대한 인준은 8월 19일에 열린 민의원 본 회의에서 재적 과반수를 넘는 117표를 차지해서 인준을 얻었습니다. 장면 국무총리는 다음 날 정부 출입 기자들과 회견한 자리에서(장면 국무총리 육성) 장 국무총리는 곧 가료 중인 4·19 부상 학도들을 위문하고 그들을 격려해주었습니다. 드디어 8월 23일 제2공화국 초대 내각이 구성됐습니다. 장면 국무총리를 비롯해서 외무부장관에 정일영 씨, 내무부장관에 홍익표 씨, 재무부장관에 김영선 씨, 법무부장관에 조재천 씨, 국방부장관에 현석호 씨, 문교부장관에 오천석 씨, 부흥부장관에 주요한 씨, 농림부장관에 박제환 씨, 상공부장관에 이태용 씨, 교통부장관에 정헌주 씨, 체신부장관에 이상철 씨, 국무원 사무처장에 오휘영 씨, 무임소장관에 김선태 씨, 보건사회부장관에 신현돈 씨입니다.

화면묘사

00:00 자막 "제2공화국 초대내각구성", 국회의사당 건물 외경
00:03 회의에 참가한 국회의원들의 모습
00:08 의사일정 공고문 "의사일정 제육차 팔월 십칠일(수), 일. 제오차회의록통과 이. 보고사항 삼. 국무총리 지명에 대한 동의요청의 건"
00:10 회의에 참가한 국회의원들의 모습
00:14 회의실 맨 위층에서 주시하고 있는 취재진들의 모습
00:18 국회의장이 발언하는 모습
00:21 회의에 참가한 국회의원들의 모습
00:25 한 국회의원을 취재하기 위해 몰려드는 취재진들
00:30 회의에 참가한 국회의원들의 모습
00:36 장면 국무총리의 모습
00:40 투표를 하고 있는 국회의원들의 다양한 모습

00:52 박수를 치는 국회의원들의 모습

00:55 의장이 의사봉을 두드리는 모습

00:58 취재진들의 모습

01:01 여러 취재진들에 둘러싸인 장면 국무총리가 손을 들며 인사하는 모습

01:04 카메라를 들고 취재하는 여러 취재진들의 모습

01:06 취재진들에 둘러싸여 국회의원과 악수를 나누는 장면 국무총리의 모습

01:10 기자회견장의 전경

01:13 기자회견을 하고 있는 장면 국무총리의 모습

01:16 장면 국무총리에게 질문하고 있는 기자의 모습

01:19 질문에 답을 하고 있는 장면 국무총리(장면 국무총리 육성 : "미국의 원조라는 것이 언제까지인지 무기한이라고 계속될 일은 만무한 것이고 또 그렇게 기대해도 안 되는 것이고 그동안에 미국의 원조가 있는 동안에 이것을 가장 유효적절하게 잘 쓰고 또한 앞으로 이것은 점점 줄어들어갈 것을 예상을 하고 또 나중에 이게 완전히 떨어질 것을 예상을 하고서 달리도 우리가 경제 자립의 길을 찾아내야겠다. 그런 의미에 있어서 미국 이외의 나라로부터서도 경제 관계를 맺어가지고서 어떤 우리가 국고의 참 수입을 도모하지 않으면 안되겠다는 그런 생각이 드는데")

01:55 수첩에 받아적는 기자들의 모습

01:59 4·19에서 부상당한 학도들을 위문하는 장면 국무총리의 다양한 모습

02:12 장면 국무총리가 각 장관에게 임명장을 수여하는 모습

02:23 장면 국무총리의 모습

02:26 임명된 장관들의 모습을 한 명씩 클로즈업

03:04 장면 국무총리가 각 장관들과 회동하는 모습

연구해제

이 영상은 1960년 7·29총선에서 민주당이 압도적으로 승리한 이후, 8월 19일 민의원에서 펼쳐진 국무총리 인준 장면과 장면 초대 내각의 모습이다. 4월혁명으로 자유당정권이 붕괴되고 총선 결과 민주당이 정권을 잡게 되긴 하였지만, 장면이 국무총리로 인

준되기까지의 과정은 그리 쉬운 일은 아니었다.

7·29총선으로 구성된 민의원은 민주당이 233석 중 175석을 차지하며 다수당의 지위를 획득했다. 그러나 민주당의 신·구파는 총선을 거치며 사실상 분당 상태가 되었다. 자유당 치하에서는 대통령중심제였지만, 내각책임제 개헌으로 권력의 핵심이 대통령에서 총리로 옮겨지자 민주당 신파는 대통령 자리는 구파에게 주고 국무총리를 차지하겠다는 의사를 분명히 했다. 구파는 표 대결까지 하여 대통령에 윤보선, 국무총리에 김도연을 내세우기로 했다. 8월 12일 민·참의원 양원 합동회의에서 재석 263명 중 윤보선이 208표를 얻어 대통령으로 선출되었다.

윤보선은 같은 구파인 김도연을 국무총리로 지명했다. 그러나 민의원은 찬성 111표, 반대 112표, 무효 1표로 이를 부결시켰다. 두 번째로 지명을 받은 장면은 8월 19일 표결에서 찬성 117표, 반대 107표, 기권 1표로 국무총리가 되었다.

내각의 수반이 된 장면은 8월 23일 각료 명단을 발표해 대망의 새 정부를 출범시켰다. 외무부장관 정일형, 내무부장관 홍익표, 재무부장관 김영선, 국방부장관 현석호 등 거의 다 신파였고, 구파는 정헌주(교통부장관) 한 사람이었다. 무소속에서는 박제환을 영입해 농림부장관을 맡겼고, 문교부장관에는 오천석 이화여대 대학원장을 임명했다.

인적 구성에 문제가 있던 장면의 제1차 내각은 단명으로 그칠 수밖에 없었다. 여론도 나빴다. 그리하여 내각 출범 보름 만인 9월 7일 내무, 국방, 상공, 국무원 사무처장 등 4명의 장관이 사표를 냈고, 구파 실력자 유진산이 조정해 9월 12일 국방부장관에 권중돈이 임명되는 등 구파 5명이 장관에 임명되었다.

▌참고문헌

「국무총리에 장면 박사 새나라 새살림을 맡아서 할 새일꾼」, 『경향신문』, 1960년 8월 21일.
「공중에 뜬 안분내각」, 『동아일보』, 1960년 8월 23일.
서중석, 『지배자의 국가/민중의 나라』, 돌베개, 2010.

해당호 전체 정보

278-01 제2공화국 초대 내각 구성

상영시간 Ⅰ 03분 07초

영상요약 Ⅰ 장면 국무총리가 1960년 8월 17일 민의원 본 회의에서 인준을 얻고 있는 장면
을 보여주고 있다. 아울러 장면 국무총리가 기자회견을 갖고 4·19에서 부상
당한 학도들을 위문하며 각 장관들을 임명하는 장면을 보여주고 있다.

278-02 비를 기다리는 농촌

상영시간 Ⅰ 00분 44초

영상요약 Ⅰ 1960년 8월 가뭄으로 인해 논바닥이 갈라진 모습을 보여주고 있다. 농부들은
갈라진 논바닥에 물을 대고, 병충해를 구제하기 위해 농약을 살포하고 있다.
전남 광양 수리조합을 건설하는 모습도 보여주고 있다. 가뭄으로 인한 농사의
피해를 방지하기 위해 많은 저수지를 건설하는 것이 시급하다는 내용이다.

278-03 건설의 새소식

상영시간 Ⅰ 00분 44초

영상요약 Ⅰ 부산에 최신식 시설을 갖춘 거대한 유지공장이 건설되었다. 공장 문 앞에서
내외귀빈들은 테이프 커팅을 하고 공장 안으로 들어가 공장 시설을 구경하고
있다. 비누를 생산하는 공장시설과 공장에서 일하는 노동자들의 다양한 모습
을 보여주고 있다.

278-04 스포츠

상영시간 Ⅰ 00분 44초

영상요약 Ⅰ 한강에서 열린 원영대회에 남녀 200여 명이 참가하였다. 이 대회에서 오산중
학의 김 선수가 30분 28초라는 좋은 기록을 얻었다.

278-05   해외소식

상영시간 ㅣ 04분 07초

영상요약 ㅣ 1960년 8월 26일 로마 올림픽 개최에 앞서 로마 시내의 모습과 로마에 도착하
　　　　　여 훈련하고 있는 한국 대표선수들의 모습을 보여주고 있다. 도쿄에서는
　　　　　8·15 광복절을 맞이하여 재일교포들의 민중대회가 열렸다. 미국에서 인공위
　　　　　성을 발사하는 모습을, 프랑스에서는 투우경기의 모습을 보여주고 있다.

4월혁명 완수 특별법 제정을 촉구 (1960년 10월 21일)

제작정보

출   처 : 대한뉴스 285호
제 작 사 : 공보처
제 작 국 가 : 대한민국

영상정보

제 공 언 어 : 한국어
컬   러 : 흑백
사 운 드 : 유

영상요약

1960년 10월 11일 4월혁명유족회원들과 부상자를 비롯한 학생들과 시민들이 국회의사당 앞에 모여들어 4월혁명 완수를 위한 특별법의 제정을 촉구하면서 시위를 벌였다. 시위의 다양한 장면을 보여주고 있다.

내레이션

10월 11일 4월혁명유족회원들과 부상자를 비롯한 학생과 시민들이 국회의사당 앞에 모여들어 4월혁명 완수를 위한 특별법의 제정을 촉구하면서 데모를 감행했습니다. 이날의 데모는 4·19 당시에 발포명령자 등 이른바 6대 사건의 피고들에 대한 서울지방법원의 판결에 대해서 국내 각계에서 일어난 큰 불만이 표면화된 것인데, 현행법으로는 적절한 재판을 기대할 수 없으므로 국회에서는 조속히 새로운 법률을 만들어 민주반역자 처단을 철저히 하도록 조처하라는 것이었습니다. 이날 윤 대통령은 혁명입법을 촉구하는 조서를 국회에 보냈으며 민의원에서도 혁명입법을 논의하고 있었는데 일부 데모대원들은 회의중인 의사당에 뛰어들어가 의장석을 점령하는 바람에 회의는 잠시 동안 중단되었습니다. 이날 민의원 본회의에서는 10월 15일까지 혁명입법을 위한 헌법 개정안을 정식 제출하고 10월 말일까지는 민주반역자 처벌과 부정축재 처리 특별법안을 제출하자는 결의안을 만장일치로 통과시켰습니다.

화면묘사

00:00 자막 "4월 혁명 완수 특별법 제정을 촉구", 수많은 사람들이 모여있음
00:04 한복을 입은 여인들이 손을 잡고 걸어가는 모습
00:12 건물 모습
00:16 현수막을 들고 걸어가는 사람들의 모습
00:21 현수막 클로즈업, 그 주변으로 사람들이 서로 몸싸움을 벌이고 있음
00:24 영정사진을 들고 울고 있는 여인들의 모습
00:28 휠체어를 탄 희생자가 여러 사람들의 보위를 받는 모습
00:31 목발을 짚고 있는 희생자의 모습
00:35 수많은 사람들이 모여 가두시위하는 모습
00:39 태극기가 걸려있는 의사당에 들어가 시위를 하는 사람들의 모습
00:53 수많은 사람들이 모여 가두시위하는 모습
00:56 여러 인사들의 모습
00:59 시위하는 사람들의 모습

01:01　연설하는 한 남자의 모습
01:05　시위하는 사람들의 모습

연구해제

　4월혁명 이후 3·15 부정선거 원흉 처벌에 대한 국민들의 요구가 빗발치나 이에 대한 대응이 미흡하자 초대 대법원장을 지낸 김병로와 서울변호사협회, 민의원 등에서는 부정선거 원흉 처벌을 위한 특별법 제정을 촉구했다. 하지만 이 과정은 그리 순조롭지 못했는데, 이 영상은 이에 불만을 품은 4월혁명 부상자 동지회를 비롯한 시민과 학생들의 집회 장면과 이들이 국회의사당에 진입하여 의장석을 점거하는 모습 등을 보여주고 있다.

　자유당과 이승만 추종자들이 몰락했지만 부정선거 관련자들의 변호인들은 여전히 이승만을 옹호하는 등 갖가지 이유를 대면서 이들의 무죄를 주장했다. 시민들이 보는 앞에서 공판이 열리고, 그 과정이 신문에 자세히 보도가 되긴 했지만, 이들에 대한 검찰과 법원의 구형과 판결 또한 당시 여론과는 동떨어진 것이었다. 검찰은 1960년 9월 26일 내무부와 경찰 책임자인 최인규, 이강학 등에게만 사형을 구형하였고, 자유당 기획위원들에게는 4년 6개월에서 15년을, 국무위원이었던 송인상, 신현확 등에게는 12년을 구형했다. 그러나 내무부 관련자들을 제외하고는 언론에서 주장한 국가변란죄, 국가보안법 등을 적용하지 않았다.

　또한 10월 8일 법원은 4월 19일 경무대 앞 시위대를 향한 발포명령 사건과 관련해서 서울시경 국장 유충렬과 서울시경 경비과장 백남규에게만 검사의 구형대로 사형과 무기징역을 선고하고, 홍진기(당시 내무부장관), 조인구(당시 치안국장), 곽영주(당시 경무대 비서관)에게는 각각 무죄를 선고했다. 또한 소위 정치깡패 사건의 경우에도 신도환 임화수 유지광 등에게 무죄 또는 경형을 선고했다. 이 외에도 장면 부통령 저격 배후조정 사건에 대해서는 경형 내지 무죄를 선고했고, 서울특별시와 경기도 선거사범에 대해서도 무죄 또는 공소기각 판결을 내렸다.

　이와 같은 판결에 대해 여론이 들끓었다. 10월 8일 마산에서 1,000여 명이 철야 시위에 들어갔고, 9일 4월혁명 부상자 동지회에서는 시위를 하다가 윤보선 대통령을 면담한 후 해산했다. 각 신문에서도 이에 대한 부당함을 논하였다.

    그러자 민의원은 10월 11일, 이달 15일까지 '4월의거 완수를 위한 헌법 개정안'을 제출하고, 31일까지 '4월의거 완수를 위한 민주반역자 처벌 및 부정축재 처리 특법법안'의 기초를 완료하여 제출하도록 하자는 결의안을 만장일치로 채택했다. 그런데 이날 민의원 의사당 앞에서 원흉 처벌 특별법 제정을 요구하며 시위하던 4월혁명 부상자들이 목발에 휠체어를 굴리며 의사당에 들어왔고, 민주당 신·구파 민의원들은 시위대가 지켜보는 앞에서 정쟁을 지양하겠다고 약속했는데, 바로 이 영상에 그 모습이 담겨 있다.

    민의원은 10월 17일 헌법 부칙에 3·15 정부통령 선거에서 부정행위를 한 자, 부정행위 항의에 살상 등의 행위를 한 자를 처벌하고, 1960년 4월 26일 이전 현저히 반민주행위를 한 자의 공민권을 제한하기 위한 특별법을 제정할 수 있고, 1960년 4월 26일 이전에 부정축재를 한 자에 대한 행정상 또는 형사상 처리를 하기 위한 특별법을 둘 수 있으며, 이들 형사사건을 처리하기 위해 특별재판소와 특별검찰부를 둘 수 있다는 조항을 신설한 헌법 개정안을 제안해 11월 23일 재석의원 200명 중 191명 찬성으로 통과시켰다. 이 개정안은 참의원에서 11월 28일 재석 의원 52명 중 찬성 44표로 무수정 통과되어 다음 날 공포되었다.

▌참고문헌

서중석, 『이승만과 제1공화국』, 역사비평사, 2007.
서중석, 『지배자의 국가/민중의 나라』, 돌베개, 2010.

해당호 전체 정보

285-01 4월혁명 완수 특별법 제정을 촉구
상영시간 ㅣ 01분 09초

영상요약 ㅣ 1960년 10월 11일 4월혁명유족회원들과 부상자를 비롯한 학생들과 시민들이 국회의사당 앞에 모여들어 4월혁명 완수를 위한 특별법의 제정을 촉구하면서 시위를 벌였다. 시위의 다양한 장면을 보여주고 있다.

285-02 유네스코 출판 기념회
상영시간 ㅣ 00분 33초

영상요약 ㅣ 유네스코 한국위원회에서 만든 영문판 한국총람 출판 기념회가 열렸다. 장면 국무총리는 이 자리에서 유네스코 사무국장 장내원을 표창하였으며 많은 내외귀빈들이 참여하였다.

285-03 제2회 아세아 축구 선수권 대회
상영시간 ㅣ 03분 35초

영상요약 ㅣ 1960년 10월 14일부터 서울 효창공원에서 제2회 아세아 축구 선수권 대회가 개최되었다. 이 대회에는 한국, 대만, 베트남, 이스라엘이 참가하였다. 한국과 베트남, 한국과 이스라엘의 경기를 보여주고 있다.

285-04 해외소식
상영시간 ㅣ 04분 30초

영상요약 ㅣ 미 공군 제트기의 공중 쇼 장면을 보여주고 있다. 미국 마이애미 수족관 건물 공사와 건물 내부 돌고래 쇼 장면이다. 미국 야구 양키스팀과 파이레이츠 팀의 경기의 다양한 장면을 보여주고 있다.

자립경제 확립을 촉구 (1960년 10월 26일)

제작정보

출   처 : 대한뉴스 286호
제 작 사 : 공보처
제 작 국 가 : 대한민국

영상정보

제공언어 : 한국어
컬   러 : 흑백
사 운 드 : 유

영상요약

서울의 번화가에서 국산품 애용과 외래품 밀수입 방지를 외치는 자립경제촉구대회가 열렸다. 10월 17일에 열린 민의원 본회의에서는 자립경제 확립을 위한 입법조처를 서둘렀다.

정부의 경제제일주의 시책에 호응해서 자립경제 확립의 요건인 국산품 애용과 외래품의 밀수입 방지를 외치면서 김철 씨를 주동으로 한 자립경제촉구대회가 서울의 번화가에서 계몽운동을 전개하고 있습니다. 그들은 밀수품 판매금지 등의 제정을 촉구하는 한편 시내 요소에 우량 국산품 거리센타를 마련해 놓고 일반 소비대중에게 국산품 애용을 권하고 있습니다. 그리고 10월 17일에 열린 민의원 본회의에서는 외국담배 흡연금지법안과 관세법 및 조세법, 처벌법 개정안의 기초결의안을 재정경제위원회에 회부하는 등 자립경제 확립을 위한 입법조처를 서둘렀습니다.

▍ 화면묘사

00:00   자막 "자립경제 확립을 촉구", 자립경제촉구대회의 다양한 모습
00:19   우량 국산품 거리센타 앞에 모여있는 많은 사람들
00:23   다양한 국산품의 모습
00:25   다양한 국산품 점포의 모습과 물건을 구경하는 사람들의 모습
00:29   화장품 점포의 점원과 손님
00:33   민의원 본회의의 다양한 장면

▍ 연구해제

이 영상은 '일반인' 김철이 주도했다고 하는 '자립경제 확립 촉구 계몽운동'과 자립경제를 이루기 위한 정부시책을 소개하고 있다. 자립경제는 이승만 정부에서부터 경제정책의 목적으로 제시하고 있던 경제기조이기도 했다. 1960년 8월 선거로 수립된 윤보선 정부는 경제제일주의를 표방하며 4월혁명 이후 분출된 사회의 제반 요구를 수용하고자 했고, 대표적으로 자립경제 확립을 표면에 내세웠다. 영상에서 볼 수 있듯이 당시 자립경제 확립을 위한 대표적인 방안으로 제시된 것은 외래품의 밀수입방지와 국산품 애용이었다. 이를 도모하기 위해 시내에는 우량국산품거래센터가 세워져 국내기업들이 생산한 상품들을 진열하여 판매하기도 하였다. 이와 함께 민의원 본회의에서는 외국담배

흡연금지, 관세범 및 조세범 처벌법 등을 제정하여 외국물품 사용과 밀수입을 제지할 수 있는 법적 제도를 수립하였다.

자본주의 체제하에서 자립경제란 무역수지의 균형을 의미한다. 이승만 정부하에서는 경제개발5개년계획을 시행하기 위해 1958년 산업개발위원회를 조직하면서 자립경제를 위한 구체적인 방안들이 논의되었다. 산업개발위원회는 장기개발계획의 기본목적으로 국민생활의 향상, 국방을 포함한 경제자립체제 확립, 경제사회제도의 근대화를 제시하였다. 그러나 국방비, 국제수지, 재정을 모두 외국원조에 의존하고 있는 현실에서 자립경제를 구축하는 것은 쉬운 일이 아니었다. 이에 원조를 증대할 수 없다면 내핍과 희생을 통해서라도 외국원조를 줄이고 자립체제를 만들어야 한다는 의견이 제기되었고, 영상에서 보듯이 국민을 대상으로 국산품애용 및 밀수방지 등을 강조한 것이다.

이처럼 대중계몽운동을 통해 자립경제의 목적 및 방안을 강조하는 것은 1960년 4·19 이후의 사회 분위기를 반영하는 것이라 볼 수도 있다. 4·19의 중심세력이었던 학생들은 학원민주화운동, 국민계몽운동, 자주화통일운동 등 사회적인 운동을 전개하기 시작했다. 1960년 서울대학교에서는 '국민계몽대'가 결성되었고, 지방을 순회하며 신생활운동을 추진하기도 했다. 이들은 내핍과 사치품 및 외래품 사용 절제를 강조하며 자립경제를 이룩할 것을 목표로 제시했다. 이 같은 움직임은 다양한 사회개혁 열망 및 가능성들이 분출되었던 4·19 이후 과도정부 시기의 특징을 반영하는 것이라 볼 수 있을 것이다.

▌ 참고문헌

「경제자립 위해 학생운동」, 『동아일보』, 1960년 9월 18일.

신형기, 「혁신담론과 대중의 위치」, 『현대문학의연구』 47, 2012.

정계정, '4월혁명기' 학원민주화운동과 국민계몽운동」, 『성대사림』 12·13, 1997.

정진아, 「이승만 정권기 경제개발3개년계획의 내용과 성격」, 『한국학연구』 31, 2009.

해당호 전체 정보

286-01 표어

상영시간 ㅣ 00분 07초

영상요약 ㅣ 표어 "젊은 피로 이룬 나라 간첩 잡아 통일하자"

286-02 한일회담 우리대표 출발

상영시간 ㅣ 00분 21초

영상요약 ㅣ 한일회담을 위해 수석대표 유진오를 비롯한 한국 대표단 일행이 도쿄로 떠났다. 한일회담은 10월 25일 일본 외무성에서 열려 예비회담에서 한일 양국은 여러 문제를 토의하기 시작했다는 내용이다.

286-03 유엔의 날

상영시간 ㅣ 01분 12초

영상요약 ㅣ 1960년 국제연합 창설 15주년을 맞이하여 서울운동장에서 기념식이 거행되었다. 기념식의 다양한 장면을 보여주고 있다. 또한 행정부와 입법부의 지도자들이 부산 교외에 있는 유엔군 묘지에 참배하는 모습을 보여주고 있다.

286-04 국군 소식

상영시간 ㅣ 01분 08초

영상요약 ㅣ 육군전투부대의 추계대연습 장면과 1960년 10월 19일 윤보선 대통령이 주한미군전방부대를 방문한 여러 장면을 보여주고 있다.

286-05 장 국무총리 학생대표와 간담

상영시간 ㅣ 00분 24초

영상요약 ㅣ 1960년 10월 18일 코리아 하우스에서는 장면 국무총리와 서울시내 각 대학의 학생대표들의 간담회가 개최되었다.

286-06 자립경제 확립을 촉구

상영시간 | 00분 50초

영상요약 | 서울의 번화가에서 국산품 애용과 외래품 밀수입 방지를 외치는 자립경제촉구대회가 열렸다. 10월 17일에 열린 민의원 본회의에서는 자립경제 확립을 위한 입법조처를 서둘렀다.

286-07 관광버스 인수

상영시간 | 00분 17초

영상요약 | 대한여행사는 한미재단으로부터 관광버스를 인수하였다. 내외귀빈들이 모여 인수한 버스 앞에서 테이프 커팅을 하였다. 버스가 시범운행되는 모습도 보여주고 있다.

286-08 농촌 소식

상영시간 | 00분 32초

영상요약 | 호남 김제벌에서 벼를 베고 있는 광경을 보여주고 있다. 정부에서는 농민들을 위해 미곡담보융자를 실시해 곡가의 안정을 도모하고 있다는 내용이다.

286-09 아세아 축구 선수권 대회

상영시간 | 01분 36초

영상요약 | 서울에서 아세아 축구선수권대회가 개최되었다. 1960년 10월 21일 대만(자유중국)과 한국의 축구경기 장면을 보여주고 있다. 폐회식에서 트로피를 받는 장면도 보여주고 있다.

286-10 해외소식

상영시간 | 03분 33초

영상요약 | 일본 사회당의 아사누마 이네지로(浅沼稲次郎) 위원장이 연설 도중 피습을 당해 사망하였다. 제15차 유엔총회에서 소련의 흐루시초프(Nikita Sergeevich Khrushchyov)와 미국 대표 워즈워스(James Jeremiah Wadsworth)가 연설하는 모습을 보여주고 있다. 미국으로 망명한 소련 선원이 기자회견을 하는 모습을 보여주고 있다.

〈특보〉 크리스마스 씰을 삽시다 (1960년 12월 2일)

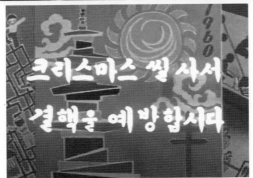

제작정보

출 처	:	대한뉴스 291호
제 작 사	:	공보처
제 작 국 가	:	대한민국

영상정보

제 공 언 어	:	한국어
컬 러	:	흑백
사 운 드	:	유

영상요약

결핵없는 사회를 만들기 위해 대한결핵협회는 여러가지 사업을 전개하고 있다. 그중에 하나가 결핵사업 기금을 마련하기 위해 크리스마스 씰을 판매하는 것이다. 국민들에게 크리스마스 씰을 구매하여 결핵을 일소하는 데 동참하기를 촉구하고 있다.

내레이션

여러분 안녕하셨어요? 제가 오늘 이렇게 여러분을 뵙게 된 것은 다름이 아니라 한 가지 부탁이 있어서에요. 그것은 저나 여러분들이나 특히 우리들의 귀여운 자녀들에게 언제 어디서 감염될지도 모르는 그 무서운 결핵을 우리 이웃에서나 또는 이 사회에서 아주 없애보자는 것입니다. 현재 우리나라에는 80만이 넘는 결핵환자가 있습니다. 물론 이밖에 자기도 모르게 결핵에 걸려있는 사람들이 수없이 있겠지만 이미 나타난 80만이라는 환자 수만 하더라도 그냥 들어 넘길 수 없는 놀라운 숫자가 아니겠어요? 그래서 정부와 대한결핵협회에서는 결핵이 없는 건전한 사회를 이루기 위해서 그간 많은 사업을 해왔습니다. 새로운 의료기구를 도입하고 치료기관을 신설해서 환자들을 무료로 치료하는 한편, 어린이들에게 대한 비씨지 예방접종과 결핵의 초기 발견을 위해서 산간벽지에 사는 사람들이나 또는 결핵에 걸리기 쉬운 직업을 가진 사람들을 위해서 엑스레이 이동차를 파견하는 등 최선의 노력을 다하고 있습니다만 이 사업에 대한 우리 국민 한 사람 한 사람의 이해와 협력이 없이는 도저히 큰 성과를 기대할 수는 없는 것입니다. 그래서 결핵협회에서는 해마다 크리스마스가 되면 결핵사업의 기금을 모집하기 위해서 크리스마스 씰을 팔고 있습니다. 이 한 장의 씰은 얼마 안되는 값이지만 여러분들이 성의껏 사주신다면 그것이 우리들이나 우리들의 자녀들을 결핵으로부터 보호하는데 큰 도움이 될 것입니다. 여러분 이번 크리스마스에는 먼 곳에 있는 벗들에게나 또는 사랑하는 분에게 보내는 편지나 선물에 잊지마시고 크리스마스 씰을 꼭 붙여 보내주세요. 여러분들이 사주신 한 장 한 장의 크리스마스 씰이 결핵 없는 명랑한 사회를 이룩할 수 있는 것입니다. 그러면 여러분 꼭 부탁드리겠어요.

화면묘사

00:00 자막 "크리스마스 씰을 삽시다", 장신구들이 달린 크리스마스 트리. 그 옆에 서 있는 여인의 모습. 여인은 "結核(결핵) 가정요*" 책자를 손에 쥐고 있음

00:37 많은 사람들이 거리를 오가는 모습

00:42 학교에서 어린이들이 그네를 타고, 뛰어노는 모습

00:49 어린이들이 줄을 서서 예방접종을 맞고 있는 모습

00:54 여학생들이 X-ray를 찍고 있는 모습

01:00 "대한결핵협회 검진차 보건사회부, USOM.K"가 적혀 있는 차에서 여러 의료기기를 꺼내고 있는 모습

01:13 태극기가 휘날리는 건물의 외경

01:16 간호사가 접수를 받고 있는 모습

01:20 상의를 벗은 채 예방접종을 맞고 있는 아이들

01:24 아기가 예방접종을 맞고 있는 모습

01:26 산간지방에서 남성들이 의사에게 진료를 받고 상의를 벗은 채 X-ray를 찍고 있는 모습

01:40 도시에서는 대한결핵협회 검진차 앞에 사람들이 줄을 서 있고, 차 내부에서는 한 남자가 X-ray를 찍고 있음

01:51 "노래하는 X마스 카드 THE KOREAN FOLK-SONG IN THE XMAS CARD" 간판이 걸려 있음. 한 여인이 가판대에서 크리스마스 씰을 팔고 있음. 학생들이 크리스마스 씰을 사러 옴

02:02 크리스마스 씰의 모습

02:07 여학생들이 편지봉투 위에 크리스마스 씰을 붙이고 있는 모습

02:16 크리스마스 씰이 붙여진 편지봉투들

02:18 크리스마스 트리 옆에 선 여인이 크리스마스 씰이 붙여진 편지와 선물꾸러미를 들고 있음

02:49 크리스마스 씰 포스터와 자막 "크리스마스 씰 사서 결핵을 예방합시다"

▌ 연구해제

이 영상은 결핵을 없애기 위한 사업기금을 마련하기 위한 크리스마스 씰 판매에 대해서 소개하고 있다. 영상에서 여배우는 결핵 해결의 필요성과 정부와 대한결핵협회의 사업들에 대해서 설명하고 있다. 이 가운데 결핵의 진단과 예방접종 활동, 치료 장면, 크리스마스 씰 판매 장면 등의 자료영상이 활용되고 있다. 영상의 말미에는 "크리스마스 씰 사서 결핵을 예방합시다"라는 표어를 실어 내용을 강조하고 있다.

한국에서 처음으로 크리스마스 씰이 발매된 것은 식민지시기인 1932년이었지만 일본의 만주 침략과 중일전쟁 등으로 중단되었다가 대한민국 정부 수립 이후 1949년 12월에 재발매되었다. 당시 결핵은 한국인의 사망원인 1위를 차지하고 있었다. 결핵환자는 100만 명에 이르렀고 매년 10만 명이 결핵으로 사망했다. 이러한 문제를 해결하기 위해 결핵에서 회복된 이들로 구성된 한국복십자회와 한국기독교의사협회가 보건부 후원하에 크리스마스 씰을 발매하기 시작했다.

그런데 이 영상이 제작되었던 1960년은 크리스마스 씰 판매가 크게 감소한 해였다. 당시 우체국에서는 크리스마스 카드 취급량이 작년보다 40만 통가량 줄 것으로 예상하고 있었다. 1959년도엔 취급량이 70만 통이었으나 1960년 12월 23일 집계는 18만 6,000통에 불과했던 것이다. 이 현상에는 두 가지 이유가 있었다. 첫 번째는 불경기가 너무 심해 연말의 분위기가 살아나지 않았기 때문이었다. 두 번째 이유는 정부에서 공무원 간 카드 교환을 금지한 것이었다. 공무원 간 카드 교환 금지는 이승만 정부의 부패를 비판한 장면 정부가 취한 비리처단 시책의 일환이었다. 허례로 간주된 공무원 혹은 기관 간 선물, 크리스마스 카드, 연하장 등을 폐지하기 위한 조치의 결과가 체신부의 우표 수입뿐만 아니라 결핵 퇴치를 위한 기금을 모으는 크리스마스 씰 판매량까지 줄였던 것이다. 이러한 영상은 1960년의 불경기 상황 속에서 결핵 퇴치를 위한 재원을 마련하기 위한 자구책의 하나로 만들어졌던 것으로 보인다.

▌ 참고문헌

「結核病撲滅에『크리스마스·씰』登場」, 『동아일보』, 1949년 12월 18일.
「一日부터「X마스·씰」運動」, 『경향신문』, 1958년 11월 1일.

「軍서八百萬圜 X마스 · 씰代傳達」, 『동아일보』, 1960년 1월 29일.

「X마스씰代千圜씩參議員들醵出키로」, 『동아일보』, 1960년 12월 10일.

「各級學校협력 X마스 · 씰消化에」, 『동아일보』, 1960년 12월 15일.

「年賀狀과 遲刻과 도시락」, 『경향신문』, 1960년 12월 16일.

「크리스마스 · 씰」, 『경향신문』, 1960년 12월 18일.

「前例없는『크리스마스』의不景氣」, 『동아일보』, 1960년12월 24일.

「外国人이본 韓国의歲暮 連續的 季節感일 뿐」, 『동아일보』, 1960년 12월 25일.

해당호 전체 정보

291-01   성류굴 탐험
상영시간 ㅣ 02분 06초
영상요약 ㅣ 1960년 11월 20일 대한뉴스 촬영반은 건국대학교의 학술조사반을 따라 강원도
울진군 근남면 구산리에 있는 성류굴을 탐험하였다. 성류굴 내부의 다양한 모
습들을 보여주고 있다.

291-02   농촌 소식
상영시간 ㅣ 00분 45초
영상요약 ㅣ 장에 가는 농민들의 모습과 장터에서 농민들이 여러 물건들을 사고파는 모습
을 보여주고 있다.

291-03   국민반공대회
상영시간 ㅣ 00분 27초
영상요약 ㅣ 1960년 11월 24일 서울시공관에서 열린 국민반공대회의 여러 장면들을 보여주
고 있다.

291-04   서울특별시 문화상 시상
상영시간 ㅣ 00분 30초
영상요약 ㅣ 1960년 11월 21일 서울대학교 강당에서 열린 서울특별시 문화상 시상식의 다
양한 모습을 보여주고 있다.

291-05   밀양 문화제
상영시간 ㅣ 01분 08초
영상요약 ㅣ 1960년 11월 19일부터 닷새 동안 경상남도 밀양에서 개최된 제4회 밀양문화제
의 다양한 모습들을 보여주고 있다.

291-06 해외소식

상영시간 | 03분 05초

영상요약 | 프랑스에 진주하게 된 독일군이 휴가를 얻어 쇼핑하고 술 마시며 즐거운 시간을 보내는 모습이다. 모나코 국왕 부부가 스위스를 방문하는 장면을 보여주고 있다. 독일 스키팀이 경기를 앞두고 밀짚에서 훈련하는 모습을 보여주고 있다. 호주 시드니 근방 볼링장에서 여러 사람들이 볼링을 치는 장면이다.

291-07 〈특보〉 크리스마스 씰을 삽시다

상영시간 | 02분 55초

영상요약 | 결핵 없는 사회를 만들기 위해 대한결핵협회는 여러 가지 사업을 전개하고 있다. 그중에 하나가 결핵사업 기금을 마련하기 위해 크리스마스 씰을 판매하는 것이다. 국민들에게 크리스마스 씰을 구매하여 결핵을 일소하는 데 동참하기를 촉구하고 있다.

종합경제회의 (1960년 12월 24일)

제작정보

출   처 : 대한뉴스 294호
제 작 사 : 공보처
제 작 국 가 : 대한민국

영상정보

제 공 언 어 : 한국어
컬   러 : 흑백
사 운 드 : 유

영상요약

서울대학교 강당에서 장면 국무총리와 각계 대표가 참석한 가운데 종합경제회의 총회
와 재정금융, 국제수지 등 7개 분과위원회의 회의가 개최되었다.

12월 15일 서울대학교 강당에서는 각계 대표가 참석한 가운데 종합경제회의 총회가 개최되었습니다. 종합경제회의는 부정축재자 처리를 비롯해서 정부가 당면한 여러 가지 어려운 경제문제를 하루바삐 해결하고 나아가서 장기 개발계획을 수립하는데 있어 여러 사람의 의견을 들어보자는 의도 아래 열린 것인데, 총회에 나온 장면 국무총리는 대표들에게 혁신적인 건의를 요망했습니다. 총회에 이어서 재정금융, 국제수지 등 7개 분과위원회가 19일까지 계속되었는데, 이번 회의에서는 정부의 경제부흥시책을 뒷받침할 수 있는 구체적인 의견이 많이 나와 그 성과가 자못 크다고 합니다.

| 화면묘사

00:00   자막 "종합경제회의", 장면 국무총리와 여러 인사들이 참석한 총회의 다양한 장면
00:38   분과위원회장의 외관
00:43   분과위원회 회의의 다양한 장면

| 연구해제

이 영상에서 제시되고 있는 1960년 12월 15일의 종합경제회의는 윤보선 대통령 취임 이후 처음으로 개최된 회의로, 경제 전 부문에서의 전환점을 모색하기 위한 목적을 갖고 있었다. '경제제일주의'를 표방한 신정부가 이를 실현하기 위한 기본시책 수립을 위해 각계각층에서 인사들을 선출하여 종합경제회의를 개최한 것이다. 서울대학교 강당에서 열린 이 회의에는 학계 대표 20명, 언론계 대표 10명, 국회 대표 21명, 산업계 대표 44명, 금융계 대표 10명, 지방 대표 176명 등 약 300명이 참가하였다.

이날 회의는 경제행정기구, 재정금융, 산업구조, 공기업, 국제수지, 고용 및 생활수준, 지방개발 등을 내용으로 하는 7개 분과회의로 구성되었는데, 신정부는 이 논의를 통해 한국의 뉴딜정책을 수립할 것이라고 밝혔다. 우선 행정기구개편분과에서는 공무원처우 개선 및 능률향상, 경제행정의 중립보장 등이 논의되었다. 재정금융분과에서는 세법개정, 원조물자 사용문제, 국방비 조달문제 등을 논의하였다. 산업구조개편분과에서는 농

업생산구조를 주곡농업으로부터 주축농업으로 전환케 하는 방안에 합의하였고, 공기업 분과는 국토개발에 대한 조사위원회를 수립하여 예산 및 계획을 철저히 수립할 것에 의견일치를 보았다. 또한 국영기업체를 민영화하되 증권시장에서 공매하자는 의견에 합의하였다. 국제수지분과에서는 무역진흥회를 수립하고, 수출장려금 및 세제혜택을 제공하는 등 수출증진 정책을 추진할 것을 협의하였다. 마지막으로 지방개발사업분과에서는 지역개발위원회에 농민을 참가시켜 창의성을 발휘할 수 있도록 하자는 의견을 수립하였다.

5일 동안 진행된 종합경제회의는 12월 20일 폐막하였다. 폐막식날 7개의 분과회의에서는 대정부 건의사항을 제시하였다. 이는 공무원처우개선을 비롯하여 각종 세제의 개혁, 은행법의 개정 및 금리체계 조정, 증권거래소법 제정, 산업구조 조정, 농어촌 및 광공업 진흥, 무역진흥기구 설립, 유휴인력 활용을 위한 국토개발봉사대 조직, 수출진흥책 마련 등 전반적인 분야에 걸친 내용들이었다. 이와 함께 부정축재자 처리문제도 논의되었다. 부정축재자 처리문제는 1960년 4·19 이후 허정 과도정부에서부터 논의되어오던 의제였다. 특히 부정축재자들의 재산을 환수하면 300억 환에 달할 것으로 예상되면서 경제개발 정책에 이를 어떻게 활용할 것인지에 대한 논의가 진행된 바 있었다.

영상에서 보여주는 장면 정부 최초의 종합경제회의는 신정부가 당면한 개혁에 대한 요구와 필요성을 반영하고자 한 전반적인 정책 검토의 장이었다. 비록 국토개발계획은 5·16 군사쿠데타로 인해 시행될 수 없었지만, 1960년 12월, 상속세, 주세, 유흥음식세, 물품세, 입장세, 지적법세, 토지세, 소득세, 교육세, 영업세, 법인세, 통행세 등의 세법 개정안을 논의하였고, 실제로 토지세를 비롯해 10개의 세법이 개정되었다. 특히 농가부채 해결을 위해 조사를 실시하고, 조세의 금납제를 강화하였다.

▌ 참고문헌

「각계대표 300명 참석」, 『동아일보』, 1960년 12월 16일.
「국토개발 재원염출 등 선결」, 『경향신문』, 1960년 12월 17일.
「첫 종합경제회의 폐막」, 『경향신문』, 1960년 12월 20일.
박진근, 「한국 역대정권의 주요 경제정책」, 『한국경제연구원 정책연구』 6, 2009.

해당호 전체 정보

294-01 해상 월북 기도사건

상영시간 ㅣ 00분 58초

영상요약 ㅣ 여객선 경주호를 납치해서 집단월북을 기도하다가 실패한 주모자 김사배, 정희근 일당이 1960년 12월 19일 목포항에 끌려 온 다양한 모습들을 보여주고 있다.

294-02 반도호 명명식

상영시간 ㅣ 00분 45초

영상요약 ㅣ 1960년 12월 14일 한국해양대학에서는 학생들의 원양실습을 위한 연습선 반도호 명명식이 거행되었다. 또한 해양대학 교정에서 해군 예비역 장교 임관식이 거행되었다. 윤보선 대통령을 비롯한 여러 인사들이 참석하였다.

294-03 종합경제회의

상영시간 ㅣ 00분 56초

영상요약 ㅣ 서울대학교 강당에서 장면 국무총리와 각계 대표가 참석한 가운데 종합경제회의 총회와 재정금융, 국제수지 등 7개 분과위원회의 회의가 개최되었다.

294-04 일본에 소금 수출

상영시간 ㅣ 00분 39초

영상요약 ㅣ 한국에서 일본으로 소금을 수출하게 되어, 1960년 12월 15일 인천항에서 소금을 일본측 상선에 싣고 있는 모습을 보여주고 있다.

294-05 건설의 새 소식

상영시간 ㅣ 00분 28초

영상요약 ㅣ 전라남도에서 극락교가 준공되어 개통식이 열렸다. 개통식에는 많은 인사들이 참석하였으며, 광산군 주민들은 농악으로 극락교 준공을 축하하고 있다.

294-06 영화인 시상

상영시간 ｜ 00분 42초

영상요약 ｜ 우수국산영화상 시상식의 다양한 장면을 보여주고 있다.

294-07 현대 미술전

상영시간 ｜ 00분 29초

영상요약 ｜ 경복궁 미술관에서 열린 현대미술전에 전시되어 있는 여러 미술작품들과 이를 관람하는 관람객들의 모습을 보여주고 있다.

294-08 일선 장병 위문

상영시간 ｜ 00분 43초

영상요약 ｜ 인기배우들이 국군들을 위문하는 다양한 장면들을 보여주고 있다.

294-09 해외소식

상영시간 ｜ 04분 02초

영상요약 ｜ 케네디 부인이 출산 후 케네디와 함께 퇴원하여 일가족이 비행기를 타고 휴가를 떠나는 모습이다. 프랑스의 식민지인 알제리에서 알제리 독립을 위해 국민투표를 실시하는 드골 대통령의 정책에 반대하는 시위가 발생하였다. 시위 군중과 군인들이 서로 대치하는 모습이다. 미국에서 폭설이 내린 모습과 미국 캘리포니아에서 인공위성을 발사하는 모습을 보여주고 있다. 도날드 켐벨이 부인과 함께 보트를 시운전하는 모습을 보여주고 있다.

국토건설사업 관계관 회의 (1961년 2월 2일)

제작정보

출   처 : 대한뉴스 299호
제 작 사 : 국립영화제작소
제 작 국 가 : 대한민국

영상정보

제 공 언 어 : 한국어
컬   러 : 흑백
사 운 드 : 유

영상요약

1961년 1월 27에 열린 국토건설사업 관계 연석회의 장면을 담은 뉴스이다. 장면 국무총리의 연설 모습과 함께 사업 예산이 당초 계획보다 증가할 예정이라는 내용을 담고 있다. 방청석에는 장준하로 추정되는 인물도 보이는데, 당시 장준하는 국토건설사업단의 기획부장을 맡고 있었다.

내레이션

지난 1월 27일 저녁 중앙청에서는 국토건설사업에 대한 상황 설명을 위해서 정부 각 부 장차관과 관계 국장계 연석회의가 있었습니다. 이 자리에 나온 장면 국무총리는 국민의 한 사람 한 사람이 자조 정신을 발휘해서 근로와 단결로써 이 거국적인 사업을 성공시키자고 강조했으며, 여기서 알려진 바에 의하면은 국토건설사업에 소요될 예산은 당초에 책정한 364억 환보다도 더 늘어서 총 규모 430억 환으로 증가됐다고 합니다.

화면묘사

00:00 자막 "국토건설사업 관계관 회의". 국토건설사업 관계 연석회의 회의장 전경. 단상에서 한 관계자가 발언하고 있고, 단 아래에는 참석자들이 방청석에 착석해 있거나 그 뒤에 서 있음
00:04 연단을 바라보거나 회의자료를 훑어보고 있는 방청석의 참석자들
00:06 연설하는 장면 국무총리
00:13 방청석의 참석자들. 장준하로 추정되는 인물도 보임
00:16 방청석의 참석자들이 지켜보는 가운데 한 관계자가 괘도에 걸린 사업 실행 계획을 보고하는 여러 가지 모습. 괘도의 보고 자료 표지에는 "4294年度 國土建設事業實行計劃槪要: 造林事業 및 砂防事業 農林部 山林局(4294년도 국토건설사업실행계획개요: 조림사업 및 사방사업 농림부 산림국)"이라고 쓰여 있음

연구해제

　본 영상은 1961년 1월 27일 장면 총리가 참석한 국토건설사업 관계 연석회의 장면을 담은 뉴스이다. 4월혁명 이후 집권한 민주당 장면 정권은 1960년 11월 28일 국토의 복구와 건설 및 실업자 구제를 목적으로 국토건설사업 계획을 발표하였다. 민주당 정부는 국토건설사업을 '황폐화 된 국토를 복구하고 이를 발전시켜 우리의 강산을 쓸모 있고 보다 값있게 건설하려는 모든 공공토목사업'이라고 규정하였다. 민주당 정부는 이 사업을 일회적 사업이 아닌 국토종합개발계획의 일환으로 계획하고 '한국 경제 발전의 장래는 바야흐로 시행될 국토건설사업의 성공 여부에 달려 있다'고 할 만큼 중시하였다.

　국토건설사업의 추진 주체는 국토건설본부였다. 1960년 12월 28일 국무원 제147호로 국토건설본부 설치 규정이 공포되었고, 1961년 2월 10일에는 국무원 제149호에 의거 국토건설본부가 설치되었다. 본부장은 국무총리가 직접 담당하도록 하였으며, 사무장은 부흥부 사무차관이 당연직으로 맡았다. 특히 당시 잡지 『사상계』 사장이던 장준하가 기획부장을 맡았고 서울대 교수인 이만갑은 사회홍보부장을 맡는 등, 관민합작 조직으로 구성되었다.

　국토건설사업을 현장에서 실질적으로 이끄는 조직은 국토건설요원이었다. 이 인력 구비를 위해 '병역을 필한 30세 미만의 대학졸업자'를 대상으로 12월 20일 시험을 시행하였다. 합격자들은 5급 이상 공무원으로 선발하되, 1961년 3월 1일부터 3개월간 국토건설대로서 국토건설사업 현장에 나가 근무하게끔 규정하였다. 이에 따라 총 2,000여 명의 국토건설대원을 선발하였고, 이들은 국토건설사업이 본격 시작된 3월부터 각 지방에 분산 파견되었다. 실제 3월부터는 각 지역에서는 국토건설사업이 본격 추진되었는데, 그 와중에 5·16쿠데타가 발생하였으나 군사정부 역시 내용을 조금 달리 한 채 이를 계승하여 시행하게 된다.

참고문헌

「국토건설본부 규정 26일의 각의서 의결」, 『경향신문』, 1960년 12월 6일.
「국토건설사업의 전모발표」, 『동아일보』, 1961년 2월 25일.
김기승, 「민주당 정권의 경제정책과 장면」, 『한국사학보』 7, 1999.

해당호 전체 정보

299-01 국토건설사업 관계관 회의

상영시간 ┃ 00분 34초

영상요약 ┃ 1961년 1월 27에 열린 국토건설사업 관계 연석회의 장면을 담은 뉴스이다. 장면 국무총리의 연설 모습과 함께 사업 예산이 당초 계획보다 증가할 예정이라는 내용을 담고 있다. 방청석에는 장준하로 추정되는 인물도 보이는데, 당시 장준하는 국토건설사업단의 기획부장을 맡고 있었다.

299-02 내각 개편

상영시간 ┃ 00분 28초

영상요약 ┃ 1961년 1월 30일에 단행된 장면 내각의 개편 소식을 전하는 뉴스이다. 장면 국무총리가 신임장관들에게 임명장을 수여하는 임명식 장면을 포함하고 있다.

299-03 재일교포 모국 방문

상영시간 ┃ 00분 51초

영상요약 ┃ 1961년 1월 28일 재일교포 모국방문단이 부산항에 도착하는 장면을 담고 있는 뉴스이다. 재일교포들의 부산항 도착 장면과 함께 이들을 맞이하는 환영식의 모습도 포함되어 있다.

299-04 국제 정세 강연회

상영시간 ┃ 00분 24초

영상요약 ┃ 1961년 1월 24일 서울시공관에서 개최된 국제연합한국학생협회 주최 국제정세 강연회 소식을 전하는 뉴스이다.

299-05 호노루루(호놀룰루)시장 내한

상영시간 ┃ 00분 27초

영상요약 ┃ 1961년 1월 28일 김상돈 서울시장의 초청을 받은 브레이스델(Neal Shaw Blaisdell) 호놀룰루 시장의 방한 소식을 전하는 뉴스이다.

299-06 해군 원양훈련단 출항

상영시간 Ⅰ 00분 53초

영상요약 Ⅰ 1961년 1월 26일 해군 원양훈련단의 출항식 소식을 전하는 뉴스이다. 해군사
관생도들로 구성된 해군 원양훈련단은 필리핀, 태국, 일본 등지를 기항하며
한미 합동훈련도 할 예정이라고 전하고 있다.

299-07 해외소식

상영시간 Ⅰ 06분 27초

영상요약 Ⅰ 케네디 미국 대통령의 취임식 소식을 전하는 뉴스이다. 케네디 대통령의 취임
선서와 취임 연설 모습, 축하행진, 신임 각료들의 선서식 모습 등이 포함되어
있다.

찾 아 보 기

'한국 근현대 영상자료 수집 및 DB구축' 과제 참여자

연구책임자

허은 (고려대학교 한국사학과 교수)

공동연구원

강명구 (서울대학교 언론정보학과 교수)

김려실 (부산대학교 국어국문학과 교수)

조준형 (한국영상자료원 한국영화사연구소장)

최덕수 (고려대학교 한국사학과 교수)

지우지 피자노(Giusy Pisano) (프랑스 루이-뤼미에르 고등영상원 교수)

전임연구원

박선영 (현 고려대학교 한국사연구소 연구교수)

박희태 (현 성균관대학교 CORE사업단 연구교수)

양정심 (현 대진대학교 인문학연구소 연구교수)

장숙경 (전 고려대학교 한국사연구소 연구교수)

연구보조원

공영민, 금보운, 김명선, 김성태, 김재원, 김진혁, 마스타니 유이치(舛谷祐一), 문민기, 문수진, 서홍석, 손지은, 심혜경, 예대열, 유정환, 윤정수, 이동현, 이상규, 이설, 이수연, 이정은, 이주봉, 이주호, 이진희, 임광순, 장인모, 정유진